严　复

——中国近代探寻富国强兵的启蒙思想家

[日] 永田圭介　著

王众一　译

苏州大学出版社

图书在版编目(CIP)数据

严复：中国近代探寻富国强兵的启蒙思想家 /（日）永田圭介著；王众一译. —苏州：苏州大学出版社，2014.8
ISBN 978-7-5672-0970-1

Ⅰ.①严… Ⅱ.①永… ②王… Ⅲ.①严复(1853～1921)—传记 Ⅳ.①B256.5

中国版本图书馆 CIP 数据核字(2014)第 153675 号

严　复

——中国近代探寻富国强兵的启蒙思想家

[日]永田圭介　著

王众一　译

责任编辑　董　炎

苏州大学出版社出版发行
(地址：苏州市十梓街1号　邮编：215006)
苏州恒久印务有限公司印装
(地址：苏州市友新路28号东侧　邮编：215128)

开本 850 mm×1 168mm　1/32　印张 10.125　插页 4　字数 225 千
2014 年 8 月第 1 版　2014 年 8 月第 1 次印刷
ISBN 978-7-5672-0970-1　定价：58.00 元

苏州大学版图书若有印装错误，本社负责调换
苏州大学出版社营销部　电话：0512-65225020
苏州大学出版社网址　http://www.sudapress.com

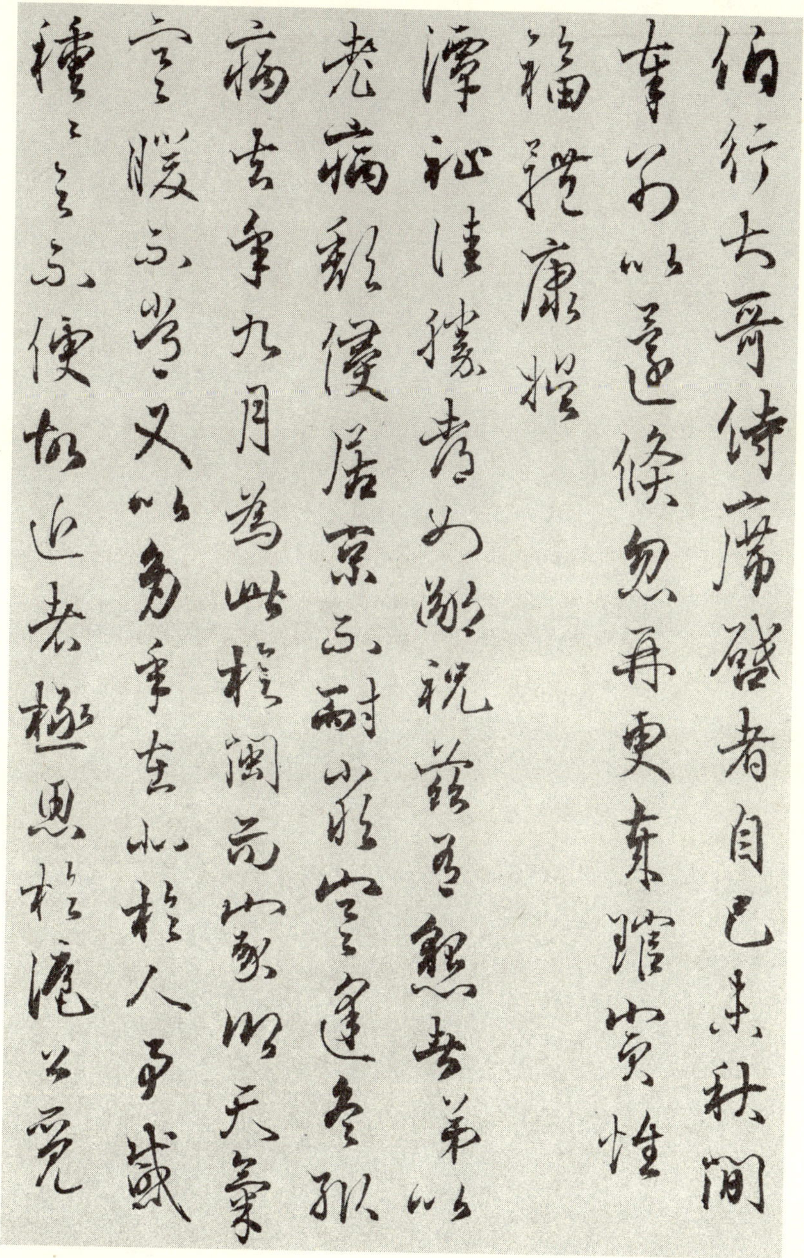

严复致李经方信札

"福州严复翰墨馆"提供

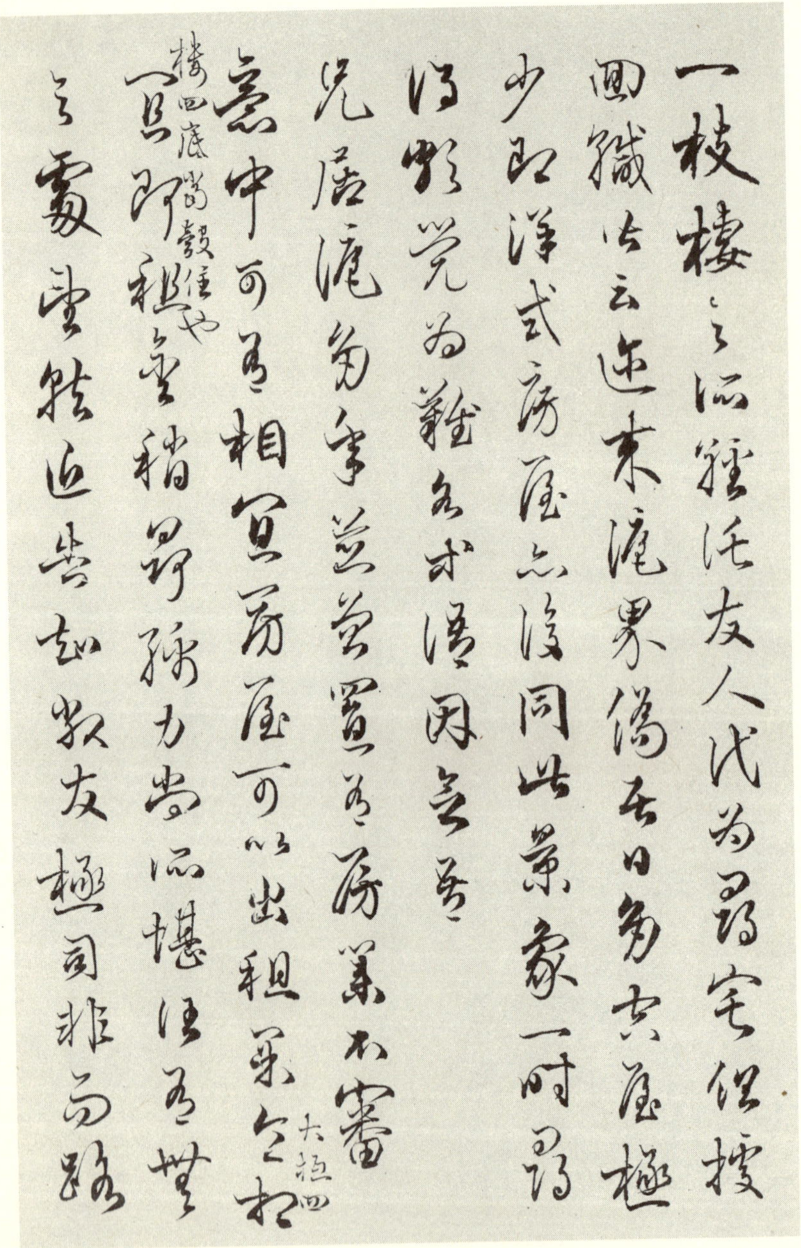

海鹽張君菊生為懇極盼，以求之
後廣時多友，日即聯請他日果獲親近
淑輝，相與采風晨夕，可頌云之卷風深
極亦接老弟手中一快事耳。手此
專懇，亦希依馳，此頌
時安，不一一。

世小弟羅叔言拜白

五月廿一日

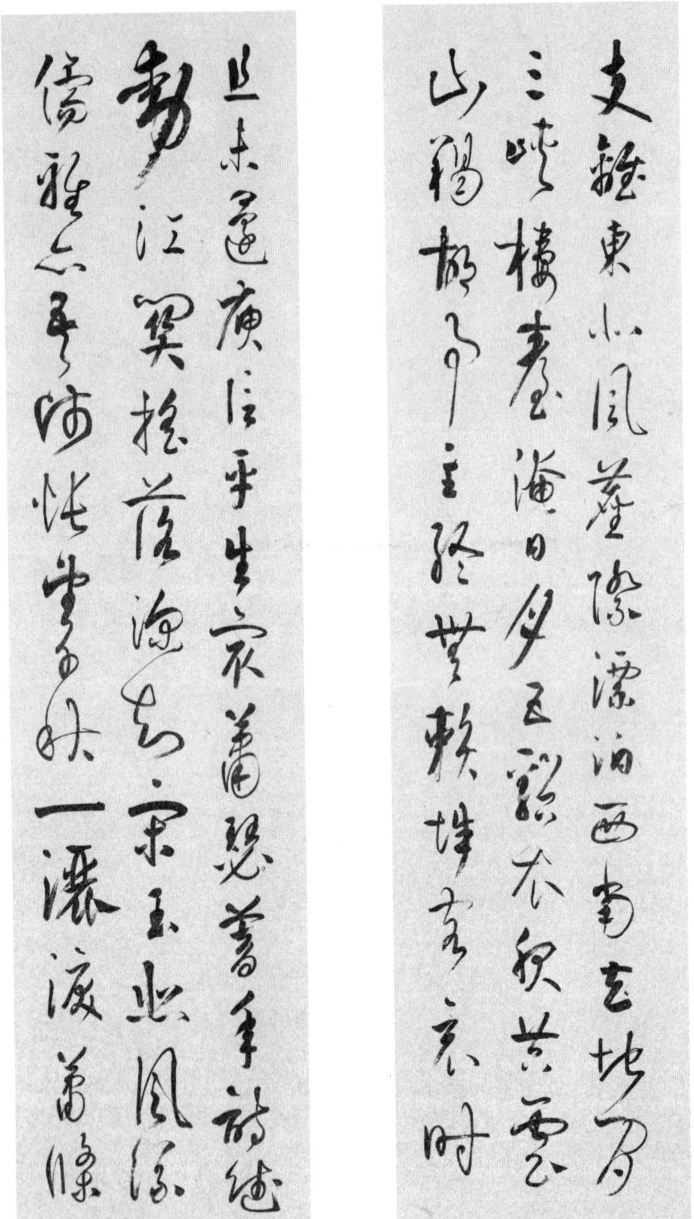

严复四条屏

“福州严复翰墨馆”提供

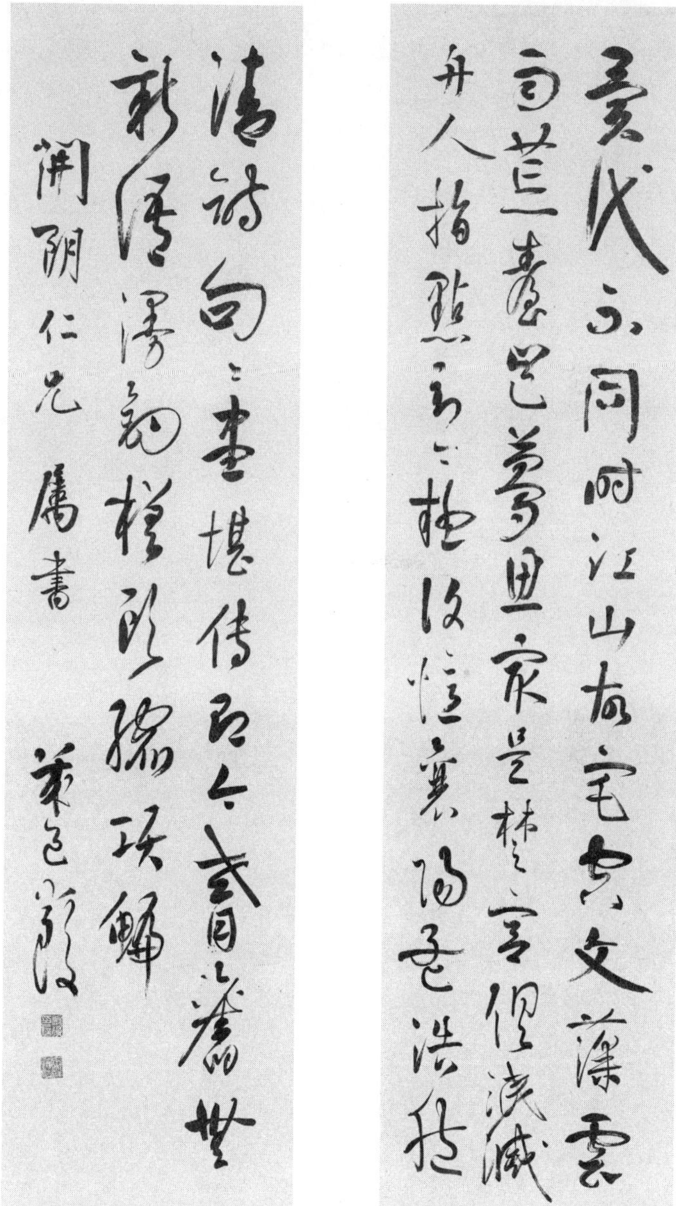

自 序

2011年7月,东京神田的东方书店出版了我写的评传《严复——探求富国强兵的清末思想家》。整整3年后,2014年7月,苏州大学出版社将出版由王众一先生翻译的中文版《严复——中国近代探寻富国强兵的启蒙国想家》。北京大学的王晓秋教授,为本书中文版再写序言,还将反映当年严复出任北京大学首任校长时做出种种贡献的大学创办期资料一并送我;时任中国政法大学教授,现任上海同济大学兼职教授的郭世佑先生曾赠予我《严复集》全5卷的复印本。许多人士为我完成此书提供了种种帮助与方便,在此深表感谢。

身为日本人,我对严复产生兴趣的原因有二。一是他的前半生与同时代的日本清贫的年轻人成长过程极为相似。不过第二个原因更让我为之倾倒。那就是他在后半生致力于将西方思想引进中国,完成了前无古人的思想启蒙,并当之无愧地被后人称作思想的巨人。

本书旨在勾勒这样一部近代人物史:生于清末中国的伟大启蒙思想家严复之于富国之梦的恢宏构想,并将之付诸实施的探索,以及他被当时的当权者利用、备受挫折、被人遗忘的过程。同时,这也是一部由我这个日本作者,怀着敬畏与共鸣写给读者的伟人传记,映照着严复在现代被重新发现与认识，他所做出的预言正在变为现实的历史过程。

严复将发达国家英国走向富强的理论精粹译成中文，他坚信只要以这些理论为指南借石攻玉，则中国也一定会和西方一样实现富强，并毕生试图将之付诸实施。一个人的潜能，往往在遭遇危机的时刻，以本人意识不到的形态表现出来。严复就属于这种情况。在中国面临亡国灭种的危急时刻，严复这样的人物应运而生。

严复所在的时代，帝国主义彻底暴露出狰狞面目。外受列强侵略，内因科举陋习和腐败走向衰落的清末中国，与幕末开放国门不久的贫弱的明治日本有着相似的境遇。两国的顶层领袖都感到西方列强咄咄逼人的侵略意图，从匮乏的财政预算中挤出经费，致力于实现“富国强兵”战略所需人才的速成培养。明治时期的日本，对于培养军人的陆军士官学校和海军兵校，以及培养教师的师范学校采取免收学费，国家支付衣食住费用的“全寮（寄宿）制度”。

在清朝，一流人才都瞄上科举考试这座独木桥，严复应考的新开办的福州船政学堂，由于毕业后的前途不明朗，招生十分困难。

船政大臣沈葆桢为了吸引学生报名，决定根据考试成绩采取分等级支付津贴的办法。那些再有才华也别想上学堂，要么给商家做小伙计，要么跟着师傅做徒弟的贫家少年，将官费学校看作将来改变自己命运的唯一选择。船政学堂分为前学堂（造船科）和后学堂（驾驶科），学生可选其中一科。其中造船科法语授课，驾驶科英语授课。严复选择了驾驶科。这一选择使他得以掌握精湛超群的英语能力，由此严复的全部潜能得以发挥，成长为预言中国必定富强的思想启蒙家。这样，我们看到严复的前半生，简直就和日本的启蒙教育家福泽谕吉所提倡的"脱亚入欧论"如出一辙般地一步步走来，探索如何将中国变为和西方列强并驾齐驱的国家。

西方国家缘何得以富裕，进而变得强大？而祖国缘何积贫积弱？他以实现富强的英国为样板，对其原因和结果进行了合乎逻辑的追问。他将那些为英国走向富强打下理论基础的英国学人们创立的经济学、社会学、哲学、逻辑学、政治学等英语著作译成中文，从中探寻西方富强的奥秘，并预见到中国将采用适合将自己的国策实现富国的梦想。

严复从英国海军大学学成归来时，清朝本来急需人才，却以他没有考取科举功名为由，拒绝任命他以可为国家决策进言的高级官职。严复由此打消了走仕途的念头，专心从事撰文或译介，试图通过对知识阶层的启蒙实现国家的"富强"。

他对英国哲学家斯宾塞佩服得五体投地。正是斯宾塞，将达尔文在生物学意义上的"适者生存"的进化论，扩展应用于王朝和民族的历史、社会领域。斯宾塞的书皆为长篇大作，让普通人通读不太现实。于是，严复将生物学家赫胥黎选做"简约版"的"代理人"，将其论文《进化论与伦理学》译作《天演论》出版，通过"适者生存论"所揭示的落后民族将被淘汰的恐惧心理，引发了当时知识阶层的危机意识，严复也因此获得了具有决定意义的社会声望。

此后他又发表了多部经济学、政治学译著。其中在将英国历史学家甄克思的《政治通史》译为《社会通诠》的过程中，严复在按语中讨论了中国进步的可能性，并自豪地预言了百年后我们已经看到的中国现实："使一日幡然悟旧法陈义之不足殉，而知成见积习之实为吾害，尽去腐秽，惟强之求，真五洲无此国也！”

如此致力于以西方为样板探寻富强之路的严复，为什么到了晚年思想转向了孔孟之道呢？

就在严复余生无多的1918年，第一次世界大战结束了。机械文明的过度发达，使武器发展为能够数次毁灭全体人类的凶器。高性能的大炮、机关枪、毒气、潜水艇、飞艇发动的狂轰滥炸等纷纷出现在这场世界大战中。那个曾被严复在英国留学期间赞叹不已的欧洲，如今变成一台“绞肉机”，化作人类历史上最大的屠戮之场。严复在写给弟子熊纯如的信中披露，他通过读报了解到这场现代战争引发的惨祸，受到极大冲击，并引发了思想的转变。

“文明科学，终效其于人类如此，故不佞今日回观吾国圣哲教化，未必不早见及此，乃所尚与彼族不同耳。……不佞垂老，亲见脂那七年之民国与欧罗巴四年亘古未有之血战，觉彼族三百年之进化，只做到‘利己杀人，寡廉鲜耻’八字。回观孔孟之道，真量同天地，泽被寰区。”

晚年的严复潜心研读《庄子》，表明他的思想从笃信西方的适者生存向主张共生的东方睿智的转变。在福州“福建省博物馆严复展示室”，陈列着他曾爱不释手，并用朱笔密密批注的《庄子》。在写给熊纯如的最后几封信中，有一封这样表白了他行将走到人生尽头时的心境。

“……从前所喜历史、哲学诸书，今皆不能看，亦不喜谈时事。槁木死灰，惟不死而已，长此视息人间，亦何用乎？……”

1921年10月27日，69岁的严复溘然而逝。严复曾盛赞上升阶段的西方社会，并从西方文明学习合理主义；但在他就要离开这个世界的时候，看到的却是西方文明的另一面：无节制的欲望与浪费、贫富悬殊、过度的武力冲突导致的大量杀戮将破产的欧洲化为人间地狱。这是他毕生向往的西方文明留给他的最后印象。

在他死后，接下来的时代又爆发了第二次世界大战，世界经历了远远超过第一次世界大战的灾难。中国在世界大战结束后依然内战不断，民不聊生，苦难不绝。

但最后，严复的预言还是说中了。请看，那个曾经积贫积弱的中国，在百年以后的今天，不是正在朝着超越美国的世界第一富国目标突飞猛进吗？

而且今天的中国，在发展过程中正在扬弃被严复所批判的“彼族三百年之进化”的负面因素，以东方智慧的共生思想为核心，找回泱泱大国的君子风度。此次中文版《严复——中国近代探寻富国强兵的启蒙思想家》出版，如果能够有助于中国读者重新认识“富国”预言家严复，我将感到无上荣幸。

永田圭介

2014 年 5 月 28 日

于日本大阪府茨木市寓所

序　二

2011年7月，日本东京以出版有关研究中国书籍著称的东方书店，出版了一本日文新书，书名为《严复——探求富国强兵的清末思想家》。该书的作者是永田圭介，该书的序言则是由我撰写的。最近，永田先生这部著作又将由《人民中国》杂志社总编辑王众一先生译成中文在中国出版。应永田先生之请，我再写一篇中文版序予以介绍。

那么，永田圭介究竟是怎样一位作者？他为什么要写这部严复传？这部书有什么特色？我又为什么会给这本书写序呢？

永田圭介先生，1935年12月1日出生于日本大阪，今年已79岁高龄。他1957年毕业于大阪府立大手前高等学校，毕业后从事建筑涂装科学技术的研究，曾任日本建筑学会会员、日本涂装工业会技术委员长、《涂装技术手册》编修委员长。1996年曾获日本建筑装修学会奖，现任装和技研建材科技有限公司副董事长。可以说他的专业身份应该是一位长期从事建筑材料工程技术研究、开发和企业经营的建筑学家、工程师兼企业家。

然而，永田圭介先生又是一位业余文学、历史爱好者和历史人物传记作家，而且是对中国文化历史和中国人民怀有深厚感情的日中友好人士。他是日本诗文写作俱乐部的会员，也是日中文化交流协会的会员。在科技工作之余写过不少诗文和历史人物传记，如《空海传》、《子规传》等。他写的第一部中国人物传记是秋瑾传，日文版书名为《竞雄女侠传：中国女性革命诗人秋瑾的生涯》，2004 年 9 月由日本诺亚出版社出版。后来又由闻立鼎先生译成中文，书名为《秋瑾：竞雄女侠传》，2007 年 1 月在秋瑾就义一百周年纪念时，由北京群言出版社出版。在中文版出版时，他邀请日本京都大学名誉教授、神户孙中山纪念馆馆长狭间直树和我分别撰写了序言，并出席在秋瑾故乡绍兴举行的首发式。

永田圭介先生为什么要写秋瑾传呢？据他自己说其契机是 2001 年他到中国浙江绍兴的一次旅行，激发了对秋瑾的崇敬仰慕之情。在绍兴的秋瑾故居内，大通学堂与风雨亭中，轩亭口烈士就义处及杭州秋瑾墓前，他不禁思绪万千，深深地为这位中国女革命家、女诗人奇特悲壮的生涯所感动，因此发愿要写一部用日本人的视角全面介绍秋瑾一生的传记，向日本人民介绍这位曾在日本留学生活过的中国女英雄。他收集研究了大量秋瑾历史资料并多次到绍兴、杭州实地考察、采访，终于在 2004 年完成并出版了这部著作的日文本，受到日本读者的欢迎。永田先生把秋瑾的一生放在 20 世纪初中日关系与中国人留学日本潮的历史视角下，用具体、生动、细腻的语言文字，给读者一个清晰完整的秋瑾形象。该书还有一个特色是着重描述了秋瑾在日本的留学生活和革命活动，特别是日本两位女性——京师大学堂师范馆日本总教习服部宇之吉的夫人服部繁子及日本女教育家、实践女学校校长下田歌子对秋瑾的影响和友谊，这正是以往国内关于秋瑾著作的薄弱之处。正因为如此，当我通过狭间直树教授和闻立鼎先生介绍，认识永田圭介先生之后，深为他对中国人民和中国革命英雄的真挚情感所感动，故欣然接受其请求，为该书中文版撰写了序言。

永田圭介先生在完成了秋瑾传，并成功出版了该书日文版和中文版以后，其向日本人民介绍中国历史人物的激情越发不可收。他决定再写一部中国杰出人物的传记，这次他选择了严复。当狭间直树教授和我听到他这个想法时，都有些吃惊和担心，因为对于一个日本人，又不是专业历史学家来说，写严复传可能难度太大了。狭间教授甚至坦率地劝告永田先生说："写严复传要比写秋瑾传难十倍以上。"我也告诉永田先生：严复的一生极其复杂曲折，其著作、译作很多，思想博大精深，学界认识、评价尚有分歧。连中国的近代史学者都把严复研究视为难题，很少有人敢写严复的传记，何况您是日本人，又不是专业的历史学家呢？总之，写起来困难可能会很大。可是永田先生认为，严复是在近代中国处于严重民族危机的时代，引进西方思想，寻找中国富强之路的伟大启蒙思想家，他与日本明治时代一些启蒙思想家如福泽谕吉等有许多相似之处，因此有人把严复称为"中国的福泽谕吉"。但是对日本人来说却对中国这位伟大思想家了解很少，不少人甚至从来没有听过他的名字。严复在日本的知名度远远低于在日本活动过的孙中山、梁启超等人。因此，他认为有必要向日本人介绍严复为中国救亡图存、富国强兵而奋斗的一生，让广大日本民众尤其是年轻人了解严复及其时代，并有助于日本人理解近代的中国和中国人，故而即使有困难也要努力去尝试。

我不禁为永田先生知难而上的精神和毅力所打动，并觉得向日本人介绍严复是促进日中互相理解和日中文化学术交流的有益之举。而且严复曾任辛亥革命后国立北京大学的首任校长，我作为北大的教授更应当支持日本友人为老校长写传的壮举。因此我答应了再为永田先生的日文版严复传写序言，并尽力为其提供一些资料和相关论文。年逾古稀的永田先生又经过三年多的苦战，并多次到严复故乡福州等地实地考察、访问，终于完成了这部近 20 万字的力作《严复——探求富国强兵的清末思想家》，并在日本东方书店出版。

下面简要介绍一下这部严复传的内容和特点。全书共分九章：一、少年时代的环境；二、福州船政学堂时期；三、航海实习与从军台湾；四、留学英国时代；五、北洋水师学堂时代；六、甲午之战；七、变法维新运动；八、翻译活动；九、颠沛余生（即晚年生活）。并附有参考文献和严复年谱。

通读全书后，我认为，该书作为一位日本人写的严复传记，有如下几个特点：第一，作者把传主严复的生平，放在中国近代风云变幻的大时代背景下加以描述，勾画出以严复为典型的近代中国爱国进步的先驱者争取救亡图存、富国强兵、变法维新的奋斗历程的主线，使不太熟悉中国近代史的日本读者，也能初步了解中国近代历史变化发展的线索和脉络。作者结合严复曲折的一生，对中国近代史上的重要事件如鸦片战争、洋务运动、中法战争、甲午战争、戊戌变法、辛亥革命直到“五四”运动，都有简明、客观的叙述，有助于日本读者加深对中国近代史、中国近代政治和中国近代人物及其思想的理解。当然由于作者不是专业历史学家，对中国近代史上一些史实的描述，尚有不够准确和未能反映史学界最新成果之处。

第二，作者通过对严复著作、书信、日记的研读，对严复故乡的考察和对其后人的访问，以及对以往中外严复研究成果的调查吸收，用自己生动明快的语言，把严复曲折复杂的生涯娓娓道来，描绘出严复学习、生活、工作、思想的人生轨迹。而且对于作为伟大启蒙思想家严复的重要诗文、著作、译作也一一做了简明扼要的介绍和评析，读者读起来并不觉得其深奥、难懂和枯燥。同时作者对严复的曲折人生和复杂思想又做了比较实事求是、客观细致的考订和分析。如严复在福州船政学堂和英国留学时代的生活，严复与李鸿章的关系，严复对甲午战争的反思，严复与戊戌维新、辛亥革命、“五四”运动的关系，严复任民初北大校长的作为，以及严复如何署名筹安会及其与袁世凯的关系，等等。既充分肯定严复的历史功绩和思想贡献，又不讳言严复在某些思想和行动上的弱点和动摇。

第三，作者在书中还常常结合中日历史和中日关系做比较分析。一方面可使日本读者更容易理解和接受，同时也加深了对近代中日历史发展差异和中日关系真相的认识。如写到福州船政学堂时比较中日如何引进吸收西学。写到北洋水师时，比较中日海军发展和竞争的过程。写到严复启蒙思想时，比较日本的一些启蒙思想家。尤其可贵的是作者尊重历史事实，能比较客观公正地揭露近代日本对中国的侵略。如1874年日本侵台事件，1894年日本挑起甲午战争，1915年日本强加中国的“二十一条”等，这些也有助于日本人民了解近代中日关系史的真相和吸取历史的教训。因此，这部书也可以比喻成一座沟通中日互相认识、互相理解的桥梁。正因为如此，我欣然答应再为永田先生严复传的中文版写一篇序。

北京大学历史学系教授

王晓秋

2014年6月1日

于北京中关村蓝旗营公寓遨游史海斋

目 次

第一章

少年时代的环境

咸丰三年——同治五年(1854—1866)　1—14 岁

一、幼年时期:动荡的清末

◈ 鸦片战争之后的内忧外患

清咸丰三年十二月初十日(1854.1.8),福建省福州南台苍霞洲中医严振先家中添了一个男丁。这个男婴就是后来的严复。苍霞洲现在已经是福州市区的一部分,在严复的出生地建有一座他手执《天演论》译稿的立像。

《寻求富强:严复与西方》的作者本杰明·史华慈(Benjamin I. Schwartz)在书中说,“严复生于侯官县阳崎乡”。然而,侯官县阳崎乡是严复的籍贯地,并不是他的出生地。

后来侯官县被并入阳崎县,因此严复经常署名“侯官严复”。侯(候)官是汉代的一个官名,远在东汉时期就已经存在。

阳崎乡是偏僻的乡下,严复只是在父亲去世后的短暂的少年时代以及晚年在此居住过。苍霞洲在福州城里,从祖父时代起,为了开医院行医从阳崎乡迁居至此,父亲严振先也在这里挂牌行医。

严复幼名体乾,后来在福州船政学堂上学时,模仿自己敬仰的东汉隐士严光(字子陵),改名为严宗光,改字为陵。从学堂毕业在水师做官以后,又改名为严复,改字为几道。不过本书为方便读者阅读起见,一律使用严复。年龄以当时的习惯皆从虚岁。

纵观这一时期的历史,1854 年正是鸦片战争爆发后的第 14 个年头,太平天国定都南京并改名为“天京”后刚刚过去 1

年。两年后的1856年，挂有英国国旗的小帆船“亚罗”号停泊在广州港，一次登船检查导致清王朝与英法两国发生冲突，并升级为战争。这便是“亚罗号事件”。这一切，标志着大清帝国陷入内忧外患。

在福建，农民发起的叛乱也如火如荼。闽南的一支农民军“小刀会”发动武装起义，队伍由2000人迅速壮大为8000人。他们高举“官逼民反”的大旗，从福建直逼浙江台州，转战于东海沿岸，给官军以毁灭性的打击。闽北地区会党首领轮俊率领“红钱会”起事，由永春县攻入德化县仙游城，并在此发布文告。“义旗一举，万众归心，戎马甫临，群黎稽首。”（徐立亭《严复》第一章）

得到农民支持的义军在闽北转战5年，使福建南北都汇入了“太平天国”的洪流之中。太平天国是1851年创建“上帝会”的洪秀全缔造的宗教国家。他们信奉受基督教一神教影响而发起的“拜上帝会”，不承认土地私有，公布了《天朝田亩制度》。太平天国在江西举兵，打破清军后乘胜进军，提出“剿灭清妖”的口号。这段时间是太平天国的发展壮大时期，也是严复的幼年时代。前面讲过，咸丰三年（1853），太平军占领长江沿岸最大城市南京，并改名为“天京”。清政府面临的外部压力有“亚罗号事件”。1856年10月，停靠在广东湾的、挂有英国国旗的小帆船“亚罗”号，因涉嫌走私鸦片，遭到清军的检查。英国提出抗议，并升级为英法两国联手发动的亚罗战争，又称第二次鸦片战争。1860年，英法联军攻入北京，火烧了皇家离宫圆明园，并强迫清政府签订了不平等的《北京条约》。

◈ 俄国的恐吓外交

咸丰七年(1857),严复5岁的时候,在中国北方的黑龙江,俄国的武装舰队三次溯江而上,开始发动恐吓外交。俄国沙皇看好清政府正在与英法两国打仗,必将调整对俄谈判的条件,而这正是迫使清政府妥协,划定两国国界的绝好时机,于是,指示东西伯利亚总督尼古拉·尼古拉耶维奇·穆拉维约夫(Nikolay Nikolayevich Muravyov, 1809—1881)"用武力结束谈判"。

第二年,咸丰八年四月(1858.5)穆拉维约夫率200名士兵,分乘两艘吃水较浅的内河炮舰直接驶到黑龙江北部瑷珲,强迫清军黑龙江将军奕山在俄国单方面起草的条约草案上签字。这份草案规定,"以黑龙江为两国国界,承认俄国船只的通航权,并对沿岸州实行共管"。奕山不肯就范,穆拉维约夫威胁道,"如果不签字便与英法联手作战"。于是屈服于武力威胁的奕山在1858年5月28日签署了不平等的《瑷珲条约》。俄国因此从清朝割去黑龙江以北、外兴安岭以南约60万平方公里的领土,并将黑龙江支流乌苏里江以东的清政府领土变为中国与俄国共管。穆拉维约夫不肯放过"划定国界的绝好机会",在签署瑷珲条约10天之后便着手吞并了与清政府共管的乌苏里江东岸地区。他们占领了这一地区东北端的伯力城,将其更名为"哈巴罗夫斯克"。1860年6月,俄国武力占领东部沿海的重要港口海参崴,改名为"符拉迪沃斯托克",意为"统治东方",造成军事占领既成事实,再强迫签订割让条约——这是沙俄侵占中国领土的惯用手段。5个月后的同年11月14日,沙俄又强迫清政府签订了《北京条约》,将包括库页岛在内的、在《瑷珲条约》中规定与清政府共管的广阔领土割让给俄国。同时，在《北京条约》第二条中，就沙俄觊觎的中俄西部国界，规定中俄国境线以中国国内的山脉与河流为界划定。

就这样，俄国攫取的领土面积合计 144 万平方公里。沙俄掠夺性外交步步紧逼。这是国运日衰的清朝末年。严复就在这一时期诞生，并度过了幼年期。

二、老家福建的民族英雄

◈ 严复的故乡阳崎与郑成功

福建因产茶而闻名天下。福州是福建的省会。西部逶迤的武夷山脉是福建与江西的省界。在福建一侧的武夷山脚下，一片片茶园里出产著名的武夷茶。福州港总是云集着买卖茶叶的商船。1842 年签订的《南京条约》中规定，割让香港，开放广东、厦门、福州、宁波和上海五口通商，并向英国赔偿价值 2100 万银元。此后，英国船只在上述五港可以自由进出，同时，其领事、事务官及其家属可在指定地随意常住或逗留。首任英国领事李泰国（Horatia Nelson Lay，1833—1898）的后任、后来成为首任驻日公使并著有《大君之都》的著名外交官阿礼国（Rutherford Alcock，1807—1897），以福州领事的身份携翻译帕克斯到任。

造船业是福建的支柱产业。由于紧靠台湾海峡，加上地势有利，福建的造船业和船运业十分繁荣。福建有着长长的海岸线，而且三面环山，植被茂盛，这样的地形与日本十分相似。从这里经南中国海直面太平洋，北起日本、朝鲜，南经马六甲海峡，通向印度洋的远洋航线十分发达。

这里远自唐代就有商船往来，其中许多商船就是在福建建造的。这些远洋商船长 20 丈（大约 60 米），可乘 6000 ~ 7000 人，具有数千石的运载能力。福建所扮演的角色，就好像罗马时代地中海一带的黎巴嫩一样。

流淌在平原上的中国大河多数流势悠缓，但福建的江河以闽江为代表，皆水流湍急。虽然严复的出生地在现在的福州市内，但他的老家侯官县阳崎乡却位于流入台湾海峡的闽江的沿岸。阳崎又称阳崎村、阳崎渡。这里在明朝的时候是与来犯的倭寇对峙的抗倭基地，而到了清初，据说据守台湾，试图匡复明王朝的民族英雄郑成功曾在此率兵渡江，故而又称“郑公渡”。郑成功（1624—1662）字大木，福建南安县人。因为南明的唐王朱聿键赐其“国姓”朱，郑成功被尊为国姓爷。顺治十八年（1661），郑成功率兵 25000 人分乘数百艘战船，从“反清复明”的据点金门岛出发攻入澎湖，并迅速登陆台湾，赶走了占据此地长达 38 年之久的荷兰殖民者。用武力赶走西方殖民者的民族英雄——郑成功的事迹，给少年时代的严复带来了深远的影响。

◈ 鸦片战争中的民族英雄林则徐

对于严复而言，离自己更近的是几乎同时代的民族英雄，当属福建侯官人，历任巡抚、总督、钦差大臣，在严复出生时已经离世的林则徐（1785—1850）。道光十九年（1839），林则徐以处理鸦片危害的钦差大臣身份赴广东禁烟，将从英国鸦片销售机构罚没的约 20000 多箱鸦片在虎门海滩销毁。第一次鸦片战争爆发后，林则徐所率的广东清军击退了英军的进攻，但由于道光帝受“主和派”廷臣的鼓动产生动摇，对他发出非难，并解除了他的钦差大臣职务，将他发配新疆伊犁。但是，对朝廷来说，林则徐毕竟是难得的人才。六年后的道光二十五年(1845)，他得到赦免，被任命为统辖云南和贵州的云贵总督。边疆的失意生活损害了林则徐的健康，他不久便辞官返乡，回到福州，专心读书写作。道光三十年(1850)溘然而逝，享年65岁。林则徐的坟墓建在福州北郊金狮子山脚下。时至今日，仍然时常可以看到人们络绎不绝地前来凭吊这位“鸦片战争中的民族英雄”。欧洲的外交使团评价道，林则徐是清朝高官中最具有明确的世界观的一位。少年严复受到名垂青史的同乡英雄事迹的影响，日后成长为沟通中西文化的硕学绝非偶然。

◈ 远至晋代的严家祖先

严家的中医诊所，是严复的祖父严秉符从侯官阳崎乡搬到福州台南苍霞洲以后开设的。严复的父亲严振先跟着父亲学医，继承了这份家产。母亲陈氏乃布衣之女。严家的祖上与福建的“严”姓有关。关于这个“严”姓，司马辽太郎在他的《街道寻访 中国・闽路》(朝日文库)的“独木舟”一节中提到，晋太康三年(282)，一位叫严高的人物来此，官任太守。可遗憾的是，司马辽太郎只提到严高，对清末民初的严复却只字未提。如此了解中国，并因著作等身而名扬天下的大作家，却对严复缺乏关注，当时日本的社会形势可见一斑。

三、启蒙教育

◈ 蒙学家塾

严复的父亲严振先，因医术娴熟而得号严半仙。有关他的事迹见诸《侯官严先生行状》，其中提及他曾为无力付费的患者免费施救，还在传染病多发的闽地救了许多人的性命等，盛赞他是医生的楷模。

严复从父亲那里接受了一段启蒙教育。一般孩子到了8岁，家境宽裕的父母为了孩子将来考科举做官，会将他送进地方的官办学堂念书。但是，一个清贫的中医师，经济上无力为孩子承担这笔费用。咸丰十年(1860)，严复进了私塾念书。中国自古便分官学和私学，私塾是私学的一种。当然，家传私授也属于私学范畴。

清末私学一般分为两个层次。初级为"蒙养教学"(蒙学)，高级为"经师进学"(经学)。蒙学相当于今天的小学到初中的水平，经学是为了应付科举考试，相当于高中到大学的课程水平。少年严复进的就是这种蒙学家塾。

从咸丰十年到同治二年(1860—1863)的4年间，严复除了在私塾念蒙学外，还读了一些科举考试的基础书目"四书"、"五经"。

同治元年(1862)，严复10岁，住进叔父严厚甫讲课的私塾。在这里，他一面学蒙学，一面习字作诗。严厚甫博闻强识，擅长诗作。他一面教私塾，一面准备科举考试。功夫不负有心人，光绪五年（1879）他在科举乡试上中了举人，为严氏家族赢得了名声。但是《福建通志·高士传》中却称之“乃狷介之士，沉默寡言”，暗示他是一个不太合群的人物。年少的严复从这位严格的老师那里受到古典文学的熏陶，对旧体诗的写作产生了兴趣，试着写了不少。

◈“宋儒”黄少岩

同治二年（1863），11 岁的严复回到苍霞洲的父亲家里，父亲为他请来家庭教师，让他继续念书。严振先是一名卑微的中医师，但他希望自己的孩子能够接受更高的教育，通过科举考试进入仕途。为此他不惜血本。他的一位患者，儒者黄少岩做了他家的家庭教师，一对一地指导严复念书。

黄少岩十分博学，精晓宋、元、明众多学派，做蒙学家庭教师实在是大材小用。

他主张“要同等地重视汉学和宋学”，在他的著作《闽方言》中，详细地论述了明代学派东林党的历史。汉学乃汉代、唐代以经书训诂学为基础的学问，是儒学的主流。许多情况下，汉学就是多重注释的经书训诂学本身。

宋学反对这样的训诂学，试图对人的本体与宇宙的关系加以说明。就是说，黄少岩是一个偏离清代中国学界主流的“宋儒”。

他为严复安排了熟读“四书”、“五经”的传统课程。起初，他借了附近一座戏楼的二层，师徒二人起居、上课都在一起。考虑到读书声会打扰邻居，所以采取了这种做法。每天晚上，一层演戏的时候，老师睡觉。一旦喧嚣的锣鼓声停下来，老师便翻身起床，拨亮油灯，继续指导严复读经。老师虽然在“四书”、“五经”方面学识渊博，可是却有一大恶习，那就是嗜烟如命。之所以选择戏楼二层做课堂，除了考虑避免打扰邻居，恐怕大抽其烟也是他的主观动机之一。

白天的课程结束后，少年严复继续待在老师身边，伴随着蒙蒙烟雾，兴致盎然地听老师讲解宋、元、明代的学派、典籍、学术思想的由来与出典。黄少岩讲授之余，教导严复“心系天下兴亡，乃读书人之义务”。专注于科举考试的少年往往容易只在乎功名，黄少岩老师却在少年严复的心中培育了爱国意识。这对严复的人生产生了莫大的影响。

四、恩师与慈父之死

◈ 师亡与成亲

“松下村塾”式教育持续了两年，同治四年(1865)，黄少岩病故了。

估计他死于嗜烟如命者易得的肺癌之类绝症。严复陷入深深的悲痛之中。这不仅因为单纯的师生关系，更因为严复对恩师的人性光辉产生了共鸣，对他怀有深深的敬意。黄少岩卧病在床期间，他的儿子黄孟修来到严家继续指导严复读书。黄少岩病故后，黄孟修正式成为严复的家庭教师，指导严复准备拔贡考试。所谓拔贡，就是每 12 年举行一次的、从各省学生中选拔优异者送到京师接受的特定考试。这种制度保障考取者在京师得到知县级的小京官官职。与录用高级官僚的科举考试不同，拔贡是针对年轻人的事务官僚录用考试。

同治五年(1866)春,14岁的严复和王家的千金王氏结为连理。两人同岁。他们成亲的年龄在现代人看来有些不可思议,但在当时这没什么可大惊小怪的。王氏娘家仰慕严振先一方名医,遂托人说媒将女儿嫁到严家。婚事由双方家人和亲戚决定,两个当事人并没有发言权。

可是,接着发生的变故,使严复别说应考,就连生活都出了问题——老师刚刚去世不久,父亲严振先也因病辞世。

◈ 父死与“脱贫”

严振先是一位医术颇高的中医,但却也有一个致命的恶习,就是好赌。尽管诊所生意不错,可生活总是捉襟见肘。原因就在于他经常出入赌场,不能自拔。一来二去,微薄的家产悉数耗尽,同治五年(1866),黄少岩病故不久,严振先染上霍乱,上吐下泻,很快撒手归西。实际上,很有可能因赌债陷入困顿,精神错乱而引发脑溢血。严家登时断了收入,再加上欠着赌债,一家人陷入了连饭都吃不饱的窘境。生在中医世家,如果子承父业,这会儿严复应该学得不少本领了。可是严振先一心想让儿子通过科举考试成为举人、进士,最后成为高官,这样一来不仅中医的本领没有学到,而且原有的梦想也难以实现,前景一下子黯淡下来。必须想一想今后的生计了。在吃了上顿没下顿的窘境中,严复感受到了“清贫”二字不过是自欺欺人。洁身自好的贫困是不存在的。贫困就意味着肮脏、丑陋、残酷。贫困使人性堕入卑贱,使人变得充满憎恨与猜疑。它摧毁人格,消沉精神。从这一时刻起,他此后人生的中心就集中在如何使个人、社会、国家、民族“脱贫”。父亲死后，严家变成5口人：严复、母亲陈氏、妻子王氏以及两个妹妹。福州苍霞洲的中医诊所破产关门，债主们逼上门来。一家人待不下去，撇下全部家财，离开了这块久住之地。他们最后落脚在老家阳崎乡，仅有一块很小的土地和一间简陋的库房。一家人栖身在这里，忍受着“风吹雨淋”。母亲和媳妇找邻居熟人求口饭吃，揽得一些绣花缝补之类的活计，养家糊口。当时的妇女，都受过女孩必修的基本教育。做饭、缝补、绣花，有时甚至还要学会织布。所以一旦遇到这种情况，她们就显现出非常现实的生活能力。可唯一的男子，本应成为一家之主的严复，什么差事也没有，连在路边摆摊的本事都没有，只好暂时靠母亲和妻子养活。屈辱和焦虑令他像被人撵着似地冲出家门，顶着渐起的秋风，沿着村头小路徘徊。

◈ 福州船政学堂

穷则思变。恰在此时迎来了转机。同治五年(1866)冬，中国各地公开招募福建船政学堂的学生。在福州当地，阳崎乡的路口公告栏上也贴出了招募细则。消息在当地居民中间立刻传开了。

“听说了吗？马尾开了船政学堂，专门培养造船工程师和水手！”

“听说管住不说，还管一天三顿饭，还有零花钱呢。”

“可听说先生都是洋人，这语言不通可咋办呢？”

这是一个从未听说的新型学堂，进了学堂学什么？怎么学？还有毕业之后能谋什么差事？这一切都是未知数，所以报名的人并不像想象的那么多。衣食无忧的阶层绝大多数的受教育之目的，还是指望考取功名，通过仕途安身立命。船政学堂以技术教育为目的，那也就是说，接受这种教育意味着放弃通过科举考试成为高官显贵之路。与科举无缘的平头百姓，想学手艺要拜师傅当学徒，想经商则要在店里当伙计，一面干活一面自己留心记住做生意那一套本领。因而通过学校接受职业教育的福建船政学堂起初并没有什么市场。就算是可以预期将在不久创办的水师服役，当时人们对武官的评价也远远低于文官。总之，人们对船政学堂的教育目的认识还达不到培养近代产业所需的科技人员的高度，在大家的眼里，那不过是高级技工的培训班。因此，报名者寥寥无几也没什么可大惊小怪的。

看到招生告示时，最让严复动心的一条是“发给生活费”。尽管数目不多，严复对科举考试也没有完全死心，但一家人眼前的生计也是十分现实的问题。他把自己拿定的主意告诉了母亲和妻子。她们尽管对前景有些担心，但还是同意了他的选择。毕竟对于吃了上顿没下顿的一家人来说，此时发给生活费这一条件，散发出无可比拟的迷人魅力。

◈ 说通叔父严厚甫

当时，报名者除了要办规定的入学手续之外，还需要有头有脸的人物出面作保。出身平民阶层的严复，没有要好的官员或当地的商人出面作保。而私塾时代的老师、叔父严厚甫后来乡试考取举人，算得上一名乡绅了。严复和母亲马上去严厚甫家登门拜访，请他出面作保。可没有想到，严厚甫一口回绝了。

至于回绝的理由，严厚甫说是自己“不想卷入政治漩涡”。统管船政学堂的福州船政局，是3年前的同治二年(1863)，时任闽浙总督的左宗棠向皇帝上奏，今年夏天刚刚被批准设置的衙门。可当初上奏的左宗棠如今已经转任陕甘总督了。

“我如果旗帜鲜明地出面作保，万一朝廷改了主意，那我不就麻烦大了?”

严厚甫对严复的品行和能力并无怀疑。他之所以固执地不肯松口，是因为从前有过教训：皇帝和皇帝身边的人一改主意翻了盘，赞同原来意见的人就跟着倒霉。面对严厚甫明哲保身的自私做法，严复母子十分失望。和亲戚们一合计，有人给他们出了个主意。

“厚甫和陵(严复字陵)从三代家谱一看便知，明白无误是叔侄关系。既然他如此不讲情面，施此计于他也算是因果报应。”

这位亲戚让严复填了一个表，写下严厚甫的履历和所受褒奖的情况，然后给严复送来一枚私刻的严厚甫名章。此计若能过关最好，如果败露再做他谋。母子二人狠下心来，抱着为达目的不择手段的决心，将伪造的保证书附在报名表后提交给船政局。可是，船政局发给保人的确认信让严厚甫知道了这件事。他叫来严复母子横加责骂，并逼迫他们撤回保证书。母子二人跪在地板上痛哭道歉，但就是不提撤回保证书的事。当严厚甫骂够了，严复抬起头开始反击。

“叔叔，你的话有道理。可您也让我说一句好不好。家父去世以来，我家的家境您是清楚的。我们无依无靠，流落到阳崎乡。在这里，为了一线生机，我们请您作保，可您一点都听不进去。如果您怎么都不肯答应，作为亲叔叔您能够如此绝情不肯作保，那我们就向船政局挑明，我们为了生存迫不得已伪造了保证书。这样的话，恐怕老师、叔叔您作为此地的乡绅也很难挂得住面子吧？您看着办吧！”

“小子，你想要挟老夫吗？”

严厚甫这一瞬间害怕了。中国传统文化重亲情，危难时刻要挺身相助。任何民族都同样看重面子，况且他又是这一传统教育的传授者。这一招击中了严厚甫的死穴。他唯一的选择是以长辈施恩于晚辈的形式保住自己岌岌可危的面子。

“本来是绝不可以的，这回就姑且放你一马。记住，下不为例！”

严厚甫色厉内荏地指着门口道：“给我滚！”

第二章

福州船政学堂时期

同治五年——同治十年（1866—1871） 14—19 岁

一、左宗棠与沈葆桢

◈ 左宗棠创办福州船政学堂

请严厚甫作保的问题，由于严复破釜沉舟般的反击，就算稀里糊涂地了结了。同治五年十二月初一日(1867.1.5)，严复顺利地通过了马尾福州船政学堂的入学考试。马尾是位于注入东海的闽江入海口上游20公里处的内河港口。福州市区还要从这里沿闽江再上行20公里。

福州船政局建在马尾，包括一家造船厂和附属造船厂的船政学堂(造船学校与驾驶学校)，当地人称之为“马尾学堂”。计划刚刚形成，招生也是刚刚开始。

福州船政学堂是闽浙总督左宗棠创办的近代中国第一所海军学校。十一月初五，左宗棠向皇帝奏请建设福州船政局(福建海军管理局)。朝廷准奏，还附上了下拨经费的指示。

福州船政局旧址

(《中法马江海战日志》福州市社会科学院编)

左宗棠十余年来一直设想建设海军。他在闽江流域福州马尾镇三岐山圈定船政局筹建地。闽江从福州的西北流向东南,在福州市区附近形成星罗棋布的沙洲,到下游马尾镇附近江面变得开阔。这一带有闽江支流——马江。

左宗棠

(《船政学堂》科学出版社)

左宗棠委派按察使福建补用道胡光墉督建造船厂。按察使是地方民政、司法的检察官。胡光墉不负左宗棠的信任,造船厂如期竣工。左宗棠构想的中国近代海军的萌芽——福州船政局,主要由三部分构成,即铁厂、船厂、培养人才的学堂。左宗棠在同治五年十二月十四日上总理各国事务衙门的公函中,就人才培养流程做出重要指示:"……至欲穷其制作之原,通其法意,则固非习其图书、算学不可,故请于船局中附设艺局,招十余岁聪俊子弟,延洋师教之,先以语言、文字,继之图书、算学,学成而后督造有人,管驾有人,轮船之事始为一了百了……"

他以"培养人才"为终极目标,将学习造船技术和驾驭驾驶技术作为实现其目标的手段。而具体实现这些目标的平台就指定在福州马尾镇。该镇位于马江北岸,地名来自矗立于江中的马形礁石。闽江到了马江以直角转向东北方向流去,在此拐角处江中有一岛,岛的东南角上建有一座佛塔——罗星塔,是闽江上的航标。设在福州的英国领事馆,将此岛称作"Pagoda Island(宝塔岛)"。从入海口到马江段的闽江，水深可航行大型船只，沿江小岛星罗棋布，两岸山峰夹江而上，地势险要，利于防守。闽江自马江东部呈直角向东北拐去，流经现在福州长乐国际机场所在的长乐市北部，被一个小岛分为两支，注入台湾海峡北方的东海。由于就近可以得到木材、煤炭等物资，成为距此上游20公里的福建省省会福州的军事门户。

◈ 沈葆桢就任船政大臣

就在左宗棠正全力以赴地建设船政局的时候，同治五年(1866)八月十七日，清政府任命他为出任陕甘总督。大清的高官每隔几年就要异地任官。左宗棠在闽浙总督的任上已经过了3年。清政府赏识他的军事才能，常派他去多乱之地拨乱反正。在他调任之时，时任江西巡抚的沈葆桢正因母丧丁忧，守制于福州原籍。左宗棠不顾沈葆桢正在丁忧，推举他为统括船政局事务的船政大臣。沈葆桢27岁中进士，历任翰林院庶吉士等要职，是一位难得的英俊之士。同治元年(1862)升江西巡抚。同治四年(1865)二月，以父母衰病，请假归省。三月，母亲去世，丁忧得假百日。恰逢闽浙总督左宗棠

沈葆桢

(《船政新发现》福建省音像出版社)

正着手创办船政局，并被调督陕甘之时。左宗棠曾是鸦片战争时钦差大臣林则徐的幕僚，沈葆桢是林则徐的女婿，他们早就相识。左宗棠以获得人才的绝好机会，说服沈葆桢出山："丁忧之中让你为难，但一定请你出马船政大臣总揽全局。"

沈葆桢一直认为，地方官员不应参与中央政事，但考虑到祖国的危亡与未来，他愈发感到，现在不是坚持一介官僚个人想法的时候。左宗棠一面说服沈葆桢，一面约见法国海军武官，听取他对建造船厂的意见。九月二十三日，沈葆桢对就任船政大臣一事明确表态说，"明年六月服阙后始敢任事"。左宗棠于十月初八日上奏"应请旨饬下沈葆桢，于服阕后总理船政；未任事之先，所有船局事宜，仍一力主持"。十月二十七日，军机处下达旨意："制造轮船一节，关系中外，事更重于金革，岂得引避为辞。沈葆桢办事认真，著仍遵前旨，总司其事。"左宗棠迅即将福州船政局全部事务移交沈葆桢，于十一月初离开福州，奔陕甘赴任。

二、以最好的成绩入学

◈ 学习驾驶技术和英语

船政大臣沈葆桢的指导思想首先是培养实用人才。他规定的方针是："创始之意不重在造而重在学"，"船政根本，在于学堂"。同治五年（1867）冬，福州船政学堂建成并招考学生。考试包括点名、核对相貌的"口试"、"面试"，撰写作文一篇，还有接受体格检查等，共三个主要项目。严复自报姓名为“严宗光”。他得到的作文题目是“终生仰慕父母尽孝论”。作为技术学校的入学考试,这个作文题目有些莫名其妙。但在将孝视作人伦之道首项的儒家社会,这也没什么可大惊小怪的。严复刚刚痛失慈父,家境的败落更引发他的悲情,于是他一气呵成写就一篇长长的充满真情实感的文章交了上去。从幼年期到少年时期,在家塾教育之下他饱受蒙学熏陶,因此文章从内容到表达都非常出色而得体。作为考官,沈葆桢通览作文,对少年老成的严复的思想感到佩服;因为他本人也刚经过丧母之后的丁忧,对严复的阐述更是感同身受。与其他考生相比,沈葆桢感到严复的实力远远领先,便给了严复最好的成绩。严复与西洋相遇的崭新人生大门由此打开。

同治五年十二月一日,福州船政学堂开学,严复开始了学校生活。开学当初,校舍还没有全部盖好,权且借用福州城南定光寺中的白塔寺和仙塔街的民宅,作为临时校舍和宿舍。年内在临时校舍学习,次年再移至马尾船政局内竣工的校舍和宿舍。

左宗棠在赴任陕甘总督的时候,向朝廷上奏道:“一面开设学堂,延至熟悉中外语言、文字洋师,教习英、法两国语言文字、算法、画法,名曰求是堂艺局,挑选本地资性聪颖、粗通文字子弟入局肄习。”

同治六年(1867)初,法国设计师阿贝尔设计的西式风格的校舍建成了。船政学堂分为“前学堂”和“后学堂”两大区间。前学堂是培养造舰技官的造船学校。因为学法语,用法语讲授造船技术,又称“法语学堂”,目的是培养优秀的军舰建造工程师。后学堂是驾驶学校,学习英语,教授驾船与驾驶技术,因此又称“驾驶学堂”、“英语学堂”。目的在于培养未来的海军士官,其实就是近代中国最早的水师学堂。“后学堂”又细分为“驾驶学堂”和“管轮学堂”。学生在入学时被要求自选主攻方向。严复选择的是驾驶专业。主攻方向选择了英语科目,这对他今后的人生具有决定性意义。

三、适者生存教育

◈ 培养造船和驾驶的人才

“闽中艺局学生……均甚聪明,易学易晓。……可见中国人才本胜外国。”

左宗棠自豪地向京师的朝廷奏道。学堂的课程根据不同的方向,分别要选择英语或法语作为必修课,然后通过外语学习数理学的基础学科,接受舰船设计、海图制作等教育。培养造船技术与厂长的管理能力,或驾驶技术与船长应具备的统帅能力,正是创办船政学堂的目的。他力主,为确保学生经过严格学科训练,成为优秀人才,必须给他们提供相应的待遇。因为船政学堂是中国首个系统培养造船与驾驶人才的学校,是未来水师指挥官的摇篮。

左宗棠对学生的学习内容、生活待遇、分配工作岗位都有从优的规定。严复每月领到津贴纹银 4 两,其中他给母亲和妻子每月寄去 2 两,自己留用 2 两。

起初,左宗棠设想福州船政局的规模为:5 所造船厂、1 所学堂,占地面积 200 亩。沈葆桢就任船政大臣后,进一步扩展了左宗棠的设想，建造造船厂13所、学堂校舍5所，占地面积更扩至600亩，达到原来设想的3倍。外围工程也进一步扩展，沿岸增设了防波堤，垫高造船厂的台基，超过海平面5尺。为了取土，买下了附近方圆60公里的土地。船政学堂除了造船系和驾驶系外，因为需要，还于同治七年(1868)增设了制图部门，教授设计图、地图、海图的绘制。培养年轻有为的才俊学好制图技术，使他们在毕业后可以胜任培训负责船舶与机械设计技官的任务。此外，不少年轻人白天在造船厂做工，晚上在宿舍用功。其中成绩优秀者得到选拔，获准进入前学堂学习造船。为招募新生，船政大臣沈葆桢及船政局官员委实煞费苦心了一番。

◈ 严格的校规与竞争思想

学堂的校规严格而全面，共计八项：

一、各子弟到局学习后，每逢端午、中秋，给假三日；度学时于封印日回家，开印日到局。凡遇国外礼拜日，亦不给假。每日晨起后，夜眠前，听教习洋员训课，不准在外嬉游，致荒学业。不准侮慢教师，欺凌同学。

二、子弟到局后，饭食及患病医药之费，均由局中给发。患病较重者，监督验其病果沉重，送回本家调理；病愈后即行销假。

三、各子弟饭食皆由艺局供给，仍每名月给银四两，俾善其家，以昭体恤。

四、开艺局之日起，每三个月考试一次，由教习洋员分别等第。其中学有进境考列一等者，赏洋银十元；二等者无赏无罚；三等者记惰一次。两次连考三等者戒责；三次连考三等者斥出。其三次连考一等者，于照章奖赏外，另奖衣料，以示鼓舞。

五、子弟入学肄习，总以五年为限。于入局时，取具其父兄及本人甘结，限内不得告请长假，不得改习别业，以取专精。

六、艺局内宜拣派明干正绅，常川住局稽查师徒勤情，亦便剽学艺事，以扩见闻。其委绅等，应由总理船政大臣遴选给委。

七、各子弟学成后，准以水师员弁擢用。唯学习监工、做船主等事，非资性敏人不能。其有由文职、文生入局者，亦未便概保武职，应准照军工人员例议奖。

八、各子弟之学成监工者、学成船主者，即令做监工、做船主，每月薪水亦照外国监工、船主辛工，银数发给，仍特加优擢，以奖异能。

可见，船政学堂最为显著的特点是竞争教育的思想：采取严格的管理和考试制度，以此为依据褒奖表现及成绩优异者，淘汰表现和成绩皆差者。可以理解为，校规的适用范围包括学习课程、生活待遇、赏罚条例、学制与管理方法、毕业后的去向等方面，相应的原则都有所规定。而且也都得到实施。根据学堂记录，前学堂 1867 年 2 月至 1873 年 11 月首批 105 名学生中，死亡 6 名，因考试不及格退学 60 名，只有 39 名毕业。这是一个优中选优、劣者淘汰的残酷世界。

105 名学生中竟有 6 人死亡，学堂简直就如同战场。退学者如同伤残兵，39 名毕业者如同健康生还者。这与从枪林弹雨的战场生还没有什么区别。这个时代学习是要赌上性命的。后学堂第一期毕业生 33 名，严复就在其中。第二期毕业生 13 名，第三期毕业生 8 名，似乎学堂坚持办学也非常艰辛。

◈ 日本与中国的西式军备教育

当时，在邻国日本，刚刚成立不久的明治新政府兵部省，1869 年在筑地创办了海军操练所。海军操练所先改名为兵学寮，后改名为海军兵学校。海军兵学寮发行的教科书现存的材料不多，已知者包括译自各国的著名教科书。如，译自英文原著的《蒸汽机械书》、《博物阶梯》、《航海教授书》、《数学教授书》、《代数学教授书》、《炮术教授书》、《机学要语》等。英文原著有地理、历史、穷理(物理)等书籍，数学教程包括代数学、算数、三角函数、几何、微积分，航海书有《英国赛氏航海书》、《美国博氏航海书》、《荷兰皮氏航海书》等。当时规定年满 15 岁者皆有资格参加入寮考试。明治 3 年(1870) 10 月 12 日，太政官宣布陆军采取法式，海军采取英式的兵制策略。福州船政学堂也采取了分别向英法学习的教学设置。日中两国集中国力，相互竞争，开展起西式军备教育。

鉴于如此紧张的局势，船政学堂的教育容不得半点松懈。与学堂签约的外国教习们，意识到自己身上的使命，尽职敬业。为了迅速建立大清帝国的水师，清朝也对这些洋教头厚爱有加，授予“顶戴”、“宝星”，以资勉励。受雇洋员通常都享受高薪，所以他们当中相当多的人往往在合同期满后希望续聘。

◈ 以最佳成绩修完基础课程

学堂的教学，从第一期新生入学时起便采取根据各自的水平施教的原则，所以开始阶段并不太难。学科课程也没有确定固定的教材，教授一定程度的基础知识，具备一定的起步能力后，前学堂开始教授法语、西洋机械常识、造船技术、算数、代数、几何、解析几何、三角、微积分、物理、力学等初级教育，同时让学生在工厂做工实习。后学堂的实习教科分为机关科和驾驶科。严复所在的驾驶科以英语讲授18种科目的自然科学基础知识，同时还有人文科学的课程。沈葆桢还以课外科目的形式，要求所有学生每天朗读《圣谕广训》、《孝教》等，对学生施以品德教育。这位船政大臣的意图很明确：学堂不仅需要数理方面的实务教育，更要重视培养军人素质的传统道德教育。

严复从同治六年（1867）十二月初一日起，在规定的5年之内，学习了英语、代数学、解析几何学、平面三角法、球面三角法、微积分、动静力学、流体力学、电磁学、音响学、热学、化学、地质学、天文学、驾驶学等多门学科。这些课程的内容，在当时的欧洲也是最新的学问和技术。概括而言，这5年他系统地学习了自然科学的基础知识和驾驶技术的专门知识。对于中国自不必说，即便对于欧洲列强而言，这也是一个伟大的实验。严复以最优等成绩，从福州船政学堂后学堂毕业了。对于他而言，在马尾的5年是他一生中任何时期都无法相比的、意气风发的黄金时期。基础学科毕业后接踵而来的是实习训练。严复和后来成为“定远”舰管带刘步蟾等同学告别学堂，登上实习船“建威”之际，大家联名给英国教官詹姆斯·卡罗写了一封感谢信：

“……生等已修完功课，即将航海，一试本领。为此航行，我等已广做准备。离去之先，生等鉴于师之关照及不倦训诲，皆怀感激之忱。……

西洋之教育原理，源自希腊，而希人之原理皆来自中华。昔中华曾以中庸之道运用礼、智，却几忽视西洋诸邦所景仰之实用原则。

唐时，于此曾略有尝试，但无成果。至明末万历时，有利玛窦者初将天文算学带入中华。南怀仁、艾雅各亦欧人也，明解此科目，故无人不知西洋拥此原理。但无人将之传至后世。

吾师卡罗，深谙西洋诸原理，自英入华，宏宣教化，授吾等天文、地理、算学诸科，愉悦胜任，未使一人落伍，勤奋有加。凡师之弟子者，濡染师之精神，皆愿与师接近，未有不尽从师学习而去者……”

利玛窦（Matteo Ricci，1552—1610）是耶稣会会士，曾在罗马学习数学和天文学，作为在华传播基督教的先驱而广为人知。1601 年他来到北京，谒见明万历神宗皇帝，获准在北京居住和传教。传教的同时他还积极传播西洋的学术文化，汉译了数学和天文学的原理。特别是他与徐光启合作，将欧几里得（Euclid，前 325—前 265）的 13 卷演绎论论证数学《原论》中的 6 卷，以《几何原本》为书名加以翻译和注释，对中国数学的发展产生了重大的影响。然而，这些用 5 年时间学习了英语以及西洋数理学问的英才们，在思想深处依然坚信世界文明起源于中国，所谓中华思想根深蒂固。严复登上了教练船“建威”号，他冲着渐行渐远的陆地高喊：“光荣属于我的祖国！”这是他第一次出航时向祖国喊出的誓言。

第三章

航海实习与从军台湾

同治十年——光绪二年（1871—1876）　19—24 岁

一、教练船“建威”

◈ 教练船的建造与航海实习

船政学堂5年基础课毕业的后学堂毕业生，将转入教练船实习，掌握实际的驾驶技术。福州船政学堂本来没有供毕业生实习的教练船。因为没有买轮船那样的大额预算。可是第一期毕业生转年就要毕业了。同治九年(1870)，船政局在自办的船厂内将独自建造的第三艘轮船“福星”改造为教练船。“福星”被改造成木壳蒸汽动力教练船，但船型极小，仅能容纳驾驶训练的实习生10名左右上船，操作性能也很差。第二年，同治十年(1871)正月，福州将军文煜上奏朝廷，将从德国买来的远洋航海帆船加装辅助机关进行改造，并命名为教练船“建威”。“建威”为三桅帆船，长125英尺，宽27英尺，载重量475吨，装有前炮1门，后炮4门，操作性能远远优于“福星”。严复在船政学堂修完基础课程之后，与18名同学登上“建威”，开始航海实习生的生活。

早期的教练船“福星”号

(《船政学堂》科学出版社)

经过几个月的基础训练，同治十一年（1872）冬，“建威”开始沿海岸实验航海，穿过东海、黄海，沿着渤海和中国东部海岸一直向北行进，在浙江、上海、烟台、天津等地靠岸后回到福州。同治十二年（1873）正月，由后学堂第一期毕业生组成的“建威”实习船员，在英国教官率领下从福州出发，历时4个月航行，途经厦门、香港、新加坡、槟榔屿（马来半岛西侧马六甲海峡北口的小岛）。指导教官让实习船员们自己操纵船舵，并详细记录下他们的表现，观察他们使用天文海图的情况，还经常让他们测定日月星辰的方位。结果，航海回程实习船员们已经能够自如地操舵。教官一面检查实习船员的动作，对照他们的表现记录，一面特别关注海洋气象变化以及实习船员们的应对反应。

台风起时，巨浪排山倒海般袭来，浪头砸在船身，引发激烈的横摇和纵摇。这时候，教官观察实习船员的精神状态和应对能力，一一打分。阳历7月，“建威”在马尾船政局的码头靠岸。

对于“建威”的航海实习，船政大臣沈葆桢做出如下总结点评：“驾驶细心大胆，优异者有粤籍张成、吕翰为，而计算精确，善于计测者，当首推闽籍刘步蟾、林泰曾、蒋超英等。”

到同治十二年（1873）为止，“建威”计实施两次实习航海，掌握操舵的实习船员达到十多人，他们都到新造成的船舰上独当一面开展工作。然而，在沈葆桢表扬的“建威”优秀实习船员名单上却看不到严复的名字。原来，他在实习的第二年接到调令，已转到新建成的军舰“扬武”号上。

二、当上巡洋舰“扬武”的水兵

◈ 最大的新型巡洋舰

同治十一年(1872),20岁的严复为进行远洋航海实习,被转到新造成的巡洋舰“扬武”号上。“扬武”是福州船政局建造的第7艘蒸汽轮机帆船。船体为铁骨木壳,全长63.4米,宽11米,吃水5.63米,排水量1560吨,蒸汽轮机1130马力,巡航速度12节,船员定员147人,舰炮11门。法国造船工程师安乐陶设计监造,于三月十六日下水。自同治八年

福建海军旗舰“扬武”(左)与“伏波”(右)

(《严复与严复故居》香港人民出版社)

(1869)五月十二日以来,福州船政局船厂第1艘舰船"万年清"下水后,第2艘"湄云"、第3艘"福星"、第4艘"伏波"、第5艘"安澜"、第6艘"镇海"相继下水。到同治十一年(1872),"扬武"、"镇南"、"飞云"、"靖远"、"扬威"、"济安"等舰船相继造成,自此福州船政局已经有了十几艘蒸汽舰船。其中,到第6艘船为止是平均150马力的运输船和小炮艇。但这些舰船作为军用船只效率低,配炮少。于是船政局在设计第7艘舰船时,引进欧美的炮舰式样,装备了船政局技术顾问、法国海军军官日意格(Prosper Marie Giquel, 1835—1886)从法国购入的1130马力的蒸汽动力轮机。这艘船的效率因此有了飞跃性提高。该舰于同治十年五月二十五日(1871.7.12)开工,于同治十一年三月十六日(1872.4.23)竣工下水,总共耗费了9个月的工期。这艘被命名为"扬武"的军舰是当时最大的新型巡洋舰,铁骨木壳结构,装有蒸汽轮机和3桅风帆,配有6门舷侧前膛炮,舰艏、舰尾各装炮1门。还另装有重达8吨的旋转炮,总计武装有10余门舰炮。"扬武"的火器装备,从舰炮的口径、数量、性能等几方面来说都远远超过前6艘舰艇。

日意格(P. M. Giquel)

(《船政学堂》科学出版社)

装备完毕的"扬武",被直接指定为船政学堂附属的实习教练舰。严复受命成为"扬武"舰上的水兵,随舰从东海出发，经黄海进入日本领海，在日本各地进行巡航。总教习是英国海军派遣的中校德勒塞（后来晋升为中将）。英国海军在帮助清政府的同时，还协助了日本海军的创建。同一时期，日本政府也在筹建海军，“扬武”在日本长崎、横滨入港停泊，几万名民众蜂拥而至，一览清朝海军军舰的威容。看到“扬威”舰乌黑油亮的炮身，民众们发出了阵阵感叹。

◈ 明治政府的领土扩张政策

明治维新成功后，明治政府按照基本国策“富国强兵”的路线一路发展。明治5年（1872），日本政府撤销兵部省，设立陆军省、海军省，意在创立新型国军。虽然标榜建军的目的是为了国防。但真实意图是为了扩张领土。扩张的第一步矛头直指琉球。琉球享有清朝保护国的待遇，向萨摩的岛津藩和清朝同时纳贡，试图在夹缝中寻求独立，最终却被岛津藩所征服。明治维新以后，日本政府设置了琉球藩。到了明治4年（1871），明治政府推行废藩置县，琉球藩就此改为冲绳县，成为除北海道之外日本三府七十二县的行政区划之一。极易引发冲突的领土问题就这样不断发酵，终于有一天酿成大事。

三、从军台湾

◈ 琉球人台湾遇害案

同治十年（1871）十月十五日，琉球的两艘朝贡船在驶向福州的途中遭遇台风，被吹到台湾。船上54名船员被台湾当地居民杀害,12 人逃脱,漂流至福州。福州的官员将生还船员送回琉球,同时开始着手调查迄今为止并不十分了解的台湾的状况。

日本明治政府将此事件认定本国国民琉球人遭到杀害,是严重的国际问题,欲借此大做文章,迫使国际承认琉球(冲绳)脱离大清帝国的从属国的关系,成为日本领土的一部分。对此,清政府并没有什么紧迫感。倒是造船和添置武器等近代设备所需的庞大的预算让清政府倍感头疼。转年同治十一年十二月十四日,内阁学士宋晋向朝廷上奏,认为福州船政局等福建造船厂的经费花销已经达到纹银4500 万两,实属浪费;江苏、上海等地的造船厂亦同样造成浪费,主张下令停办。而日本政府与清政府相反,积极推进军备与外交的斡旋,其目的是夺取台湾。外务卿副岛种臣甚至向美国驻日公使德隆(C. E. Delong)密示了夺取台湾的路线图等资料。好像已有事先沟通,美国驻厦门领事李仙得(Charles William Le Gendre)在休假回国途中顺访日本,德隆公使将其介绍给副岛。日本这时已经把琉球人被台湾人杀害的事件看作千载难逢的好机会,开始制订侵占台湾的计划。这样的外交谈判,像李仙得这样经验丰富、行事干练的专业人士自然被看作识途老马而大受赏识。副岛聘请他做对清使节团顾问,给他的待遇相当于陆军军官。明治 6 年(1873)3 月 9 日,日本太政官政府任命副岛种臣为全权大使,参考了擅长条约谈判的李仙得提出的方案,就琉球人遇害案一事派团与清朝谈判。谈判地点定在天津。4 月 20 日,副岛使节团一行抵达天津。李仙得作为正式成员随行。

◈ 设台湾总督府、出兵台湾

清政府方面指派李鸿章为全权代表与副岛会谈。但双方各执一词，并无进展。阳历5月7日，使节团副使柳原前光赴北京面见总理各国事务衙门大臣毛昶熙、董恂，就琉球人被台湾当地居民杀害一事进行实务会谈。毛昶熙、董恂将日方提出的问题顶了回去，认为这是中国国内问题，裁决权在中国。这是日方已经预料到的反应，按照路线图，将由会谈转向武力解决。接下来就是怎么动手的问题了。

明治7年(1874)4月，日本政府任命陆军中将西乡从道为台湾藩地事务都督，美国驻厦门领事李仙得为外交顾问，美军现役军官凯萨为军事顾问。日军3600余人分乘军舰3艘、运输舰1艘向台湾进发。清朝同治帝接到报告，即刻通过军机处向统辖福建船政局的沈葆桢下谕："命尔着即巡阅台湾生藩一带，机密调查。"当时清廷尚不了解实际情况，一周后接到英国驻华公使威妥玛的询问公函，得知日军约3000名在台东登陆，才意识到事态的严重性。同治帝通过军机大臣任命沈葆桢为海防钦差大臣，渡台处理日本侵台事件。阳历6月4日，沈葆桢率福建布政使潘霨、船政局政监督日意格以及福州水师学堂学生与水兵7000人，分乘3艘轮船向台湾进发。严复为"扬武"舰水手，随舰前往，对台湾的海岸线进行测绘。对于他来说，这是第一次实战从军。

在钦差大臣沈葆桢的指挥下，清军增兵至10000人左右，实现了有清一代在台湾最大规模的军事部署。2500多名登陆日军几成瓮中之鳖。对日本远征军尤为不利的是，自夏至秋，台东到台南瘟疫正蔓延开来，日军染病者不计其数，每天都有四五人病死。每隔一天就有1艘船装满尸体和病号驶回日本。这导致士气大落，士兵哭天喊地吵着要回国。穷途末路的日军司令部在阳历10月30日，与清军签署了《中日台湾事件专约》，日军悉数撤回日本。

第二年1月30日，沈葆桢率舰队从台湾凯旋至福州。两个月前，19岁的同治帝载淳病逝，年仅4岁的光绪帝载湉即位。清廷宣布，慈禧太后重新“垂帘听政”。

第四章

留学英国时期

光绪三年——光绪五年(1877—1879)　25—27 岁

一、清朝的留学生派遣计划

◈ 清朝海军赴欧留学生

同治十二年(1872)十一月,沈葆桢向朝廷上奏,建议派福州船政学堂前、后学堂毕业生赴英国学习航海,赴法国学习造船,引进舰船、武器、练兵技术的新机制。这个建议得到认可,可随即发生了台湾事件,因为提议者沈葆桢出兵台湾,留学问题被暂时搁置。光绪元年(1875),洋务派官僚丁日昌、吴赞诚先后就任福州船政局督办,他们在考察过前、后学堂学生们从事的西式造船与驾驶技术研究的现状后,向北京启奏,认为需要马上启动海外留学,确信通过留学会使他们接受的教育更上一个台阶。

这一年,任福州船政局正监督的法国海军军官日意格任期已满,将要回国。他转而接受了军事武器采购代理人的角色,为采购装备继续在欧洲东奔西走。他汉语流畅,又起了个中国名字"日意格",专心为中国服务。沈葆桢委托日意格偕船政学堂5名毕业生,即前学堂的魏瀚、陈兆翱、陈季同,后学堂的刘步蟾、林泰曾同行。前学堂毕业生留学法国,后学堂学生留学英国,他们分别在法国和英国的造船厂、军舰、军工厂参观实习。这一安排是为转年派遣第一期留学生做示范准备,同时让操舰成绩优异的刘步蟾、林泰曾接受在英国订购的军舰并开回中国。严复被指定为第二年首批赴欧留学的人选。光绪二年(1876)十一月二十九日,沈葆桢与钦差大臣、直隶总督李鸿章联名向光绪帝上奏，请求恩准派福州船政学堂的毕业生赴欧洲留学。

李鸿章和沈葆桢在奏折中推荐三品衔候选道李凤苞为督学。二人盛赞李凤苞学识渊博，志向远大，通晓西洋数学及各国兴亡的道理，是难得的人才，并认为他是首批清朝海军赴欧留学生督学的最合适人选而力荐。他们还顺便推荐了一名洋督学日意格。实力派李鸿章对沈葆桢执笔起草的这份奏折大加赞赏。这时候，严复行将结束在福建海军所属的巡洋舰“扬武”号上的实习，将要离任回国的总教习、英国海军中校德勒赛将他叫到身边，对严复在航海实习中表现出来的工作态度大加赞赏：“君今日于海军学术，今已卒业矣。不佞即将西归，彼此相处积年，临别惘然，不能无一言相赠。盖学问一事并不以卒业为终点。学子虽以入世治事，此后自行治学之日方长。君如不自足自封，则新知无尽。望诸君共勉之。此不第海军一业为然也。”

如前所述，德勒赛日后晋升中将，本杰明·史华慈在他的《寻求富强：严复和西方》中提到德勒赛，称他在严复留学英国的时候曾给予过帮助。

二、朴次茅斯海军学校

◈ 培养世界最高水平的海军人才

光绪三年二月二十七日（1877.3.4），严复作为首批赴欧留学人员之一，在马尾搭乘军舰“济安”号出发，在香港换乘欧洲航线的轮船去英国。一行包括前学堂毕业生 14 人、后学堂毕业生 12 人、艺徒 8 人、督学李凤苞、洋督学日意格、随员马建忠、文案陈季同及翻译罗丰禄，总计 39 人。造船专业的核心人物为已有在法国造船厂参观实习经验的魏瀚、陈兆翱；驾驶专业的主要人物有以最佳成绩毕业的严复和将新造战舰“定远”舰从德国指挥驾驶回中国的刘步蟾。“定远”舰日后成为北洋水师的旗舰。

阳历 5 月 11 日，他们抵达欧洲，根据各自的留学去向分道扬镳。留学目的除海军骨干速成培训之外，还要培养日后世界一流水师的管带和造舰技术监督。

在严复留学的 1877 年，英国的资产阶级已经确立了政治地位，这一时期为了通商、贸易和领土扩张，英国正在进行空前强大的海军建设。其结果，英国在 3 次争夺殖民地的战争中都获得了胜利。英属殖民地甚至扩展到太平洋的澳大利亚和新西兰。100 年前与欧洲大陆隔海相望的人口 600 万左右以农业和畜牧业为主的小小岛国，一跃成为拥有世界上最多殖民地的富强帝国“大英帝国”。海上帝国的象征就是“船”。来到上海的英国船，与法国比肩，技术水平堪称世界一流。1866 年时，英国已经拥有 5 支烟囱、7 支船桅、32 台轮机的巨轮。当时中国对此威容赞叹不已，称之为“天下第一大轮船”。

在东亚，日本也向英国派遣了留学生。1877 年 3 月，日本从英国采购的铁甲船下水时，来自日本的留学生已经达到 200 人左右。可见日本留学生抢先一步。日后以联合舰队司令身份指挥日本海海战的东乡平八郎，1873 年 8 月就已经在以停泊在泰晤士河上的英国护卫舰“伍斯特”为校舍的“伍斯特商船学校（泰晤士河航海训练学院）”入学学习了。他比严复早 4 年开始留学。在派遣留学生方面,日本确实稍微走在了前头。

光绪三年(1877)四月初一日,中国留学生督学李凤苞由陈季同、马建忠及罗丰禄陪同,和洋督学日意格一道,来到伦敦的中国驻英国公使馆,拜会了公使郭嵩焘。严复等十几个驾驶专业留学生都集中到了朴次茅斯。日本人熟悉的朴次茅斯,是日俄战争议和条约签订地、位于美国东北地区新罕布什尔州的那座城市。而我们这里所说的朴次茅斯,是英国英格兰东南部汉普郡南岸的一个军港城市。这里是英国海军的主要基地,海军学校也设在这里。严复他们在朴次茅斯海军学校共学习了5个月。

三、格林尼治皇家海军学院

◈ 英国海军的滥觞之地

光绪三年八月(1877.9),严复和同行的5名留学生从朴次茅斯的英国汉军学校,转入格林尼治皇家海军学院。这所大学位于伦敦郊区东南方向泰晤士河沿岸,原本是英王宫的一部分。

这座大气磅礴的石材建筑始建于1705年,完成于1752年,耗费了大英帝国巨额财富和47年的工期。在与法国争夺殖民地而爆发的“七年战争”中,为安置大量伤兵,王宫被腾出来做海军医院。此后维多利亚女王即位,长达64年没有发生战争,1871年这里被辟为海军教育机构,1873年被定为皇家海军学院,英国王室每年给这所学校支付25000镑经费。

从严复入学这年算起，5 年前，也就是 1872 年秋天，日本的岩仓特命全权大使一行（岩仓使节团）访问英国，留下如是笔记："由此乘内河轮船，顺流上行，抵绿威（日本早期的'格林尼治'译名）。"笔记还记载道："绿威之海军病院在原王宫之内，乃英王有余之地也。威廉三世及玛丽王后时代，以英宫为海军病院。此乃著名之地，全院皆以白石筑之，宫宇宏大……"（《特命全权大使 美欧回览实记》二，岩波文库）

格林尼治英国海军大学

（《特命全权大使美欧回览实记》岩波文库）

一进校门，正面矗立着维多利亚女王的铜像，校园后方河面宽阔的泰晤士河右岸，格林尼治山郁郁葱葱，巍然屹立。有着四百多年历史的格林尼治天文台，就建在山顶。1884 年，经过此地的经线被指定为"本初子午线"，即零度经线，这里成为测定地球经度的基准地。由于距离大都会伦敦过近，现在这里已经不适应天文观测，天文台也不在了。

络绎不绝的机动帆船穿行于悠缓流淌的泰晤士河，轮机的轰鸣声不绝于耳，好像连成一片的工厂不断地在河面上回荡着噪音。格林尼治皇家海军学院历史悠久，以培养具有多方面才能的海军统帅为办学目的，成为英国海军发展的"起爆点"，又是撬动大英帝国一跃称霸世界的基础支点。就在这样的教育环境中，严复、萨镇冰、方伯谦、林永升、叶祖珪、何心川6人，以清朝海军派遣留学生的身份入校学习。光绪三年八月二十四日(1877.9.30)，督学李凤苞报告公使郭嵩焘，6名留学生已经顺利入学格林尼治皇家海军学院。报告中说，校长和教授们发表了欢迎致辞。

接受留学生，已经成为这个国家的基本国策。宽广的校园按照建筑分为A、B、C、D四大校区。A区计有管理楼、校舍、图书馆；B区为画像馆(海军司令纪念馆)，二楼以上展示历代英国海军司令的肖像，一楼则是食堂、大厅与会客室、运动室；C区二楼以上是大讲堂，楼下是球技室；D区为模型收藏馆，收藏着过去几百年间所有船舶的模型。校舍背面，右侧是体验机械操作的实验工厂，左侧是接收各国伤病水手的病房，再左侧是可以容纳1500名水兵的教练场。

学院的官员有：提督舍得威尔、总教习赫尔斯、外号舰长的校务长丹毕尔、算学教习罗登、格致学教习雷洛尔、机器教习(船舶浮力稳定性理论、轮机理论)桡、炮台教习(要塞构筑术、炮台设计)拟敦、驾驶教习(海战战略、气象学、海路图、岛屿测绘图)阿尔本。这些老师都对严复进行了严格的教育。

◈ 格林尼治式教育与拼命用功

在被英国人包围的校园环境中，中国留学生的英语能力快速提高，特别是严复，英语和专业知识取得了长足的进步。严复在格林尼治学习的主要学科，除了上述技术学科外，还包括战时国际法，由法官、检察官、律师组成的审判制度以及由此维系的公民社会、议会和选举制度。授课之后接着进行的讨论，往往以近年来发生的战争的来龙去脉为题。比如就

1870年开战、1871年以普鲁士的胜利而告结束的普法战争，以及就1853年开战的、沙俄帝国对奥斯曼帝国的克里米亚战争展开的讨论。特别是后面那场战争，英国站到奥斯曼帝国一方，出兵克里米亚半岛，参与了对俄国黑海舰队基地塞瓦斯托波尔要塞的包围战。克里米亚战争各参战国1856年在巴黎签订和约，战争持续3年终告结束。在教室里开展的讨论，主要围绕交战经过、作战指挥、铁甲船的发展等话题展开。

授课每天一早开始，学生在教室集中。星期一、星期二、星期四全天授课，星期三、星期五、星期六上午授课，下午无课。每个教师都在授课时间内尽量多地高浓度授课，授课时禁止提问。为此学生要把自己的疑问写条子递给老师，等待回答。下课后，学生向老师就不明白的问题请教，老师要和学生进行讨论，直到学生听懂为止。这就是格林尼治式教学。严复精神集中力和记忆力超群，每每能够准确理解老师给出的问题，并能够做出正确的回答。

随着知识的不断积累，他开始在日记中详细记录自己的学习情况和对所见所闻的感受。格林尼治时代严复的日记《沤舸纪经》中，记下了他对科学的实际应用表现出的强烈兴趣。在记有“因西洋光学、声学尚在电学之前，初做指南针，即从光学悟出”那一页，他对科学的实际应用极尽赞美之词：“又凡声与光皆因动以致其用，其动处必成文。”

中国留学生的刻苦用功达到惊人的地步。他们极其珍惜时间，日夜用功不辍。但也有人如驾驶专业学生江懋祉那样，聪明过人，求学刻苦，知识面广，但因过于劳累罹患结核咯血病倒。江懋祉除了学习驾驶技术之外，还要学习舰炮、普通武器、电气等学科，终因积劳过度感染结核，咯血不止，抱病回国，不久病故。明治初期的日本留学生也有类似情况。这是那些背负着祖国的期望,担着沉重责任感的年轻人的悲剧。江懋祉之外,驾驶专业学生何心川也因罹患肺结核而先期回国。

因为刻苦用功,中国留学生的成绩和英国学生相比总体上成绩优良。严复这批留学生当中,造船专业魏瀚、陈兆翱成绩最优,驾驶专业刘步蟾、林泰曾、严复、蒋超英成绩最优,能力"与西洋水师管驾相等"。

◈ 关注欧洲社会思想

留学生每天紧张的学习生活还另有缘由。因为留学生们还要根据《出洋章程》,按规定严格完成所学教程。每3个月一次,留学生们要面临督学的考试甄别,所有考册要寄呈船政大臣转咨通商大臣备核。考试平均有15门功课,必修课都要考,专业课主要分为造船、航海两大类。

严复条理清晰,加之刻苦用功,在格林尼治皇家海军学院的定期考试中经常取得优等成绩。薛福成在《出使英法意

英国海军大学近景

(《船政新发现》福建省音像出版社)

比四国日记》中写道:“水师管驾学生二十人,以刘步蟾、林泰曾、严宗光、蒋超英最为出色,萨镇冰、方伯谦、何心川、叶祖珪次之,林永升、林颖启、江懋祉、黄建勋又次之。”

与严复一同来英国的12名驾驶专业留学生,除严复外大部分时间都花在军舰上实习。而严复因被指定为清朝海军的候补教官,又被要求将上舰实习的时间集中用在海军学院的学术理论学习上。他把这些宝贵的时间用来读书,探寻救国的真理。在格林尼治的两年多,他使用全部可以自己支配的自由时间,身穿海军学院学生服,泡在图书馆里埋头读书。海军战术、海战公法等必修课之外,他还大量阅读欧洲大思想家的著作。他开启了对于当时的中国人还知之甚少的、欧洲社会思想的沉重大门。当时,中国最为急需的、揭示通往“富强”之路的著作,几乎都出自以“经济学之父”亚当·斯密为代表的英国思想家之手。他们的著作都以英语完成,这对严复是一大幸事。从他日后翻译活动的内容可以推断,当时他还涉猎了边沁、马尔萨斯、穆勒等给予时代强烈影响的英国实用主义派思想家的著作,甚至当时被认为是反圣经思想而使社会舆论喧噪一时的达尔文的《物种的起源》也进入了他的法眼。光绪四年(1878)接任郭嵩焘的驻英公使曾纪泽,在日记中这样评价严复:“三月十三日,核改答肄业生严宗光一函,甚长。宗光才质甚美,颖悟好学,论事有识,然颇有狂傲矜张之气……”

新任公使曾纪泽与严复似乎始终合不来。但他对严复“颇有狂傲矜张之气”的点评,从日后接触严复的其他人那里似乎也可以得到印证。从这一刻开始,严复荣辱相间的后半生已经悄然揭幕。

四、驻英公使郭嵩焘

◈ 关注欧洲社会思想

严复留学的时候，正赶上清政府派遣郭嵩焘为首任驻英公使。郭嵩焘是 29 岁便中进士的湖南湘阳俊才、洋务派官僚。

驻英公使郭嵩焘
（《严复与严复故居》
香港人民出版社）

郭嵩焘博学多才，思想开明，自鸦片战争以后便开始思索“洋患”问题。他通过各种已知渠道了解“洋情”，经常约朋友谈论西洋天文气象学。他从研究西洋科学的学者李善兰那里借阅西人所编撰的《数学启蒙》汉译版，从其他朋友那里借阅西人刊行的中文报纸。读过史地学家何秋涛的《朔方备乘》，与其讨论俄罗斯人文地理。此外，他还阅读过鸦片战争时的地理学家魏源的大作《海国图志》，专心西洋科技研究。他将俄罗斯政府“进呈”清政府的图书、仪器分类记载，著有《行兵战守论》、《管船事宜论》、《发明西洋各国通例》。他还与人讨论中外语文的异同，求知范围十分广泛。

郭嵩焘反对洋务派官僚主张由封建国家垄断新式工业的做法，主张扶持中国的民间工商业，鼓励普通平民经商兴业。他认为，可在主要港口设置市舶司，鼓励商船与从事贸易的人做生意，通过海运与外国进行贸易，这样中国商人才能学到外国资本家的生意方法。但当时的官场上，官僚包办一切，保守势力盛行，郭嵩焘的超世之言很难见容于这些保守势力。郭嵩焘在任中从北京转任广东巡抚，在此又与其上司——保守派总督发生冲突而被贬官。

当时，清政府决定向英国派遣首任公使，但苦于很难找到能在西洋代表中国独当一面的人才。这时，恭亲王与军机大臣文祥联名启奏皇上启用郭嵩焘。光绪元年（1875）元旦之前，郭嵩焘奉诏回京，还呈上了《条陈海防事宜折》。内容如前所述，要求限制官僚权限，鼓励民间商贸。保守派对此恨得咬牙，但看法接近的官僚也在增加。总之，郭嵩焘的名气越来越大。

郭嵩焘来到伦敦赴任，亲眼看到这座繁荣发展的大都会，使他对资本主义国家的本质有了进一步的成熟认识。他力主以办教育为急务，主张开办学校。他给南洋大臣沈葆桢写信，反对保守派主张的军事教育优先论。他在信中说："人才国势，关系原本……宜先就通商口岸开设学馆，求为徵实致用之学……盖兵者末也，各种创新，皆立国之本也。"

光绪四年（1878）正月初一，严复和6名同学随督学李凤苞来到清朝公使馆，向郭嵩焘公使贺春。这是严复第一次和郭嵩焘见面。

这一天，郭嵩焘在他的《伦敦与巴黎日记》中这样记载：

“格林里治肄业生六人来见，庆贺礼，因留小食。……严又陵（宗光）谈最畅。”严复思路清晰，善于言谈，善于发现问题。机敏活跃的他给郭嵩焘留下了深刻印象。此后，二人超越25岁和60岁的年龄差距，成为忘年交，经常在一起废寝忘食地讨论中西学术与政治的差异。《伦敦与巴黎日记》中提到与严复的接触竟多达36处。从光绪四年正月初一的第一次见面，到光绪五年正月初一彼此告别的交谈，郭嵩焘这一年的日记里，有33处写到严复的活动和评论，差不多每个月都有接触。日记中记载，严复休息时间都用来讨论，“日夜不休”。郭嵩焘以驻英公使身份初到伦敦时，将自己的第一印象用诗一样的语言加以描述：“街市灯如明星万点，车马滔滔，气成烟雾。阛阓之胜，宫室之美，殆无复加矣。”

◈ 惊讶于英国的政治体制

郭嵩焘到任数日之后，即拜会英国外交部德尔比外相递交国书，回到公使馆便召集全体使馆人员宣布“五戒”：“戒吸食洋烟，戒嫖，戒赌，戒外出游荡，戒口角喧嚷。”

反过来看，不难推想当时清朝公使馆的纪律状态。他宣布内部整顿，要求遵守纪律，还安排订阅4种报纸。将报纸翻译出来，供他了解英国社会，这虽费点功夫，也是不得已的。为了了解英国的政治体制，郭嵩焘还参观英国上院，会见了刚刚上任的首相毕根士。在下院，他旁听议员们辩论决策的全过程。在日记中他这样谈到他的感想：“此间国事分党甚于中国。现分两党，新执政毕根士菲尔德，旧执政噶拉斯敦。下议院入毕党者四百余人，入噶党者亦三百余人，互相攻击争胜。而视执政者出自何党，则所任事各部一皆用其党人，一切更张。其负气求胜，挈权比势，殆视中国尤甚矣。”

光绪三年二月二十七日（1877.4.10）的日记中，他谈到了对英国税制的感想：“西洋所以享国长久，君民兼主国政故也。”

他依据英国议会的历史，对绝对君主制和主权在民君主制的得失进行了比较，认为立宪君主制可以汇聚人民的力量，应为立国之本。

而严复，一面在海军学院学习海军知识，一面留出时间旁听法庭审判，亲身感受了司法制度的运作形态。律师在法庭上可为被告竭力辩护，书记员完整归纳庭审记录，刑事案件和民事诉讼得到公平处理，市民们自然就安居乐业。

严复痛感，自古以来，中国的“王法”主张“贵断卑罪，以使之畏”，这种律法思维上的差异，导致了中国与西洋在“富强”问题上的差距。他深受触动，一段时间竟有些精神恍惚。日后，他决定翻译法国启蒙思想家孟德斯鸠的《论法的精神》，其动机恐怕在此时就已经萌发。他对比了英国走向富强与中国积贫积弱的主要因素，初步地得出了他的结论。光绪四年三月初七日（1878.4.9），严复拜会郭嵩焘，谈及自己的观点和结论。他认为中国亟待改变的有3点：第一，喜好排斥异端；第二，不愿讲真话；第三，惯于盲从。郭嵩焘大为赞赏，认为他看得十分深透，抓住了要害。

两个人十分高兴彼此互得知己。郭嵩焘想到自己试图打破依然故我的旧体制而身陷困局、公理不张的现状，更是从心底里赞同年轻的严复指出的症结所在。但他并没有把严复和自己讨论过程中谈及的敏感政治话题写入日记。这是因为，当年他在北京时，翰林院编修何金寿为了参他，就与他形同影随；现时，驻英副公使粤人刘锡鸿看上去就极像企图要陷害自己的“奸臣”。

◈ 严复对科学技术的观察

光绪四年四月二十九日（1878. 5. 30），郭嵩焘公使视察了格林尼治皇家海军学院。督学李凤苞、翻译罗丰禄、4 名公使馆人员以及公使馆助手、英国人麦考利等随行。郭公使先是看了严复起居的宿舍。住在这里的留学生除严复外，还有方伯谦、叶祖珪、何心川、林永升、萨镇冰 6 人。大家在狭窄的过道里整齐列队，迎候公使。严复向郭嵩焘演示了摩擦发电的物理实验，此后和方伯谦一道，陪同公使在校内视察参观，一直到太阳落山。严复一面介绍，一面提到了几个数学中的对数问题。对数是把乘法转成加法，把除法转成减法，加快计算速度的学问。介绍物理学时，他说明了牛顿的万有引力定律、力学中的热力学和热传导率、流体力学中的关于水压的基本理论。最后严复总结说，科学领域里许多原理都是相通的。

郭嵩焘对严复的解说大加赞赏，希望他将这些心得记入要求留学生必写的日记当中。他还将这一天听到的东西，作为珍贵的见闻，尽可能详细地记在自己的日记里。

3 天后，督学李凤苞检查留学生日记，重点看了严复的观察记录。严复的观察记录内容除了向郭公使说明过的数理学各项原理之外，还有英国医生讲的光、热、空气、水、运动、饮食医疗 6 要素、军队的发展、炸药爆破力的测定等。清政府想借助优秀留学生的观察能力，吸收一些英国军事技术的概要。此外，严复在日记中还将中国社会视铁路建设为洪水猛兽,铺好的铁路又被拆除的做法列为“四大问题”之一加以痛斥,主张应该铺设铁道,使用蒸汽机车。严复十分热衷于铁路建设。留学之前,他就向沈葆桢介绍图解西洋铁路:在西洋,“火轮车、马车道路,交互上下,不相悖害”。这个故事郭嵩焘在同严复讨论时听到,表示十分佩服。他们的话题甚至涉及中国与西洋政治思维的根本差异。

郭嵩焘对现状的认识,总是反映为对朝廷里不可一世的保守势力的深恶痛绝。而这时,国家的总趋势正眼看着滑向破产。

五、游历巴黎

◈ 法国陆军阅兵式

光绪四年六月初二日(1878.7.1),严复从伦敦来到法国首都巴黎。此行目的是为了履行有关清朝留学生实习细节规定之《出洋章程》中的进修项目之一——学习船舶轮机的结构。造船专业的留学生在第4年要到造船厂和轮机生产厂实习1年制造工序和监理。攻读航海专业的留学生前9个月在学校学习基础知识,后9个月要进入现场进行实地训练。不过此次严复的使命是,观察法国的军事设施和城市结构,思考如何将西洋的核心技术移植到中国。他的目的地是刚刚建成的驻法清朝公使馆,到达时已是深夜时分。

当时正好郭嵩焘就驻在巴黎。他于这年的正月二十一日(2.22),被清政府任命为驻英兼驻法公使。五月二十一日

(6.21),他偕妻子来到位于伦敦东南90公里处的港口城市福克斯顿,在那里乘轮船渡过多佛海峡,在法国的布洛涅港登陆,乘上开往巴黎方向的火车。途中,他们在法国北部的交通要冲亚眠下车稍事休整,换乘另一辆列车直达巴黎。

这一天,巴黎举行每年一度的盛大阅兵式。清朝驻法公使郭嵩焘晚到了一天,但参赞藜庶昌、洋督学日意格、公使馆人员联芳、陈季同、马建忠等人见证了这一盛况。郭嵩焘到达巴黎时,全体公使馆人员列队出迎,藜庶昌向公使汇报了昨日的阅兵式、外国宾客的反应以及他本人的感想:“4万人队列,整然有序,分列式行进纵横成行,竟无间隙。”

听闻汇报,郭嵩焘深切感受到法国陆军指挥官的统帅力和军事水平之高。留学生李寿田报来的笔记中详细记录着,法国陆军总兵力为270万人。当时,法国的工业化程度比起英国进展迟缓,还是一个以农业政策为主导的国家。大资本以高利贷形式强行向弱小国家放贷。国内政局不稳,同一政党内部派系相互倾轧,军队成为政治斗争的工具。法国政府为了掩饰社会动荡,收揽民心,经常举行各种大型庆会。

◈ 巴黎的行政管理与天文台

这天夜里,巴黎市内四处放烟火,各街禁止行车。第二天,严复一行6人到达巴黎。

阳历7月2日,郭嵩焘和严复一行及公使馆人员计13人吃了一顿晚餐。这个便宴是为了招待远来的客人而安排的。巴黎位于塞纳河畔,因街道整然有序和市面繁华而知名。藜庶昌慨叹“地球上街道第一”。

严复用了几天时间浏览巴黎市区。不仅巴黎的外观,城市行政管理的井然有序也让严复敬佩有加。阳历7月11日傍晚，严复与罗丰禄拜会郭嵩焘，畅谈见闻。严复谈了自己的感受："西洋胜处，在事事有条理。"

郭公使在日记中写道，严复的观察科学而准确，深表认同。严复在巴黎活动期间，郭嵩焘一个月的日记里记载与严复见面达十多次。日记没有涉及谈话内容，记下的都是一起吃喝的次数，以及席间谈到的不带政治色彩的话题。比如，有关铁路设备图的解说、参观天文馆和著名的巴黎下水道，以及参观备受欧洲人推崇的凡尔赛宫的感受等。日记记下了重要的活动内容，并附记了感想。阳历7月18日，严复随郭嵩焘参观了巴黎天文馆。天文学在欧洲科学史上占有主导地位，是打破中世纪的黑暗，将欧洲引入近代启蒙时期的关键性学问。哥白尼在《天体运行》中主张的日心说、地动说以及开普勒对行星运动规律的发现，从根本上否定了教会教义所坚持的天动说的牢固观念，从而使近代天文学为其他科学奠定了基础。经过18世纪启蒙运动的洗礼，19世纪被人们称为"科学的世纪"。在天文学的带动下，其他各门科学和产业也得到了飞跃性发展。

在巴黎天文馆，清国公使一行一面听着法国著名天文学家的介绍，一面通过装有凹面镜的巨型反射望远镜观察了宇宙。天文馆所在地很高，整个巴黎市区一览无余。

结实的钢铁基座被深埋在地面之下，其上筑以巨石，几座高高的观测台相互支撑般连在一起。望远镜重约3吨，安置在巨大的圆筒状台架上，可以上下移动。通过高精度天体望远镜观察宇宙，严复发出了阵阵感叹。

◈ 下水道、宫殿、炮台

阳历7月24日，督学李凤苞和严复等留学生，跟随郭嵩焘参观了著名的巴黎下水道。这个巨大的地下建筑物，将巴黎市内的生活污水汇集起来，排送到十几公里以外的郊区，避免了污水对流经市区河流的污染。参赞黎庶昌提到过两样令他毕生难忘的见闻，一个是伦敦的地铁，一个是巴黎的地下水道。这两座设施具体地回答了“公共的概念”是怎么一回事，给这些来自中国的精英们强烈的震撼。

阳历7月27日，严复随郭嵩焘参观了凡尔赛宫。随行还有督学李凤苞、法国督学日意格、公使馆英国工作人员麦考利。凡尔赛宫坐落于巴黎西南18公里处的高地上。这座历史悠久的建筑是16世纪到18世纪法国国王为自己建造的行宫。雄伟的宫殿左右对称，掩映于园林之中。有三条大路以凡尔赛宫为起点向外辐射。园林纵深约3公里，南北全长400米。由于建筑风格独特，引起当时欧洲宫廷建筑纷纷效法。路易十六在法国大革命中被处死以后，凡尔赛宫被改装为共和国的议会会堂，后来，这里成为举行重大庆典活动的场地。

严复1878年摄于巴黎，时年二十六岁。严复有诗《漫题二十六岁时照影》，即此照。

（《严复集》中华书局）

上午结束参观后，公使

一行出席了法国外交部礼仪司专门安排的午宴，席上大家谈笑风生。下午受圣西尔军校之邀，欣赏了校长安排的马术表演。之后，紧锣密鼓地参观了拱卫巴黎四周的炮台群。据说炮台群平时常驻士兵5000人左右。

第二天继续参观了一些地方之后，郭嵩焘回到了伦敦。严复此后在巴黎继续逗留数日，浏览之余在一家照相馆，拍了张日后十分著名的肖像照。之后，他乘船再次渡过英法海峡，回到格林尼治皇家海军学院。

六、人生知己

◈ 郭嵩焘回国与退出官场

第二年，光绪五年(1879)初，郭嵩焘接到清政府要他交接职务的通告。严复衷心感激郭嵩焘的知遇之恩，对他的离任深感痛惜。对于中国驻英公使郭嵩焘的离任，《泰晤士报》大加报道，报道介绍了公使离任的缘由，对郭嵩焘在任期间的政治功绩做了评论。严复翻译了这些报道。他的意图非常清楚。他对清政府没有善待郭嵩焘极为不满，觉得自己能做的事就是把《泰晤士报》对中国人事安排的批评意见翻译成中文，让国人也能够看到。《泰晤士报》的评论首先从清政府的夜郎自大说起，对郭嵩焘公使通晓欧洲事务大加赞赏，并认为此次人事调动表明了中国在外派公使这件事上眼光错误。严复将这篇报道的译文送给启程回国的郭嵩焘。“郭钦差此行，凡在英法两京见过者均为惋惜。”

郭嵩焘在公使任上，曾写信给李鸿章，揭露抨击某些保守的洋务派官僚行为腐败、玩忽职守。

这些"腐败势力"当然要在他回国以后组织报复。大学士李鸿藻指使自己的心腹、驻英副公使刘锡鸿对郭嵩焘发难。郭嵩焘赴英上任期间的笔记汇总之作《使西纪程》已经刻成书版准备付梓之际，审查官何金寿跳出来说审查发现了重大问题，他阻止该书出版，还让人毁坏了书版。紧接着，刘锡鸿又罗列郭嵩焘有损天威国格的三大罪状，奏请问责并弹劾郭嵩焘。这三大罪状具体是："见巴西国主擅自起立，堂堂天朝，何至为小国主致敬?""游甲敦炮台披洋人衣，即令冻死亦不当披。""柏金宫殿听音乐屡取阅音乐单，仿效洋人之所为。"

京师的保守派官僚群起要求罢免郭嵩焘。在这种情况下，郭嵩焘选择了托病辞职。

这就是他做了一年零七个月首任清朝驻英兼驻法公使的最终结局。光绪十七年六月十三日(1891. 7. 18)，郭嵩焘溘然辞世，享年73岁。

人生难得一知音。郭嵩焘辞世时，39岁的严复正任北洋水师学堂总办，他接到噩耗仰天悲叹，痛哭了一场。

第五章

北洋水师学堂时期

光绪五年——光绪二十六年(1879—1900) 27—48岁

一、在母校福州船政学堂供职

◈ 提前毕业赴母校任职

光绪五年五月(1879.6),福州船政学堂因教官不足,正常授课出现了困难。福建船政学堂督办吴赞诚一纸命令寄到严复手里,要求他提前毕业,就任教习。严复自光绪三年三月至光绪五年六月,在英国留学已经2年有余,因成绩超群,十分优秀,船政当局由于前述理由已经急不可待,提前给他下达了教习任命。

严复最初供职的福州船政学堂,4名洋人总教习(相当于教科主任)之下配多名教习,负责航海、动力机械的专业授课。船政局的方针是,洋教习要逐步替换为学得学术与技术归国的留学归国人员,因此留洋学习归来的船政局职员不断增加。

当时,李鸿章为了装备南洋海军,购进了4艘外号“蚊子艇”的小型炮艇,安排在中国领海内航行。沈葆桢任命留洋归来的刘步蟾、林泰曾以及因病先期回国的何心川等人为各舰舰长。移送新造舰的航行不负众望,圆满成功。沈葆桢和李鸿章对此甚为满意。

接到各舰冲破万里波涛顺利回航的消息,两位大臣实实在在地感觉到,苦心培养的留学生们已经成长起来了。

形势逼人,国内的海防正在不断地加强,造船厂急需人才,国产舰船和进口舰船总量都在增加。这种情况下,沈葆桢和李鸿章认识到，舰船水手的需求量会越来越大。即便是现有全部留学生都回国在船政学堂任教，培养新的航海士官和造舰技官，仍然不能满足需求。西洋的学问和技术还在日新月异不断发展，中国的海防依靠洋人的思路必须认真地加以改变。要不被外国操纵，不断地派出留学生，经常性地学习最新技术；要改变一旦有事就停派留学生，政策不能坚持一贯的状况。

上述内容的奏折在光绪五年九月二十日呈给皇上，十月十六日(1879.11.19)皇上就传下圣谕，命令按照留学章程选拔人才，做好派遣留学生的准备。清政府批准了沈葆桢、李鸿章两位大臣的提案。两个月后，沈葆桢因宿疾恶化去世，享年60岁。清朝在历史发展的重要关头，失去了“天性沉着，练达老成”的南洋大臣、两江总督。严复也接到噩耗，知道永远失去了一个对自己来说十分重要的人——为自己指明人生方向的恩师和老上司。

严复执教的福州船政学堂虽然还继续办学，但前学堂办到第8期停止招生，总共出了180名毕业生。原因是工厂管理人员素质低下，入学报名者急剧减少，难以为继。不过后学堂还是报名者络绎不绝，驾驶专业毕业生总计19期247名，轮机科毕业生计14期210名。严复回国供职之后，学堂在校生340名。学堂迎来了创立以来的第二个发展高峰期。

中国海军军官7成是闽籍，福州船政学堂就是中国海军人才的摇篮，造就了成批的海军精英。

从福州船政学堂创设以来的发展轨迹来看，清政府还是十分重视海军学堂建设的。各地的洋务派官僚也从福州船政学堂取得的成就得到强烈的启发。而且，随着海军建设高潮的到来，沿海地区以及长江等大河沿岸各省，陆续按照“马尾学堂”的样子搞了一批“水师学堂”。这也有来自邻国日本的刺激：明治9年(1876)，日本将海军兵学寮更名为海军兵学校，在东京筑地建设中心据点，培养海军兵科军官的预备生。海军兵学校不久移至广岛县吴市海军镇护府附近位于濑户内海西部的江田岛，成为日本海军人才的摇篮。

◈ 三洋海军的创设

同治十三年九月二十七日(1874.11.5)，总理衙门就海军基地的名称提出意见，广东巡抚张兆栋重新评估后再次提出该意见。三洋海军的名称内容至此修改为北洋、东洋、南洋水师计划。从包括威海卫军港、烟台要塞在内的山东到直隶(北京、天津、河北省)的范围属北洋水师守卫；江苏、上海、吴淞、浙江一带属东洋水师守卫；福建(福州、厦门)、广东一带属南洋水师守卫。江苏布政使丁日昌起草、倡议的近代中国海军的布局构想就此明晰起来。

光绪元年四月二十六日(1875.5.30)，总理衙门综合各方意见，原则上就创立北洋、东洋、南洋三洋海军的基本方法形成结论。不过，由于财政所限，无法一步到位，决定将北洋水师作为第一军率先创建。

◈ 成为北洋水师学堂总教习

光绪六年三月十一日(1880.4.19)夜，文华殿大学士、直隶总督兼北洋大臣李鸿章，向注官张佩纶询问了水师将才的问题。张佩纶回答说：“四船管带，曰邱宝仁，曰邓世昌，曰刘步蟾，曰林泰曾，以刘为最优。”

其实丁日昌对这些将才看得更细，日后他曾说："刘步蟾近粗，林泰曾近柔。伯浅（陈宝琛）称严宗光者，器识闳通，天姿高朗，合肥已往闽调之来津矣。"这说明李鸿章还是听了陈宝琛的推荐启用严复的。

陈宝琛和严复是同乡，均出身福建闽县侯官，彼此也非常了解。陈宝琛赏识这个老乡的能力，一直等机会向上推荐。陈宝琛也是一位俊才，同治七年（1868）20岁便考中进士，被任命为翰林院庶吉士。这时他刚刚32岁。严复死后，他在故乡闽县侯官阳崎乡严复墓前的墓碑上写下了这样的墓志铭："李文忠伟其能，辟教授水师学堂。"

听取了几位官僚的意见之后，李鸿章给福州船政督办黎兆棠写信，命派严宗光以教习身份赴筹建中的天津水师学堂，还指示他呈送闽广水域教练船的情况报告及福州船政后学堂的章程。

李鸿章综合几位官僚的意见，决定启用严复为新成立的真正的海军学校——北洋水师学堂的总教习。这其中，据说陈宝琛的推荐起了关键作用。严复奉命调动，他离开了感情很深的福州船政学堂，去了天津。这一刻，他迎来了新的人生转机。

二、去天津北洋水师学堂报到

◈ 北洋水师学堂的开张

严复在光绪六年（1880）夏季到达天津。从他的书信推断，应该是七月初七日(1880.8.12)。日本这时正是明治13年，内战——西南战争结束已经3年，内阁制度的健全、法典的编纂等使政府的基础不断夯实。七月十四日李鸿章向光绪帝奏请在天津机器局内开设天津水师学堂，由前船政大臣吴赞诚负责创办事宜。

李鸿章的上奏议案迅速得到朝廷批准，十七日圣谕下达，准设水师学堂，严复被正式任命为总教习。李鸿章七月二十一日写信告知黎兆棠，严复已经抵达天津，吴赞诚督办正全力推进，天津水师学堂来年春天可以竣工。次年，光绪七年正月(1881.2)，《万国公报》第631卷刊载了“天津水师学堂章程”。共有7条，阐释了初期的教学内容与教学目的。要点如下：

一、挑选学生，无论……省……籍。良家子弟，自十三岁以上、十七岁以下，已经读书数年，读熟两三经，能作小讲半篇或全篇者，准取。其绅士认保报名。……届时由天津道或海关道面试……先取百名左右，送水师学堂面复。……挑选六十名。收入学堂试习二月后，再行查看。倘口齿不灵，或性情恶劣，举止轻浮，即行剔退。

二、……再展一个月后另示期补考一二次，以期足额。

三、学童在堂五年为期，未满五年，不得告退……

四、学生初次选入学堂，以文理全同，读书甚多者为第一班；文理未尽通顺而读书已多者，为第二班；书读不多，文理未尽通顺，而资性颖悟过人者，为第三班。

五、……第一班每月给赡银一两，第二班每季给衣履费银二两，第三班每季给衣服费一两……俟学业果有进益，再为递加，并随考核酌奖。

六、遴派官医一名往局，如学生偶有患病，在堂医治，准父兄前来看视；医药由局预备。倘或验系病重，准回家医治，不给药费。痊日来堂学习。

七、学生饭食，照水雷学堂定章办理。

严复离开福州船政学堂时，曾对学生发出邀请。其中28名学生后来追随他来到天津。光绪七年二月初七日(1881.3.5)，前船政大臣吴赞诚来到上海，为天津水师学堂招生。这一天的《申报》，和社论又一起刊载了“学堂章程”。可见招生不足问题很明显。

七月(阳历8月)，校舍建成了。校舍建在天津机器东局附近，位于天津东郊，离市区大约4.6公里。教室整洁宽敞，100多根椽子支撑着天花板，宽敞的露台和满园花树营造出独特的氛围，与中国第一个海军士官学校的精英们的学习环境非常吻合。校园里还有一处观星台，供学习天文的学生们观测天体。天津水师学堂看上去就是一处宽敞的院子。李鸿章的表面目的是“培植北地人才”，但其真实目的是为他统帅的“北洋集团的组成部分之一——北洋水师”培养力量。

◈ 教学科目与竞争制度

天津水师学堂是专门培养海军兵科士官的机构，因此没有福州船政学堂开设的造船专业。

这里分别开设了驾驶专业和管轮专业。驾驶专业的授课分别在内堂和外场进行。内堂授课科目有：国语、英语、普通数学、代数、三角函数、平面几何与立体几何、天文学、驾驶学、海上测量、力学、流体力学等；外场授课科目有：陆军操法、枪炮理论、弹药理论、信号、射击训练等。管轮专业也和驾驶专业一样，授课分别在内堂和外场进行。教师授课科目有：国语、英语、普通数学、代数、三角函数、平面几何与立体几何、化学、格致学（普通物理）、力学、流体力学、鱼雷学、锅炉学、桥梁学、制图学、机械工程学、燃料学、操作实习等，室外授课与驾驶专业无异。

驾驶专业和管轮专业各聘洋人一名出任专职正教习。教习们每天带领学生来到校外，按照英国海军教程进行训练，直到日落西山。后来开始委任福州船政学堂毕业的归国留学生做副教习。授课以英语为主，实务操作与阅读中英文并用。

在为期5年的学习期间，头4年集中学习规定科目，最后1年经北洋大臣考试选拔的学生，上教练舰1年，接受海上实习训练。舰上训练包括各种舰炮的操作、填装弹药、爬上船桅操作缆绳、掌控船帆等，以令通晓舰上各项技能。

学堂的考试格外严格。春、夏、冬3季有小考，秋季有北洋大臣李鸿章亲临主持的大考。考试结果根据打分拉开档次。成绩优等者会被加赐赡银和功牌、衣料。学生对待遇应该是满意的，学业进步还另有奖励，每当考试时为争奖励形成竞争。尽管采取这些激励措施，可是不久，出现了新生后继乏人，应考者的素质也开始下降的情况。过了一定的招生季节，才能出众的报名者就会越来越少。李鸿章对个中缘由颇费了一番思量："难道赡银还少吗？再加些赏银就会有人才来报名吗？"

他把赡银从1两提高到4两，还声明，成绩优异的毕业者，将以破格待遇委以水师重任。他发出公告：报考者可随时安排考试，水师学堂督办应令其公平享有入学机会。当然可以想象，不公平现象是十分普遍的。水师学堂总办是道员吴仲翔。当时道员被称为“视察”。总办必须官阶达到道员者才有资格出任。严复的官阶是武官通用级别“司衔”，低于道员，当不了总办。严璩所撰《侯官严先生年谱》（《严复集》第5卷，中华书局）中披露，总办吴仲翔正四品，官阶在严复之上。然而，实际教务工作皆由严复操办。严复深得同事好评，上下交际广泛，身边总是聚集一些高官与文人。

◈ 严复的失望情绪与李鸿章的怀柔手法

水师学堂在严复的努力下初步搭起了架子。可是，与学堂光鲜的外观相反，严复的内心正在汇集着忧郁的乌云。

当初的报考者中，有的人别说英语，就连本国语言都还不能读写。在李鸿章的勉励下，严复煞费苦心地施教、训练，终于使这些人掌握了基本的学习能力。这首先是严复的功劳，但却只是提升了李鸿章的声望，李鸿章对此也认为理当如此。偏重科举，只不过把西式学校和教习当作利用工具的洋务派的劣根性出现在李鸿章的言谈举止中。

北洋水师实际上成了李鸿章的私家军队。他在人事安排上说一不二，大量采用圈子内的官僚，巩固自己的政治势力。从福州将严复调来天津的目的，当然有尊重严复才能的一面，但他更寄厚望的是，严复能够成为北洋集团的领军人物，为自己尽忠。当李中堂向他暗示这样的意图时，严复一定感到了强烈的失望与厌恶。只顾一己私利的贪官污吏横行于朝廷内外的官场，面前等待自己做出积极回应的老迈高官，正是这些贪官污吏的总代表！看到严复并无积极响应的意思，李鸿章的态度也发生了改变。

一段时间，两人的来往出现了疏远。但李鸿章看到严复是一个无可替换的人才，还是想尽量修复两人变得糟糕的关系。就在这时，李鸿章得到一个意外的情报：严复竟吸食鸦片！鸦片是国家严禁的毒品，水师学堂总教习竟染上毒瘾，此事断不可等闲视之。可什么原因使他动了吸食鸦片的念头呢？

“这家伙一定是后悔没有跟着我走”，李鸿章马上决定利用此事做好文章。他在视察水师学堂的时候，叫严复来到宿舍，屏退左右后开口说话：“像你这样的人才竟吸食鸦片，实在可惜。你可要痛改前非才是。”

在老练的李中堂善于怀柔人心的规劝下，年轻的严复很感动，听进了李鸿章的话：“谢中堂大人，您一番话提醒了我。”

其实严复烟瘾并不很深，从那以后一时远离了鸦片。他就任天津水师学堂总教习以后，作为武官，对接触任何事物都十分慎重。

“总教习，你能干到今天的地步，要十分珍惜，好自为之啊！”严复对李鸿章的这番忠告是十分认同的。

总教习的俸银，对于维持一家人的生活还是很紧张的。他把家属留在福州，单身来天津赴任。天津的单身生活清贫而乏味，每次给家里寄生活费时，就会唤起对故乡和家属的思念之情。他一点也不想留在天津。水师学堂起步告一段落后，他本想回故乡福州任职。社会动荡不已，天津小巷里在饥饿中挣扎的穷人随处可见。而朝野的官僚们眼中毫无国家利益，一味贪图享乐。他们热衷于享受特权，排斥有真才实学的人才。在这种忧郁情绪的压抑下，他忘记了平日慎言的习惯，向身边人透露了内心的担忧："这样下去用不了30年，我国的所有属国就会被别人夺走，中国要像老牛一样让外国牵着鼻子走。"

听到他这番话的人并不以为然，全然没有危机感，很快就忘到一边了。可李鸿章接到有人打来的"小报告"，意识到严复的思想愈发向批判现有体制方向倾斜，遂对他产生警惕，与他保持必要的距离。

◈ 接触"富强"的原理

光绪七年(1881，日本明治14年)，29岁的严复在履行公职之余开始阅读西洋书籍。这一年，他阅读了英国哲学家、社会学家赫伯特·斯宾塞(Herbert Spencer)的《社会学研究》。该书是这位著名的社会达尔文主义思想家的代表作，原书1873年出版。掩卷之后严复感动不已，在《译余赘语》中写下了当时的感想："此书相见恨晚！"这段话见诸《严几道年谱》(王蘧常，商务印书馆)。《社会学研究》日后被严复以《群学肄言》翻成中文，在中国出版。"不佞读此在光绪七八之交。辄叹得未曾有。……斯宾塞氏此书，正不仅为群学导先路也。"

严复从内心敬佩《社会学研究》和作者斯宾塞，认为此书揭示了国家与社会的根本性原则。从这一刻起，他终生成为斯宾塞派。他开始研究欧洲各国特别是英国著名经济学家、哲学家最新出版的著作，决心从他们的理论当中探求西洋特别是英国取得"富强"成功的原理与机制。在中国，求"富强"的最大军阀政治家是李鸿章。严复在天津水师学堂任总教习9年、任会办(副校长)不到1年，以及此后任总办(校长)

工作到光绪二十六年(1900)(这一年义和团和八国联军使天津毁于一旦)计10年,这段时间的前后30年正是李鸿章洋务运动事业的发展时期。李鸿章为达到"富国强兵"的目的,主张将国家目标从"求富"转向"求强"。这一认识与西洋的政治思想有相同之处。

◈ 李鸿章的专横与贿赂横行

北洋水师的人事由一人定夺,权力成了私人的财产。公私混淆,海军各部门一切都按照李鸿章的个人意图行事。他身边尽是淮系集团(北洋集团的前身)的心腹,唯他马首是瞻。负责购买德国军舰的李凤苞公使,在旅顺炮台的设备和弹药采购上,都是按照李鸿章的旨意行事。有关情况,筱原宏在《海军创设史》中"清国海军的现代化"一章里有所披露:"清国军舰当初(同治二年—光绪八年,1863—1882)大部购自英国,自光绪八年(1882,明治15年)始,几尽变为德舰。此事背景,当与天津海关德人底特里希成为李鸿章得力参谋有关。李喜欢经底特里希订货。"这段话暗示,新兴的德国通过"得力参谋"底特里希,向李鸿章发动了行贿攻势。光绪三年(1877),李鸿章接到报告,德国海军新建造的军舰"萨克森"号在斯德丁(今波兰什切青)下水,并且了解到德国生产的军舰比起英国已经毫不逊色。第二年,李凤苞出任驻德公使,提议中国军舰由德国建造。李鸿章通过底特里希中介,向德国伏尔铿(Vulkan)公司定造萨克森级战舰2艘、巡洋舰1艘、水雷艇10艘。李鸿章、李凤苞等从中得到好处达60万两。

1881年12月28日,被命名为"定远"的第一艘战舰完成,下水。1882年11月28日,被命名为"镇远"的第二艘战舰也下水了。光绪十一年(1885)铁甲战舰“定远”、“镇远”、巡洋舰“济远”3 艘军舰,在刘步蟾指挥下驶回中国,入列北洋舰队。北洋海军军需物资采购,每年吸引来各地络绎不绝的众多买办,轮番游说天津的直隶总督衙门。军火商推销的各种铁炮、水雷、手枪、刀剑,还有各兵种(炮兵、骑兵、步兵)所需的装备、火药与炸药、医药品、外科器械、医院设备、纱布、绷带,都要按李鸿章旨意订货。买办们为分得一杯羹,甚至要对看门人、卫兵、李鸿章的厨子、理发匠行贿。

行贿的成本最后自然要算到订货的账上。这些费用属于促成签约的必要经费。他们为了接近李中堂,甚至与成天围着中堂转、对中堂判断会产生影响的人达成协议,承诺如果因他们的游说订货成功,将给他们支付优厚的礼金。当然,礼金的成本也要加到货品的价格里面。

结果,大笔资金从国库流出,购买了极多价高而没什么用处的物品。受贿已经习以为常的大批“熟门熟路者”,在北洋海军中越来越多。

购买军舰所需的巨额费用直接影响着国家财政,这使清朝走向自我毁灭的不归路。清末采购炮舰的常识性程序是,一单买卖必须经过多道中间环节的盘剥才能做成。外国人也积极参与其中,从中牟取暴利。上海书店出版的、中国史学会编撰的《洋务运动》第 8 卷中形容“各国无赖之徒,如蝇附膻”。

与李鸿章有交易关系的洋人得到的好处更多。欧洲的军火商可以采取随心所欲的渔利策略,当然和清朝官僚贪得无厌有关,但另一方面,重用那些对近代知识和武器性能知之甚少,通过愚昧的科举考试飞黄腾达的官僚也是重要原因。不学无术,对技术一窍不通的庸官使国家蒙受了巨大的损失。

李鸿章通过军事实力网罗势力,使淮系集团的政治影响稳步膨胀。在求富的过程中,因道德失范,被自私的欲望绑架的权力已然失控。严复觉得自己已经无力为这个国家描绘未来了。

三、福建水师学堂的破产与科举考试的挫折

◈ 中法战争与福建水师学堂的破产

19世纪50年代起,法军多次试图侵占越南。1883年12月11日,中法战争正式爆发。是日,法军舰队司令孤拔(Anatole-Amédée-Prosper Courbet,1827—1885)指挥6000法军向越南北部红河流域的城市山西发起进攻,越南人的"黑旗军"与清军奋起迎战,但在李鸿章"委曲求全"方针的影响下,士气低落的清军主力逃跑,"黑旗军"与留下的少数清军坚持了3天,山西失守。法军害怕抵抗力量转入游击

在闽江、马江开炮的法国舰队

(《中法马江海战日志》福州市社会科学院编)

战，遂将当地居民几乎悉数杀光。这好像就是后来美国发动的越战的预演。清政府派李鸿章到天津，与法国代表福禄诺签订了《中法会议简明条约》，又称《李福协定》。主要内容是，中国承认法国对越南的“保护权”。这几乎是原封不动地接受了法国单方面的要求。可接下来战火还是继续升级。1884 年 7 月中旬，法军舰队司令孤拔率领法军舰队，强行侵入福建水师基地——闽江马尾，并停泊在江面。统管福建舰队的船政大臣何如璋，不折不扣地执行“委曲求全”的方针，按兵不动。甚至命令“无旨不得先行开炮……违者虽胜尤斩”。这是害怕议和谈判时让法国找茬加码。8 月 23 日，停泊在江面之上的法军舰队，突然开炮，发射水雷，向福建水师的舰队发起进攻。福建水师各舰多数甚至来不及起锚。但还是有军舰奋起还击。旗舰“扬武”设法绕到法国旗舰“窝尔达”后方开炮，一炮即中敌旗舰舰桥，炸倒 6 名法国水兵，站在舰桥上的司令孤拔也负伤倒地，好歹保住了性命。“扬武”遭到法舰炮火的集中打击，这艘曾载着严复航海实习，还随着沈葆桢出征台湾的军舰，被打得部分船体翘出水面，很快就沉没了。炮舰“振武”左右舷都被炮弹击中，但在沉没前打出的一发炮弹命中敌舰，重伤敌舰舰长。教练舰“福星”号全速前进，冲进敌舰队中，两侧舷炮同时射向敌舰，但不幸弹药库被击中，爆炸沉没。舰上水手全部战死。李鸿章部署的委曲求全战略扼杀了福建海军的战斗力，法军舰队突袭马尾，击沉福建水师军舰 11 艘，商船 19 艘。左宗棠、沈葆桢等人费时 10 年苦心经营的福建水师，就这样全军覆没。花费 2000 多万两白银建成的福州船政局马尾造舰厂，也遭到法军的舰炮射击，被彻底破坏了。

◈ 对待遇不满与科举考试

《中法会议简明条约》即《李福协定》使人们看清了李鸿章的妥协行为带来的后果,引起了前线将士和朝野的读书人的反感。代表这些声音的倒李派,主张上书弹劾李鸿章。李鸿章这时开始疑心:严复是否和这些人是一伙的?严复听到风声无比愤慨,同时一种令他轰然倒地的恐怖感袭上心头。他本来期望李鸿章会给中国带来独立富强,但这些努力不过强化了官僚派阀的力量,带来了更大的腐败。李鸿章推行的求强求富,很明显是为他本人增加资本,可无论如何,李鸿章是清朝的重臣,大权在握,李鸿章就等同于国家。他必须想到,反抗李鸿章是极端危险的。

严复的弟弟严观澜十分担心被李鸿章盯上的哥哥,写信规劝严复:"李中堂眼下不会改变方针,哥哥也凡事都顺着李中堂行事才好。"严复也认为只能这样。再怎么说,他也不过是李鸿章麾下的一介武官而已。从那以后,他尽量多请示李鸿章,增加与他接触的机会,通过沟通努力减少他对自己的猜疑。终于,5 年以后收到功效,他的官阶又升了一级。

严复认为,严重的问题是,自己作为水师学堂总教习,向上司提出的建议往往被束之高阁。他分析,原因在于自己的官阶。他的官阶是军官通用的"都司",免不了人微言轻。而且自己没有经过科举考试,所提建议自然不易得到采纳。只有两条道路可供选择:要么改变现存的制度,要么自己通过科举考试。心怀愤懑的他,最终选择了后者——参加科举考试。少年时代曾在福州受过蒙学教育的严复,对自己的基础能力还是很有信心的。经过一番努力,有可能考取举人、进士,甚至经过翰林得到个爵位也不是全无可能的事。这样一来，别说自己有了提建议的资格，甚至还有可能将之化为现实。至少，自己的言论可以对社会产生更大的影响……

严璩在《侯官严先生年谱》中有如下记述："府君自由欧东归后，见吾国人事事竺旧，鄙夷新知，于学则图尚辞章，不求真理。每向知交痛陈其害。自思职微言轻，且不由科举出身，当日仕进，最重科举。"

此后，严复在天津水师学堂供职期间，虽然还不知道自己选择参加科举考试的结果会是怎样，但他还是决定通过科举转向仕途。其目的是得到较高官职，接触实力派高官乃至当朝天子，向他们陈述自己的主张，给他们施加影响，以期形成习惯，进而传播科学技术等新学问，达到富国强兵的目的。《严几道年谱》中有这样一句话："乃发愤治八比，纳粟为监生应试。"

然而四次冲刺，均在乡试阶段便告出局。连科举考试第一关——乡试的考试资格都没有得到，迄今努力全无结果，严复深深地失望了。

◈ 转而寄希望于洋务运动

科举屡试不第，令他认识到八股文所代表的科举考试制度对国家贻害无穷。在他心中，投靠能够理解他的南方大员的念头在不停地涌动。所为南方即广东，所谓大员即两广总督张之洞。

光绪二十一年十二月二十日（1895. 1. 15）他给经常通信探讨问题的弟弟严观澜写的一封信中这样吐露心迹："兄北洋当差，味同嚼蜡。张香帅于兄颇有知己之言。近想舍北求难。……此语吾弟心中藏之，不必告人……"

张之洞(1837—1909),字孝达,号香涛。直隶南皮人。世代为官,同治二年(1863)登进士,殿试对策,直陈时政得失,受大学士赏识,两宫皇太后特赐一甲三名,授翰林院编修。时年26岁。光绪十年(1884),任两广总督。上疏奏请在粤省设立“水陆师学堂”,首储人才:“延聘外洋教习,翻译西国兵书,测绘地图诸学,制造火药、电线诸技艺,分门讲习,以备将才之用。”(见徐立亭《晚清巨人传——严复》,哈尔滨出版社)

同时,张之洞主张制造最新型武器,开煤矿,办铁厂,创办军需工业:“中国煤、铁富甲四洲……拟于省城设立矿务局,招商试办。”

张之洞在粤6年,其治理能力广受赞誉:“孜孜求治,凡所兴革,皆关大体”。(徐世昌《大清畿辅先哲传》)光绪十五年(1889),张之洞转任湖广总督,开办汉阳铁厂和湖北枪炮厂。同时还开办了织布、纺织、缫丝、制麻等工厂,以及几种最新式的学堂。张之洞的这些成绩,可谓洋务运动中比较理想的成分。严复听闻张之洞对自己颇有好评,就以为香帅定会以一个体面的地位启用自己。

张之洞认为,甲午败绩根子在教育,他主张中国应该振兴新式教育,于是在光绪二十四年(1898)撰写并出版了《劝学篇》。在他任湖广总督期间的光绪二十八年(1902),他从日本邀请高等师范学校校长嘉纳治五郎来武昌多次会谈。会谈共进行了六次,据说有两次通宵达旦。

张之洞的新教育政策领先于当时的国家新学制,其普及情况远超前于北京,在湖南和湖北展开了积极的实践。其结果颇具讽刺意味:许多辛亥革命的有为之才都产生于这些地区。后来的毛泽东就是湖南人。

◈ 晋级为北洋水师学堂总办

然而严复的愿望最终还是幻灭了。他对张之洞所抱有的期待，还是来自欧洲的效忠国家的“公仆”的概念，而清末的现实是，一切以“私奴”为优先。张之洞也好，李鸿章也好，在本质上几乎没有什么区别，虽然在那个时代都是十分优秀的个人，但在观念上都不过是停留在尚未成熟社会阶段的封建官僚而已。不过他对张之洞的寄望一直持续到甲午战争以后。

光绪十四年（1888），36 岁的严复从天津来到北京，应试“顺天府乡试”。清代的直隶省顺天府属于京师的一部分，具有和其他各省同等的举办乡试的资格。

光绪十五年（1889），直隶总督李鸿章任命严复为北洋水师学堂会办。在此之前他在该学堂的总教习位置上干了 10 年。提职资质需要相应的官职，同年，他被告知适用于举贤任用制度的海军保案，于是得到一个官职：“同知”。但这差不多相当于花钱捐来的一个官职。同知相当于副知府，属于正五品官，清代捐官多得此职，相当于员外郎，严复自身并未因此获得实职。但这个资质对他转年升任总办（相当于校长）却是必要的铺垫。就在这一年，光绪帝亲政，以“垂帘听政”方式掌握政治权力的慈禧太后，表面上声称要将权力移交年满 19 岁的光绪帝载湉。

光绪十六年（1890），升任会办刚满一年，他又升任为总办。同知的官职终于到手了。他明白这是自己听了弟弟严观澜的规劝，顺着李鸿章说了一些话的缘故。在写给观澜的信里,他提到了对四弟点拨的佩服:“用吾弟之言,多见此老果然即有好处。大奇大奇!”

◈ 妻子过世与放弃科举考试

两年后,光绪十八年(1892)严复40岁,妻子王氏因病过世了。这位结发妻子在严复少年时代家境最为困顿的时候嫁入严家,以缝补维持家计,陪伴他度过了就学于福州船政学堂、驾船实习、从军出海、留学英伦以及赴任天津北洋水师学堂等人生各个关键时刻。

妻子去世后,严复又娶过两房,但对于严复而言,王氏是他人生中最重要的女人。在阳崎县鳌头乡的严复墓,人们可以看到王氏的遗骨与他合葬一处。这足以证明王氏在严复心中的位置。估计严复为给亡妻服丧,后娶的两房都没有扶正。

这一年,他在海军保荐下得到“道员”一职。道员为正四品官,比知府高半格。据说这一任命体现了李鸿章对严复在水师学堂会办的位置上还花费心思考取功名的体谅。严复对李鸿章的恭顺,使两人原本有些紧张的关系得到相当的改善。但严复对功名未成还是耿耿于怀。光绪十九年(1893),41岁的严复在福建参加人生中最后一次乡试,以落榜而告终。这一次,他彻底断了考取功名的念头。他反思到,自己在每次考试未及乡试之前便落榜的原因,在于自己一直“误习旁行书”。清末科举考场贪腐与作弊横行,公正地选拔有真才实学之士已近乎不可能。为了应试教育而设置学堂教学内容也是“学风败坏”。杭州人缪艮编撰的《文章游戏》,收罗了各种清末科举考试的丑态和行贿作弊的窍门。大清帝国的遍体脓伤散发出阵阵恶臭，这个泥足巨人已经末日可数了。

严复对腐败透顶的科举制度彻底绝望，决心今后不再为功名所累，转而将自己的前途寄托在与李鸿章搞好关系上。

◈ 从反洋教起事到排洋运动

光绪十八年（1892），严复翻译了自己的朋友、苏格兰人亚历山大·宓克完成于前一年的小册子《传教士在中国》，并以《支那教案论》作为译著的书名。他还撰写提要，介绍该书的主要观点。在这篇长文中，宓克虽然身为欧洲人，却客观地指出传教士做法的种种不当。比如传教士们说“中国根本没有什么宗教”，宓克就举出儒教的概念加以反驳。

《支那教案论》

（《严复集》中华书局）

传教士在传道过程中经常遭遇当地民众的反洋教斗争，他们就借助本国驻军的力量进行镇压，这样的做法使当地民众的民族意识受到强烈刺激。

从光绪十六年到光绪十七年（1890—1891），发生了以四川、江南、热河为中心的三股反洋教洪流。罗马天主教和新教各派的传教士纷纷进入这些地区，办教会，发展信徒。在此过程中发生强制劝教等行为，引起当地民众反感，各地接二连三地发生教案。

同年，哥老会首领余栋臣率领龙水镇群众，手执大刀长矛攻入教会,将其烧毁。他们竖起大旗,宣布起义,将反洋教运动推向高潮。义军发出标榜"扶清灭洋"的檄文,扶助大清,反击洋人的侵略,与幕府末期日本提出的"尊王攘夷"口号颇有几分相似。不过,日本的"尊王"指的就是拥戴本国的皇帝,而"扶清"这一口号却令人感到,他们在清朝与汉族之间划了一道界线。还有其他几个口号,比如"誓雪国耻"、"以除民害"等,反映了这场运动的目的所在。

余栋臣发起的反洋教运动很快发展为抵制列强侵略的行动。各地义军纷起,所到之处教堂尽毁。在重庆等地,举行乡试的地方挂起了余栋臣的画像。随着时间推移,事态已经升级为大规模的排洋运动。

光绪十七年(1891),长江中下游发生大规模骚乱。四月末至九月,江苏、安徽、浙江、广西、湖北、湖南等几十所城市发生暴动,外国传教士的教堂遭到袭击。教会持枪应战,而这又成为新一轮暴动发生的导火线。暴动的主力主要是因赤贫而自暴自弃的沿江码头挑夫、民船的船主和水手、盲流游勇等以长江水运为生的城市贫民。暴动的背后都有组织井然的领导势力。

在湖南,反洋教领袖周汉编印了大量的宣传小册子散发于全国各地,呼吁起事;江苏的会党散发揭帖约期行动。南京至上海段的长江流域,会党是起事的核心组织力量。

◈ 危机逼近北京

同年,北方热河地区朝阳县发生迄今为止最大规模的武装起义。举事的核心人物叫金丹道,随他起事的群众由几千人很快发展到几万人。他们的攻击矛头直指天主堂。这一年，朝阳一带连日大雨，庄稼颗粒无收。饥民冲向教会，教堂开枪射击，饥民多有伤亡。被激怒的群众提出“焚堂灭教”。整个过程中清政府协调无力，使事态很快演变为无政府状态。宓奇报告，其实是从基督教传教士在中国社会引发的反响这样一个角度，将貌似庞然大物的清帝国的实情揭示于天下。

严复在他的首部译著《支那教案论》的“提要”中，指出了清政府官僚在外国势力面前的失败主义倾向。他痛斥那些国家陷入危机之时空谈误国之辈的激愤之情跃然纸上。

事态的严重程度远不止于此。此时的中国正处在兴亡的临界点上。1894 年夏天爆发的中日甲午战争，中国陆军在朝鲜全线溃败，北洋水师在黄海海战中大败于日本。这一系列军事失利使首都北京面临迫在眉睫的危机。

第六章

甲午之战

光绪二十年——光绪二十一年（1894—1895） 42—43 岁

一、黄海海战与同学之死

◈ 东学党起事与日本出兵

光绪二十年(1894)即日本明治27年,中国与日本之间爆发了战争,这场战争在日本被称为“日清战争”,而在中国,因为战争发生在农历甲午年,因而被称为“中日甲午战争”。事情起因于朝鲜。明治维新以后,日本为追赶欧美发达国家,提出“富国强兵”的基本国策,学着欧洲列强获取殖民地的战略,积极推进领土扩张政策。对外的两步走战略,先是要把和日本以对马海峡相隔的邻国李朝所辖的朝鲜半岛和在中国管辖之下的台湾纳入日本版图,进而策划入侵中国大陆的所谓“大陆政策”。

这年春天,朝鲜南部发生了民族宗教结社“东学党”发起的大规模农民起义。义军提出的口号“逐灭倭夷”、“尽灭权贵”,矛头直指日本和朝鲜的李氏王朝。义军很快控制了朝鲜南部的全罗、忠清、庆尚三道,反侵略、反封建的风潮蔓延至全国。阳历6月4日,李鸿章应朝鲜政府之邀,命令直隶总督叶志超、太原镇总兵聂士诚率领2500名清军,从9日到11日在朝鲜西海岸的牙山港登陆。李鸿章向日本政府发出了清军出兵朝鲜的照会。

伊藤博文内阁的外务大臣陆奥宗光做出被动应战的样子,以“日本出于无奈被迫采取行动”为说辞,力图使欧美列强相信日本并无侵略野心。但同时又秘密约定,“一旦有事,军事上应尽占先机行动”(《蹇蹇录》第三章)。他提出,既然清政府已经向朝鲜派兵,就没有时间按照《天津条约》互换情报了。事实上,陆奥宗光在清政府的照会到达的两天之前即6月5日,就已派特命全权大使大鸟圭介去了汉城。大鸟曾在大阪的适塾学习兰学,曾与榎本武扬在函馆五棱郭和官军作战,战败之后归降,在总理伊藤博文、外相陆奥宗光手下做清朝兼朝鲜公使。大鸟公使搭乘军舰“八重山”号从军港横须贺出发,舰上还有与他同行的近100名水兵。陆奥与海军大臣协商,安排多艘军舰返航仁川,并命令舰上300名水兵在大鸟公使进入汉城时一起随行前往。按照陆奥的指示,大鸟抵达仁川后,率300名海军陆战队员回到汉城的公使馆。紧接着,陆军第五师团选拔的一户少佐率领一个营的陆军士兵抵达汉城。不久,东学党势力被剿灭,但日中两国进驻的军队如何撤离,却成为“骑虎难下”的难题。至少陆奥宗光从一开始就没打算撤兵。

在《蹇蹇录》第四章中,陆奥宗光说,“最初帝国向朝鲜派出军队之时已经定下一切”,这表明从一开始就没怎么打算以外交谈判方式解决问题。日本在这一时刻,已经拥有可用做战时动员最新装备的30000名陆军和总吨位达到60000吨的新锐舰队的海军。此外,谍报机构已经派员潜入中国,陆军参谋长川上操六视察了中朝国境,详细的军用地图已经绘成。箭在弦上,只待发弓。

早在6月1日,日本政府已经得到情报,得知朝鲜政府向清政府提出派兵要求。日本以保护公使馆和侨民安全为由决定派兵。5日,日本在广岛设置战时大本营,以运输船队向仁川派出约8000人的混成旅团。

◈ 东乡平八郎下令击沉“高升”号

中国国内的舆论向主战派倾斜，受到光绪帝与翁同龢等“帝党”作为主战派施加的压力，李鸿章不得已命令卫汝贵、马玉昆、左宝贵、丰升阿各将分率四支军队向朝鲜进发。陆路从中国东北的辽东渡鸭绿江挺进平壤，海路雇用英国商船“高升”号向朝鲜西部的牙山港运兵。7 月 25 日拂晓，正在侦查巡航的日本联合舰队第一游击队“秋津洲”舰和“浪速”舰到达仁川海面上的丰岛附近，与清朝军舰“济远”号、“广乙”号遭遇。经过一番炮战，“济远”舰向西北方逃走，“广乙”舰沿海岸败退。“浪速”号在追击过程中发现有挂英国国旗的轮船擦舷而过。“浪速”号舰长东乡平八郎发出旗语命令“立刻停船”、“立刻抛锚”。他们仔细观察停下的轮船，发现船上疑似载有众多清兵。于是派大尉人见乘快艇登船检查，结果发现船上载有 1000 多名清兵。东乡命令这条轮船跟“浪速”号走，船长虽然同意，但清军军官拒绝了这一命令，士兵持枪监视船长和水手。东乡下令击沉“高升”号，派快艇救出了水手。船上的清兵几乎全部死亡。以上是筱原宏《海军创建史》中记载的《日清海战史》（川崎三郎著，春阳堂明治二十八年出版）的要点。《蹇蹇录》中记载，舰长发出击沉命令之前，船长和清朝军官之间争论达 4 小时之久。尽管在英国留学期间学过战时国际法的东乡平八郎十分慎重地采取行动，但这一事件日后见报，在日本国内和国际上都引起轩然大波：“多人痛感惊愕，担心日英两国之间或许爆发一场纠纷……”（《蹇蹇录》第十章）战况经上海以通讯形式很快传遍世界，特别在英国一时舆论沸腾。后来，专家分析了当时的情况，当时英国国际公法权威托马斯 · 欧斯 · 金荷兰和约翰 · 威斯雷克两博士发表了“高升号作为中立国船只履行义务的状态”研究，据此英国外相金巴利伯爵劝说“高升”号所属轮船公司放弃对日本政府的赔偿请求，英国国内舆论也渐次平息。当时，日本作为新兴国家亟待得到从不平等条约下解放出来的突破口，特别注意遵守国际公法，非常害怕一旦违反国际法会遭到来自欧美的谴责。所以，陆奥宗光有关这一事件的记述，比较客观地反映了当时他作为外务大臣的内心活动：“丰岛海战对于交战国清国和中立国英国，日本海军都没有逸出战时国际法规定的行为，此举发扬于世，实乃名誉之举。”(《蹇蹇录》第十章)

◈ 北洋舰队与日本舰队冲突

甲午战争虽然以丰岛海域的海战为发端，但决定整个战局的战役还是 1894 年(明治 27 年)9 月 17 日的黄海海战。战斗在鸭绿江江口大东沟海域展开，中方称之为大东沟海战。

17 日清晨，为了运送清兵登陆而停泊在鸭绿江江口的清朝北洋舰队，发现从西方开来的日本舰队，急忙起锚，在距离江口 5 海里处准备迎战日舰。

北洋舰队由北洋海军提督丁汝昌所在的旗舰铁甲舰“定远”号，以及铁甲舰“镇远”号，巡洋舰“经远”、“来远”、“致远”、“靖远”、“济远”、“平远”、“超勇”、“扬威”、“广甲”、“广丙”号，炮艇“镇中”、“镇南”号以及“福龙”号等 4 艘水雷艇构成。与严复同期经福州船政学堂派遣赴英留学的归国生中有 6 人是北洋水师主要战舰的舰长。日本于 7 月 10 日新设常备舰队“西海舰队”，与现有的常备舰队混编为“联合舰队”。司令官是伊东祐亨中将,麾下共有:由旗舰巡洋舰“松岛”以及巡洋舰“千代田”、“严岛”、“桥立”,旧式铁甲舰“比睿”、“扶桑”组成的本队,旗舰巡洋舰“吉野”以及巡洋舰“高千穗”、“秋津洲”、“浪速”四舰组成的第一游击队,以及炮舰“赤城”、代用巡洋舰“西京丸”。前面提到的《海军创建史》中收录的《帝国海军史要》(广濑彦太著,海军有终会昭和13年出版)中,相关提要如下:

9月17日上午11时30分,日本舰队的先头战舰、第一游击队旗舰“吉野”桅杆上打出旗语“东方发现敌舰队”。正午过后,按照伊东司令官的命令,第一游击队驶向东北偏东,迎着清朝北洋水师呈一字纵队航行。北洋水师则摆出旗舰“定远”以及“镇远”居中,以“来远”、“致远”、“广甲”、“济远”为左翼,以“经远”、“靖远”、“超勇”、“扬威”,以及伴有两艘鱼雷艇的“丙远”为右翼的“后翼单梯阵列”,如猛禽展翅直

中国北洋舰队旗舰“定远”

(Conway's All the World Fighting ship)

扑而来。其中“定远”和“镇远”是当时世界顶级的德制萨克森级铁甲舰,日方最为惧怕。两舰结构和规模相同,排水量7335吨,有口径30.5公分的主炮4门,最高航速14.5节,均建造于1882年。日本主力战舰旗舰“松岛”排水量4278吨,最高航速16节,虽然口径32公分的主炮只有1门,但另有威力较大的口径12公分的速射炮11门,建造于1890年(明治13年)。

北洋水师的主力舰规模超过日舰,但在数量上和吨位上,日舰12艘对北洋水师11艘、排水吨位日舰48000吨对北洋水师33446吨,清北洋水师明显呈现出劣势。北洋水师顾问团中,“定远”舰上有德国炮兵少校冯·哈内铿、英国海军下士官尼科尔斯、轮机手阿尔弗希特,“镇远”舰上有美国人希罗·马科基芬、德国炮兵指导海克曼,“致远”上有英国轮机手帕毕斯等洋员。这场战争从表面上看发生在日中之间,其背后则有着欧美列强的影子。他们估计这将是有史以来最大的海战,为了获得宝贵的第一手资料,他们进行着激烈的国际情报争夺战。大海战就这样在列强各怀心思的关注下拉开了帷幕。

双方距离到了6000米,北洋水师率先开火。以“吉野”为首的第一游击队附近炮弹激起冲天水柱。日舰继续直线航行,午后12时55分,当双方距离3000米时,“吉野”开始炮击。炮火集中倾泻到北洋水师右翼的“扬威”与“超勇”,两舰很快起火,30分钟后“超勇”沉没。第一游击队的后续舰“高千穗”、“秋津洲”、“浪速”一面与“定远”、“镇远”交火,以“吉野”为首的第一游击队一面调转航向,与本队会合,联手扑向“定远”、“镇远”。这时候北洋水师两翼各舰将炮击目标调整为以“松岛”为首的日舰本队，并试图撞击“松岛”。北洋水师的两翼舰队因此阵脚大乱，阵容七零八落。分析起来，其原因在于，北洋舰艇速度普遍低于日舰。比如“松岛”时速16节，日舰平均时速为19节，而“定远”、“镇远”只有14.5节，两国平均舰龄相差8年，这在实战中使日舰占尽先机。日舰利用其速度优势，经常可以赶到有利位置，调整大口径火炮瞄准对方。而北洋水师面对灵活移动的日舰始终处于被动地位。

北洋水师主力由于乱了阵脚，很快队形支离破碎，小型军舰“扬威”、“广丙”开始逃跑，旗舰“定远”遭到集中炮击，很快起火，“致远”倾覆沉没。丰岛海战时曾经临阵脱逃的“济远”舰故伎重演，“经远”、“来远”、“靖远”、“广甲”等舰在猛烈的炮击下毁坏严重，也开始脱离战场，而“吉野”率领的第一游击队紧追不舍。战斗现场于是只剩下主力舰“定远”、“镇远”。除遭到重创的“比睿”之外，日旗舰“松岛”、战舰“千代田”等5艘本队战舰集中炮火攻击洋面上遍体弹伤的“定远”、“镇远”二舰。下午3时半，“镇远”的一发30.5口径钢铁榴弹击中“松岛”前炮台。据说这一炮是德国炮击指导海克曼打出的。强烈的爆炸将“松岛”的钢铁船舷炸飞10余米，导致口径32公分主炮瘫痪，备用副炮也报废。这一炮还引爆了附近堆积的弹药，导致分队长志摩清等28名水手当场丧命，另有68人受伤。大部分舰炮被毁，只有6门口径12公分的舰炮还能使用。现场血肉横飞，到处都是暗红色的血痕。战后日本曾流行一首歌曲《勇敢的水兵》，佐佐木信纲编写的歌词中有一句“敌舰定远还没打沉吗”，据说这就是当时一名水手咽气之前的一句话。

北洋水师引以为豪的“定远”和“镇远”果然如公认的一样，是“难以被击沉的巨舰”。但是，甲板以上部分的结构在猛烈的炮击下钢板严重扭曲变形，一片狼藉。开战之前的担心成为现实：由于速度的差距和日舰速射炮的威力，北洋水师的战斗力在整个战斗中始终处于下风。

天色渐暮，舰队司令伊东命令第一游击队向本队靠拢。丧失战斗能力的北洋水师向西南方向败退。

战场西边有旅顺要塞，西南方向的山东半岛北部有北洋水师的基地威海卫。日舰方面，舰队司令伊东所在的旗舰“松岛”损毁严重，死伤近百人，一片惨状。于是，将旗舰任务转至“桥立”，“松岛”驶回军港修理。缺席了“松岛”、“比睿”、“赤城”、“西京丸”的日本舰队18日一早继续在战场周边巡航搜索，但没有发现清军舰艇。北洋水师的“经远”“超勇”等3艘军舰在撤离过程中漏水严重，很快沉没。“扬威”、“广甲”触礁搁浅。“定远”中弹159发并起火燃烧，不得不撤离战场；“镇远”也中弹220发并严重起火，但凭借尚存的主炮，向“松岛”主炮台射出最后的致命一击。“定远”、“镇远”、“来远”、“济远”、“丙远”、“广丙”等6艘幸存军舰驶入旅顺军港。这些军舰完全修复要几个月的时间。

◈ 旅顺、威海被日军攻陷

9月16日——黄海海战开战的前一天，山县有朋任司令的日本陆军第一军攻占平壤，10月24日，大山岩任司令的日本陆军第二军，在辽东半岛东北部海岸花园口未遭遇任何抵抗便成功登陆，并向旅顺进发。北洋水师放弃旅顺，移师威海。第二军沿着辽东半岛东岸进军，不到一个月便抵达旅顺,对旅顺要塞发起进攻。旅顺要塞系李鸿章花费国库白银数千万两、耗时16年建造的、号称东方顶级的海军要塞。但是,由于军纪松弛,清军比预想的还要不堪一击,11月21日,仅用一天时间,旅顺要塞便被日军攻陷。参谋本部编撰的《日清战史》(《1亿人的昭和史·日本战史1·日清、日俄战争》,每日新闻社出版)中记述:此战日军阵亡40人,失踪7人;清军阵亡4500人,被俘600人,另有13000名清兵或装扮成渔民或船工从海路逃走,或脱去军装扮作农民、商人混入闹市。

据岛田谨二《秋山真之在美国》(朝日新闻社出版)的记述,后来在日本海海战中赫赫有名的参谋秋山真之,当时是第三游击队海防舰“筑紫”上的一名大尉。11月21日凌晨1时至拂晓,他所在的“筑紫”驶达旅顺港海岸炮台前。这个旋转炮台可以用于陆战,他们航行的目的就是掩护从水师营附近发起进攻的陆军部队。6时1刻,清军炮台开火,高高的水柱在船舷边腾空而起。秋山日后坦率地回忆起当时的感受:“全身吓得发抖,喉咙像是着了火,渴得不行,只想喝水。”距离6000米时,“筑紫”开炮还击。“可我们打出去的炮弹没有几发命中,倒是敌弹不停地在‘筑紫’周边落下,真是沮丧透了。”

海战时,从自己所在的舰上往往看不清对方的情况,因此在心理上往往会感到处境更加糟糕。大名鼎鼎的秋山真之也如此反应,让我们感觉到他也不过是一个普通的人。第二年1895年2月3日对威海卫发起总攻的时候,威海卫东口炮台打来的一发重炮击中左舷上甲板烟囱,并贯穿至右舷上甲板之下,顷刻间右舷上甲板上便尸骨如山,血肉横飞。战争的恐怖令人铭心刻骨……

上述内容，据说是战争结束几个月后，1895 年秋受命留学美国的秋山真之，来到纽约中央公园附近美国海军退伍大校、海战史专家阿尔弗雷德·赛亚·马汉家中拜访请教时的一段谈话。

1 月 20 日，日本陆军第二军 16000 人分乘 50 艘运输船，从威海卫后侧东南方向的荣城海岸冒雪登陆，“大雪覆盖之下，几乎无法识别路标，加之地形跌宕起伏”（《参谋本部编撰日清战史》），一路行军艰难无比。2 月 2 日，日军从城墙厚达 3 米的威海卫城背后发起进攻。威海卫军港沿南北海岸设有 6 处炮台，港内刘公岛上还有 3 座巨炮炮台。但是，海军几乎没有任何有效抵抗，便被日军炮兵以口径 9 公分的臼炮将所有炮台击毁。日军共俘获大炮 90 门，其中 55 门尚可使用。

2 月 5 日凌晨 3 时许，日本舰队的水雷艇 10 艘侵入威海卫军港内，9 号艇发射的鱼雷命中“定远”左舷后侧，舰体开始向左倾斜。丁汝昌只好将“镇远”改为旗舰，“定远”搁浅自爆，化作钢铁炮台。

◈ 北洋水师的最终覆灭

在地面战中，陆军第二军猛攻猛打，逐次占领港内的炮台。日军利用这些炮台转而轰击停泊在港内的北洋水师军舰，很快各舰均遭重创。北洋水师马上就要全军覆灭，这一点已经洞若观火。从联合舰队司令伊东祐亨的日记（《元帅伊东祐亨》，收录于筱原弘《海军创建史》）中，可以读到北洋水师的最后时刻。

2 月 12 日午前 8 时半，北洋水师小型炮艇“广丙”，打白旗自港口东开来。日海军参谋长岛村乘水雷艇相迎。“广丙”舰长程璧光少校作为军使送来丁汝昌的亲笔信。从参谋本部编撰的《日清战史》第六卷,可援引到其信件的主要内容:

……本可以决战至舰沉人尽,今欲保全生灵,故请休战。现欲将刘公岛所在舰船及刘公岛炮台与武器献与贵国。切望勿伤及中国及洋员海陆军职人员、兵勇、人民的生命,并允其离岛返乡。……

伊东祐亨在“桥立”舰长室中研究后“决定接受其要求”,并指示开始履行相关手续。当丁汝昌得知日方接受投降条件之后,于16日在“镇远”舰上吞服致死量鸦片自杀。水师总兵“定远”舰长刘步蟾在此之前已经自杀。他们深知,战败的责任要由他们二人承担,一死在所难免。丁汝昌以及和严复同期留学英国的最优秀毕业生刘步蟾之死,标志着北洋水师最终覆灭。威海卫投降的清兵计有3800人,日本舰队在16日黄昏之前将他们运送至威海卫西边的芝罘后释放。日军伤亡人数海陆军共计450人,俘获清军军舰10艘,总计达15235吨。

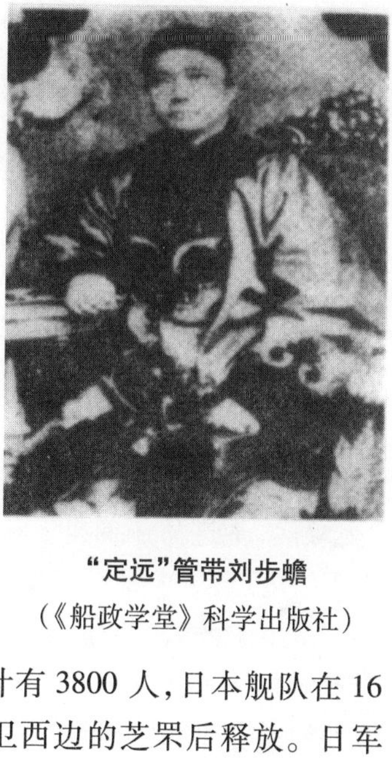

“定远”管带刘步蟾

(《船政学堂》科学出版社)

丁汝昌死后第二天,2月17日,日本联合舰队驶入威海卫港。刘公岛上,全军覆没的北洋海军的海军公所建筑,被日本舰队辟为司令部本部,144 名海军陆战队驻扎于此。

◈ 战败的原因与教训

甲午海战的败局,令严复沮丧之至。此前,他一直非常在乎自己的功名,屡败屡试地挑战科举考试。而今,对国家前途命运的担心使他重新审视自己的选择。日军进逼辽东半岛,旅顺危在旦夕之时,坐立不安的他曾给友人陈宝琛连写三封书信,表达了对国家命运的担心和自己的拳拳爱国之情。陈宝琛与严复是同乡好友,当时官拜内阁学士兼礼部侍郎。光绪二十年(1894)八月二十四日的信中,严复向陈宝琛介绍北方的战况,开篇便提到清军在平壤的一败涂地,残兵败将向鸭绿江东北方向逃走的情况。之所以对前方战况一清二楚,一来严复是水师学堂总办,二来他可以得天独厚地从英国报纸上读到最新消息。接着他介绍了北洋水师与日本舰队交战的情况,详述了水师中自己的同学们英勇作战的经过,并对他们的行为大加赞赏。然后他笔锋一转,对"听到炮响便掉头逃走"的"济远"舰管带方伯谦大加谴责,斥其为"无赖"。他进而还痛批了一番李鸿章的用人之道:"李鸿章之用人之道,专求无能坏事之徒。"

从甲午败绩的教训中严复认识到领导人的至关紧要性。严复明确提出请陈宝琛帮忙引见张之洞。他已经把这个国家的前途转而寄托在湖广总督张之洞身上。"内有私人的宽大房舍和雕梁画栋,外有靠贿赂维系的政权体制",面对散发着腐臭的清朝社会和分崩离析的国家,严复感到郁闷、彷徨、苦恼。在这样并不明晰的思索过程中,他将要做出新抉择。

光绪二十年九月初九日(10.7),严复写给陈宝琛的第 3

封信中进一步详叙了后续战况。

“前次已报我军在平壤之惨败,如今失去要塞,东三省亦门户洞开。先帝开创之历代帝业恐就此终矣。而今后天下无人保我子孙矣。如何!如何!”

从严复来信的字里行间,能够感到他对政府当权派面对日军侵略束手无策,捶胸顿足地迸发出的愤恨。对清军拙劣之至的战略战术与作战能力他也气得说不出话来,对无所作为便一败涂地的国家处境他只能以泪洗面。他分析了朝廷内部分裂为主战派和调和派的状况,得出的结论是,甲午败绩的根本原因在于清朝政权病入膏肓的体制:“今日之原因,虽有倭之狡猾,实为大清之无策。”

◈ 战后问责与失去的人才

战败的责任没有公布,也令严复大为不解。军人当然被从严问责,但根本性的政治责任,却越往上越含糊不清了。

北洋水师“济远”舰管带方伯谦因海战中临阵脱逃,打乱了水师阵型而被问罪。李鸿章以京师军机处的名义下达指示:“临战而逃,乃将风所不容,应与副将就地正法,以正军纪。”

军机处收到李鸿章电命,将逃到旅顺港督北洋水师残舰“济远”号上的方伯谦逮捕,在旅顺附近的黄金山山脚下将他斩首处死。方伯谦曾经在英国格林尼治英国皇家海军学院和严复并肩学习,在郭嵩焘公使视察留学状况时曾在宿舍迎接公使,还和严复一同游览过巴黎,是成绩优秀的同学之一。清朝海军自福州船政学堂以来培养的精英才俊,经此一战几乎全部失去。

陆军方面，淮军将领、总兵卫汝贵镇守平壤，与敌军遭遇后即刻败退，逃回中国境内。军机处将其罢免并逮捕。李鸿章企图对他网开一面，无奈满朝文武一片谴责，甚至有声音问责李鸿章本人，李鸿章只好放弃自己的初衷。卫汝贵身戴重镣被押解至北京，在众人围观之下被斩首于菜市口刑场。

◈ 日军的侵略与官僚的无能

此时，在辽东半岛花园口登陆的日本陆军第二军，以乃木希典少将率领的第一旅团为先头部队，进攻旅顺口背后的要冲、现在大连市的金州地区。金州守军有清兵 6000 名和火炮 12 门，但在 11 月 6 日就被日军攻陷。

日本报社派出随军记者展开报道竞赛，《国民新闻》派出国木田独步，《大阪每日新闻》派出相岛堪次郎，报纸《日本》派出的是正冈子规。他抱病从军，在金州一带开始咯血，只好半途回国。旅顺水陆营务处大队长龚照玙，听说金州被攻陷，立刻与士兵逃到旅顺，又渡海到烟台，从烟台去了天津。号称远东第一坚固的旅顺要塞竟如此形同虚设，不到一天便被日军攻陷。当时清军的涣散状态由此可见一斑。

严复预见到，这种腐败如“市井小人”般的军队是不可能坚守阵地的。旅顺要塞被攻陷，使北洋水师失去了基地。同时，这也导致首都面临着门户洞开的巨大危机。这一切令严复焦虑不安。

对日作战毫无准备，军需补给全无安排，面对危机一再推诿责任——严复对李鸿章的一系列表现极度失望与愤怒，以“昏聩骄蹇，丧心误国”的激烈措辞加以谴责。

朝廷内部，反李派张謇、文廷式提出的弹劾李鸿章的上奏得到皇帝认可，李鸿章被罢免了直隶总督，两广总督刘坤一接任了这一职务。可是刘坤一也看不出有什么本事抵抗来势汹汹的日本侵略军。严复对刘坤一并不看好。正如严复所预料，此后事态急转直下，导致清政府被迫签订使国家几近破产的议和条约。

严复具体地指出，导致战争惨败的根本原因在于用人制度的弊端。那些通过科举考试一步步爬上高位的官僚，满脑子"四书"、"五经"，而对那些必要的实用知识与实际操作能力却极为欠缺。这导致国家面临灭顶之灾之时，这些人还弄不清病根之所在，也不知道如何应对这一空前的危机。

真正的有用之才遭到埋没，而把内政外交大权委任于庸碌无为的科举考试合格者。这使得在遭遇紧急事态之时，即便在国内遍寻贤才，也无法任用能够真正收拾局面的官员。这并非官吏本身的问题，而是制度本身导致有处理危机能力的官吏无法得到任用。首都岌岌可危，皇帝与慈禧太后仓皇离京，暂避祸于西安。京城军机事务暂由恭亲王奕䜣统领。宫廷里的士大夫们为使自己逃避责任，都对危机的形势做出文过饰非的分析，这使病根所在更加无法厘清，造成了所谓"头疼医头，脚疼医脚"的恶性循环。朝廷决定对日议和，但何时何地与日本谈判以及最为重要的谈判条件都定不下来。这样的体制之下，国家陷入"束手待毙，一筹莫展"的状态。面对甲午的战火和惨败的结局，一直才华不得施展的严复，这时意识到自己真正才能之所在。从此以后，他开始了非凡的译作和写作生涯，并因此而青史留名。

二、马关条约

◈ 条约谈判与全权任命书

战争还没有结束。辽东半岛失了旅顺，山东半岛失了烟台，首都北京成了毫不设防的城市。从这一时刻到马关条约签订的这段时间，陆奥宗光在其《蹇蹇录》第十四章“议和谈判开始前中国及欧洲列强的举动”（岩波文库）中记有一笔：“中国如今败局已定，希望尽早结束战事。”

但是，对战败缺乏真实认识的朝臣们和地方的总督、巡抚们所主张的议和条件与日方的开价出入很大。但无论如何已经有了亟待停战的认识，于是在1895年（明治28年）1月，清政府派钦差大臣张荫桓、邵友濂为议和使赴日。议和谈判的地点定在日本战时大本营——广岛，日方宣布，将由首相伊藤博文、外相陆奥宗光在设在广岛县厅的谈判会场会见来使。但当日方“发现清使没有携带国际公法上通常需要的谈判全权任命书”（《蹇蹇录》第十六章“广岛谈判”）时，遂表示拒绝与之会谈。

清国的两位全权大臣在进行外交谈判之时，只是奉诏前往，没有携带与对方交换用的全权任命书，这不难看出朝廷意志优于国际法的思想观念根深蒂固。但张、邵二人对国际法知识知之甚少才是根本原因。陆奥宗光判定这两个“全权使臣”是无法做主的小人物，于是态度发生根本变化。

其实，当时日本也是现学现卖。23年前的1871年（明治

4 年），日本派出岩仓使节团作为特命全权大使从横滨出发赴美，准备在第二年即明治 5 年 2 月 13 日在美国国务院举行修改不平等条约的谈判。当时岩仓使节团就没有携带证明修改条约权限的全权任命书。因为当时他们还没有这方面的国际法知识。美国当然就没有承认使节团作为全权使节的身份，没有与之进行修改条约的谈判。

与美国进行第一次会谈之后，副使伊藤博文与小办务使森有礼强调了全权任命书的必要性。为了拿到全权任命书再度来美，副使大久保利通率二秘小松济治离开华盛顿。第二天伊藤博文也动身出发，他们在纽约会合，返回日本。尽管费尽周折拿到全权任命书，但后来修改条约的谈判还是没能谈拢。这次轮到中国。中国也同样尝到了缺乏国际法常识的苦果。张、邵二人只好从长崎出发，无功而返。

◈ 全权大臣李鸿章

欧美列强对日本的强硬态度感到不快。清政府一贯墨守自己的传统，如果硬性套用国际法就会因小失大，这在欧美列强外交官那里已经是常识。如今日本如此拿国际法说事，莫非日本已有足够自信使议和谈判对日方有利？特别是刚刚通过《瑷珲条约》割走中国北

李鸿章

（《船政拾英》
福建省音像出版社）

方领土，隔着俄朝国境与日本虎视眈眈地对峙的沙俄，十分警惕日本侵入中国领土。《蹇蹇录》第十七章“下关谈判 上”中，如下引用了欧美列强的反应：“……其深表惊诧，疑日本以如此借口拒绝清使当另有企图，定有阴谋。遂生对我未来举动更深猜疑。”

于是，李鸿章再度出山。清政府通过美国公使给日本发电报，告之任命内阁大学士李鸿章为全权大臣，授予一切全权，并问及会谈地点设在何处。日本政府通过东京的美国公使回电称，会谈地点定在下关。3 月 14 日，李鸿章自天津乘轮船出发，18 日到达下关。外务大臣陆奥宗光从东京出发来到大本营所在地广岛，3 月 15 日与总理大臣伊藤博文一道拜谒明治天皇，二人再次被任命为全权大臣，与李鸿章同在 18 日抵达下关。

伊藤博文

（《日本战史 1“日清 · 日俄战争”》每日新闻社）

1895 年(明治 28 年)3 月 20 日，在下关的高级酒楼春帆楼，清朝头等全权大臣、大学士李鸿章，日本全权办理大臣、内阁总理大臣伊藤博文及外务大臣陆奥宗光会合了。两国全权大臣互递全权任命书并进行了查阅，确认无误后进行了交换。议和会议开始之前，李鸿章首先发言提议商讨停战事宜。

伊藤博文表示这个问题明天给予答复。于是第一天的会谈暂告结束。

谈判过程中发生了李鸿章被当地暴徒以手枪击伤的事件。加之李鸿章本人巧言善辩,谈判未能速战速决。李鸿章以冗长的备忘录反驳日本的要求。他警告说,割地的要求会让两国人民永结世仇。

接着,李鸿章回绝了日本提出的赔偿日本军费库平银3亿两,分5年付清的巨额赔偿要求。他激烈地反驳说,确定赔偿金的数额,应该考虑清政府的支付能力。如果不能按额支付,日本必定借口清政府违约再燃战火。“此次日本国之要求,军费赔偿额实非清政府现今财力所能承受。”

李鸿章举出一系列数据据理力争:首先国内增税无法做到,其次关税受与各国所签条约束缚不可能用作抵押,再次由于清政府国家信用降低无力举债……

清代经济史书《清史稿·食货志》卷六“会计”记载,甲午战争前夕的光绪十七年(1891),国家财政收入为89684800两,支出为79355241两。因此,3亿两相当于国家年财政收入的3.3倍,对于清政府财政来说是一个导致国家破产的金额。

精于算计、锱铢必较的伊藤博文也觉得火候差不多,该各让一步了。于是最终金额从原来的3亿两减掉1亿两,确定为2亿两。

所谓库平,指的是用户部的标准计量秤称量后成型的马蹄状银块,又称库平银、库平两,或干脆就俗称为马蹄银。清代没有国产的银币,必要的时候使用墨西哥洋银。

◈ 签署《马关条约》及三国干涉还辽

日本指定的赔偿用银为库平银——每两 37.301 克的纯银银块。4 月 17 日，议和条约签署，日方称其为《下关条约》，中国称其为《马关条约》。条约内容大致如下：

一、清政府认明朝鲜国确为完全无缺之独立自主。

二、清政府将下列领土割让与日本国。

（甲）奉天以南，鸭绿江口至辽东湾北岸、东岸及黄海北岸属于奉天省以南的诸岛屿（签约后此条因三国干涉未果）；

（乙）台湾全岛及其附属岛屿及澎湖列岛。

三、清政府向日本分 7 年支付军事赔偿库平银 2 万万两（最初要求 3 亿两，5 年支付）。

四、清政府向日本开放沙市、重庆、苏州、杭州为通商口岸，允许日本臣民往来侨寓，从事商业、工艺、制作。

五、日本政府得派遣领事馆于前开各口驻扎，并设领事馆。

六、日本暂占威海卫，清政府每年支付驻兵费 50 万两（最初要求暂占奉天府和威海卫，驻兵费 200 万两）。

条约的主要内容是确认朝鲜独立，割让辽东半岛、台湾、澎湖列岛，支付赔偿金，开放沙市、重庆、苏州、杭州为交易市场。但是，国际社会对领土问题非常敏感，特别是俄国当即就坐不住了。俄国认为，日本占据了辽东半岛的良港，其势力范围绝不会仅止于辽东半岛，日本会进一步吞并朝鲜半岛，甚至满洲北部的丰饶地域，从海陆两面威胁俄国领土。特别是这会妨碍俄国进一步南扩。于是俄国联手法国、德国，在《马关条约》签署一周后的 4 月 3 日，对日本提出干涉。似乎与俄国达成默契，清政府也提议三国干涉问题解决之前暂缓条约换文。

外相陆奥宗光主张，“这种情况之下，即便可向三国让步，但对清政府也应该寸步不让，尽早解决”。根据他提出的方针，日本政府向三国起草了尽量简约的回应书：“日本帝国鉴于俄、德、法三国政府的友好忠告，保证永久放弃对奉天半岛的领有。”（《蹇蹇录》第十九章“三国干涉上”）

根据伊藤博文的指示，该回应书在内阁议定，经天皇裁可，由外相陆奥宗光以电报训令形式发至日本驻俄、德、法三国公使，由其向各所在国政府提交备忘录。5 月 9 日，俄驻日公使持政府训令访问外务省，对结果表示满意：“俄国皇帝政府收到日本国放弃辽东半岛永久占有权的通告，发表了献给世界和平的祝词。”

三国干涉始于 4 月 23 日，5 月 9 日对日本政府的回应书三国表示了满意，标志干涉的结束。《蹇蹇录》约五分之一的篇幅记述了日本政府无奈还辽的过程及应对办法。这些记录印证了打出“富国强兵”旗号的明治时期的日本，在国际社会中还势单力薄，鲜活地反映了明治时期日本外交的波澜曲折。

三、著书立说为救国

◈ 找到“真正的事业”

光绪二十一年（1895），这一年，严复醒悟了。被任命为北洋水师学堂总办已经是第 6 年了。这一年他 43 岁，刚好到达人生的顶点。而这一年送给他的“礼物”却是中国在甲午战争中连战连败的坏消息。那些面对危机一筹莫展的腐败官僚以及外国列强乘隙而至的侮辱与侵略令他瞠目结舌。抽象的语言于事无补。《严几道年谱》(商务印书馆)的作者王蘧常这样记载着面对亡国危机在即的祖国,严复的万分苦恼:

“我割地赔款与日本平,国事日危。先生腐心切齿,欲致力于译述以醒世。”

严复的长子严璩在《侯官严先生年谱》(《严复集》第五册,中华书局)中具体地记述了严复采取的主要行动:

“自去年夏间中东挑衅。海军既衄,旅顺、大连湾、威海卫以次失守。至是年,和议始成。府君大受刺激,自是专致力于翻译著述。先从事于赫胥黎(T. Huxley)之《天演论》(Evolution and Ethics),未数月而脱稿。桐城吴丈汝纶,时为保定莲池书院掌教,过津来访,读而奇之。为序,劝付剞劂行世。”

严璩为其父严复所作《侯官严先生年谱》,作为严复研究的重要史料,向为后人推重。据他解释,严复很早就已开始钻研翻译西书,但是在甲午战争之后,受到战败以及丧权辱国的马关议和的强烈刺激,他开始转为专心致力于翻译著述,在国内传播西学的学问与思想。上面提到的赫胥黎著作就是他的第一部译著。学富五车的吴汝纶一口气读完,十分感慨称奇,还为他写序,鼓励他将书付梓出版。

有人说《天演论》出版于光绪二十一年(1895),实际证明那应该是该书脱稿的时间。严复着手西学研究的目的在于探求“治国明民之道”。这在光绪二十年(1894、明治27年)

十一月初八日写给严璩的信中说得十分清楚。

清朝海军主力北洋水师覆灭之后，北洋水师学堂前景暗淡。严复专心于阅读、翻译原著，估计将总办的职务委托给了会办。他认识到自己所选择的译介西学之路，是人生唯一的“真正的事业”。这是他在残酷的现实世界中悟得的“真理”：富强之路尽在西学！

◈ 探求“富强之路”

探求这条道路的动机来自下面的疑问。

列强何以如此富裕强大？我们何以如此积贫积弱？看着他们已经开辟的通往富强之路，我们中华民族如何建成属于自己的富强之路？

我国向来不乏如“四书”、“五经”之列的典籍，但没有一本是回答如何得以富强的具体指南。相比之下，西洋列强，特别是自己曾经留学的世界首富大英帝国，有清清楚楚地论述富强因果的著作，有著述这些著作的学者，更有让他们功成名就的精确完美的科学与技术的知识体系。

如果我们中华民族能够将这些著作作为指南进行学习并付诸实践，那么英国人能做到的我们就没有理由做不到。他从西洋特别是英国的近代思想库中，选取了进化论学说的代表作——赫胥黎的《进化与伦理》（严复译为《天演论》），以及亚当·斯密、孟德斯鸠、斯宾塞、穆勒等经济学、法学与政治学、社会学、逻辑学领域的最有学识的学者著作译成中文，决心将这些书作为有实效的指南书，给中国的知识社会提供救祖国、求富强的思想与行动的营养。

严复翻译这些名著之前，他在天津的报纸上一直发表着议论时局的系列时政论文。在评论中,他一面批判封建制度的弊端、传统观念的陈腐,一面积极介绍西方资本主义与科学技术文化,疾呼发动维新拯救祖国,改造社会。

他的这些论文,就好像是后来浩瀚的名著译著群的前奏。严璩在《侯官严先生年谱》中写道:

"乙未(光绪二十一年)府君43岁。……是年复有《论世变之亟》、《原强》、《救亡决论》、《辟韩》诸文,均刊于天津《直报》。"

《直报》是光绪二十一年(1895、明治28年)创办于天津的中文报纸。严复发表的论文要点如下:

1.《论世变之亟》

严复的头一篇重要论文《论世变之亟》于光绪二十一年正月初十日和正月十一日两天在《直报》上刊出。这篇论文抨击了保守派,疾呼救国、维新、学西方,在当时的思想界起到了积极的启蒙作用。《论世变之亟》的"亟"通"急",其立意在于分析社会形势的急剧变革,呼唤人们从旧时代的世风中觉醒。

"呜呼!观今日之世变,盖自秦以来,未有若斯之亟也。"

文章一开头,就以一个感叹词带出点题之句。文章指出,目前中国处在一个自秦朝以来未有的激流涌动的大变革时代。如果人们能够正确认识社会历史潮流,顺应潮流,就有可能赶上时代潮头。如果采取积极措施就可以在这块世界上最受上天恩惠的国土上成就众多事业,国家也可以因此变得富强。但是现实却不是这样!他尖锐地提出疑问:这是为什么?论文由绪论等6大段落构成,严复最后得出的结论是:向西方学习!

2.《原强》与《原强修订稿》

光绪二十一年二月初八日至十三日(1895.3.4—1895.3.9),严复在《直报》上发表题为《原强》的论文。三月初四日(3.29)再发《原强续篇》。一年后,经过修订与补充,该稿以《原强修订稿》为题收录于1901年熊元锷编撰的《侯官严氏丛刊》中。与第一稿相比做了不少修订,又补充了许多新内容,更加全面地体现了严复的思想。一般人们引用《原强》多直接采用《原强修订稿》。该篇论文的主旨就是严复的终极目的——探求国家富强的根本原理。

他在《原强》中宣扬,救亡图存之道在于实施变法维新,这为中国勾画了一幅自上而下的改革路线图。他介绍了英国生物学家达尔文的进化论和斯宾塞的社会学,提出他所主张的救国理论的根据。文章开篇简要地介绍了达尔文的主要学说——进化论。

接着,他又在文章中介绍了英国哲学家斯宾塞的社会学。斯宾塞比照生物进化原理,提出社会达尔文主义的"社会有机体论",主张弱肉强食、优胜劣汰适用于人类社会。他的这一"优胜劣汰"理论认为强大而优秀的民族将生存下来,劣弱民族将走向消亡是大自然的必然逻辑。这种思想具体体现为发达富强国家侵略弱小国家,落后弱小国家将被亡族灭种。

如何脱弱转强?这是严复在《原强》中讨论的主题。

3.《辟韩》

光绪二十一年二月十一日至十八日(1895.3.13—1895.3.14),严复在《直报》上发表《辟韩》,模仿唐代文人韩愈的《辟佛老》的文体,批判封建君主制度,向迷信权威的陋习发出挑战。

韩愈(768—824),字退之,号昌黎,邓州(今河南邓县)人。唐代著名文人,唐宋八大家之一。韩愈主张尊儒,特别欣赏孟子。曾官至吏部侍郎,按现在日本的官阶来说,相当于人事院次官。

韩愈在《原道》中宣称,只有“圣人”才能给人类社会带来进步与幸福。“古之时,人之害多矣。有圣人者立,然后教之义相生相养之道,为之君,为之师,驱其虫蛇禽兽而处之中土。……如古无圣人,人之类灭久矣。”因为人类与禽兽不同,没有耐寒耐暑的羽毛、鳞片或躯壳,也没有撕咬食物的尖牙利爪。

严复对“圣人”,也就是专制主义进行了不留情面的批判。他讥讽道,按此逻辑,如果“圣人”的父辈是人的话,“圣人”还没出生,或者还没长大就应该被动物咬死,被严寒酷暑折磨死,或者被活活饿死了,怎么还能挨到成长为“圣人”,帮助别人免于灾难呢?他的这一立论,与17世纪欧洲的无神论者如出一辙:他们在与教会争论时就问道,如果说时间和空间是上帝造的,那么世界在被上帝创造出来之前上帝又在哪里呢?但严复并不主张废除君主制度。他认为,如果中国在一个开明的君主统治下,30年以内人民就会和谐繁荣,60年就可以和欧洲列强一比富强。用不了100年,几十年之内中国就可以追赶上英国、法国、德国、美国等列强国家。因为列强在探索富强之路过程中的种种试错,我们在借鉴其经验时完全可以避免,因而可以用更短的时间追赶上来。孙中山在《民报》发刊词中谈及革命后的国家富强之路时,说了和严复的想法如出一辙的一番话。

《辟韩》的结论是,为了找到救亡图存之路,奋力自强,改良封建君主制度,要学习西欧公民社会的民主政治。西洋的兴盛在于解放了人民的活力。中国皇帝惧怕人民的活力,因而走向衰亡是必然的结果。《辟韩》中明确提出的这些观点,对清末知识分子阶层产生的巨大的思想冲击。

4.《救亡决论》

一个多月后,四月初七日至二十六日(1895.5.1—1895.5.20),严复又在《直报》上发表《救亡决论》。这篇论文写于清政府与日本政府签订《马关条约》之后。该条约让中国向日本割让大片领土并支付巨额赔款,中国的权益遭受空前损失。严复闻讯怒不可遏,奋笔疾书,乃成此稿。他在文中大声疾呼,“今日中国不变法则必亡是已”,主张要变法必须大力提倡新学,必须废除以八股为代表的旧学,强调学习西方科学文化的重要性。

《救亡决论》首先提出救亡变法的首要任务是根除科举考试的三大弊端。这弊端具体为,“锢智慧”——即为科举考试而习八股束缚了考生的智力发展、“坏心术”——即搞坏人的素质和品行、“滋游手”——即白白养了一批游手好闲之徒。

接下来他提出发展基础教育的迫切性。要使所有人具备语言文字的基本能力。但语言文字在中国历来被文人垄断,而西方与日本已经通过教育使普通大众普遍掌握读写能力,并为士农工商阶层所实用,而不独为知识阶级所垄断。

严复还提到练兵的重要性,强调要学习西式的科学训练。他认为中国在甲午战争中之所以败绩,不独因无兵,更因无将帅。他指出将帅应该多多学习各个方面的科学知识,而清帝国的将帅恰恰在这方面完全无知。“中国将帅,皆奴才也,患在不学无术。”他揶揄洋务派标榜的“借法自强”不过是挂羊头卖狗肉,根本解决不了中国面临的现实问题。引进西方技术,如果不能培养民众形成配套的意识终归还是要失败。为使中国摆脱贫弱,修修补补无济于事,非普遍地提高整体的水平不能成功。“救国之道,非造铁道用机器不为功;而造铁道用机器,又非明西学格致必不可。”

《救亡决论》分3篇在《直报》发表。中心思想是宣传学习西学的重要性。甲午战争以后,严复的思想发生了深刻的变化。如今他成为走在时代前列的激进派,为了从亡国危机中拯救祖国,斗志昂扬地呼唤维新变法。他的“尊民叛君,尊今叛古”八个字主义是他宣扬的维新思想的核心。想象不出他在晚年会讨厌革命。这篇文章通篇洋溢着如同革命党一样的反体制激情。

第七章

变法维新运动

光绪二十一年——光绪二十六年（1895—1900） 43—48 岁

一、公车上书

◈ 康有为、梁启超的变法运动

光绪二十一年三月二十三日(1895.4.17)签订的《中日马关条约》内容,21日电到北京。康有为先知道消息,旋即让弟子梁启超“鼓动各省公车(参加会试的举人)”。康有为(1858—1972)是清末代表性改良主义思想家、政治家,也是戊戌变法的主发起者。

“戊戌变法”时期的康有为

(《梁启超年谱长编》岩波书店)

康有为发动1000多名举人联名上书皇帝,史称“公车上书”,这是清代前所未有的壮举。当时他尚未任官,但已经是维新运动的实际领袖。“公车上书”的基本主张有三:一、拒绝议和,二、迁都,三、变法。而康有为的真实目的就在于“变法”。

康有为宣传维新思想,提倡新学,开通风气,六月创办了报纸《万国公报》,并组织了具有政党结社性质的“强学会”。梁启超作为报纸和结社的主要分子积极活动,不久将《万国公报》更名为《中外纪闻》,不到一个月,报纸的发行量便激增至3000份左右。

“戊戌变法”时期的梁启超
（《梁启超年谱长编》岩波书店）

才华横溢的梁启超做了《中外纪闻》的主笔。光绪二十二年(1896)二月，天津的严复与北京的梁启超有了通信联系。这在王蘧常《严几道年谱》(商务印书馆)中有所记载。二人的通信涉及对时局的评论，他们都主张变法，反对封建礼教。这表明二人的政治思想有许多共同之处。但梁启超的活动不止限于北京。这年三月，他就早早地离开北京前往上海。受上海强学会汪康年之聘，他又出任上海《时务报》的主笔。

汪康年是浙江钱塘人，这一年36岁。光绪十五年他19岁便考中举人，光绪十八年，他更以22岁的年纪考中进士。他积极主张变法，在上海与社会名流广泛交往，集议。“转讲求中国之所以贫弱，西国之所以富强。”应康有为之邀，汪康年欣然出面主持上海强学会。此后，由于清廷打压，北京和上海的强学会相继被查封。他清理出强学会余款，在上海创办了报纸《时务报》，并亲自出任报社社长。同时他邀请了北京的梁启超南下，任报纸主笔。

◈ 向《时务报》投稿

同年(光绪二十二年)八月十八日，严复写信给《时务报》主笔梁启超，祝贺报纸创刊。为支持办报，严复还汇赠银票

100元。信中严复盛赞新近创刊的《时务报》，认为该报对社会影响巨大。信尾还提到希望刊载自己译著的愿望。“拙议《天演论》，仅将原稿寄去。登报诸稿，挑寄数篇，金玉当前，自惭形秽，非敢靳也。”

严复在信中细述了《原强》、《救亡决论》等论文的写作动机，强调其目的在于宣扬新学，探求富强之路。他在信中补充道，在开民智、新民德、鼓民力三个方面，一定要实行变法，除旧布新。

《时务报》连载了《原强》(修改稿)、《辟韩》等论文，引起的反响超乎预料。特别是《辟韩》在维新派人士中大获好评。维新派思想领袖之一谭嗣同在《致汪康年书》中说：

“《时务报》23册《辟韩》一首，好极好极！究系何人所作？”

虽然维新人士拍手称快，但体制内的保守势力却对此深恶痛绝。严复曾寄予厚望的湖广总督张之洞，命令御史、参加上海强学会的屠仁守撰写《〈辟韩〉驳议》也刊登在《时务报》上。严复认为，《〈辟韩〉驳议》为张之洞所写，只是借用屠仁守的名义发表。于是严复在对李鸿章深感失望之后，对张之洞也大失所望了。

二、创设俄语学馆、通艺学堂

◈ 创办俄文馆和通艺学堂

光绪二十二年(1896)，奉朝廷之命，严复在天津创办俄文馆，他本人出任总办。他亲拟教程，招聘教师，完善学校机构。这是清末最早成立的官办俄文学校。天津俄文馆的设立，与甲午战争之后清朝的外交政策有莫大的关系。以李鸿章为首的清朝决策高层看到“三国干涉还辽”奏效，于是幻想制定“联俄制日”的战略。也许是刚刚签订的《马关条约》刺激太大，他们把导致大片领土被俄国割去的《瑷珲条约》等一下子忘在了脑后。清朝的大官员们对此构想都表示认同。当时统率湘军的两江总督刘坤一就给朝廷发报，主张“因势利导”，以俄制日。湖广总督张之洞也提出结成清俄同盟，联手对付日本的方案。

清政府失去北洋水师之后，如何填补海军空白成为燃眉之急。在这样的情况下，国内一度出现了“仇日、疏英、联俄、亲俄”的氛围。

光绪二十一年十二月二十七日（1896. 2. 10），清政府派出以李鸿章为首席全权大使的使团，前往俄国出席沙皇尼古拉二世的加冕典礼。借此机会，李鸿章与俄国财政大臣维特会谈，讨论了修筑中东铁路的问题。维特在后来的日俄战争停战谈判时，与日本首席全权代表小村寿太郎在朴次茅斯有过正面交锋。光绪二十二年四月二十二日（1896. 6. 3），在莫斯科签订了以“共同防日”为名的《中俄密约》。清政府全权大使李鸿章和俄国维特财政大臣等政府要人出席了签约仪式。从此，俄国的军事势力扩展至中国东北。

严复创办的天津俄文馆，旨在培养俄语外交人才。这显然是李鸿章出于对当时国际形势的判断，体现了加强中俄两国内部合作的考虑。但是，俄国的真正企图是将中国东北和旅顺划入俄国版图。光绪二十四年（1898）三月二十八日，俄国强迫清政府签订《旅大租借条约》。旅大是旅顺、大连一带的总称。条约规定的租借期为25年，十分露骨地体现了要把中国东北纳入俄国势力范围的战略意图。俄国的陆军也接踵而来，《瑷珲条约》噩梦重现。严复在光绪二十三年创办的《国闻报》上，发表论文对租借旅大一事严加抨击。

◈ 张元济与通艺学堂的设立

在兴办俄文馆的同时，严复还倾力兴办新学技校。

光绪二十二年（1896），严复帮朋友张元济在北京创办“通艺学堂”，以提倡新学，培养维新人才。

张元济是浙江海盐人，光绪十八年（1892）考中进士，任办理文书事务的官员。他与同事张荫棠等6人谋划创办“西学堂”，提出申请后得到总理衙门批准。当时，身为总理各国事务衙门官员的张荫棠最为热衷西学教育，与其他人联名向各省总督和巡抚发信，请他们募捐支持。湖广总督张之洞、直隶总督王文韶都慷慨解囊资助张元济兴办新式学堂。光绪二十一年十二月，总理衙门以御史陈其璋推广学堂的奏折为基础，提出官绅集资创建学堂的办法，奏明朝廷，得到批准。

张元济看准这个机会，约集志同道合者筹办新式学堂。光绪二十二年正月十一日，西学堂开学，在简朴的租屋改造的教室里开始授课。科目有英语和数学，学生有四五十人。只是教材和师资还不够数，需要进一步采办、充实。八月二十四日，张元济向总理衙门报告学堂运营情况，请求政府认可。总理衙门接到报告，交各部门官员传阅。由于外语人才需求激增，官办的同文馆培养的人才远远跟不上需求，而官绅集资所办学堂也为数不多。因此，张元济等兴办新学堂特别受急需人才的各部门欢迎，他们纷纷写信给张元济，对他殷殷勉励。“通艺学堂”校址设在宣武门内的象坊，是一座租来的大屋子。据说这个校名就是严复想出来的。十二月初三日，朝廷批准了总理衙门呈上的奏折，校名就依所报，定为“通艺学堂”。校名起的得体而巧妙：表面上托名儒流，兼容官民立场，实际上是为了推行各种西学的实用课程教育。由于巧妙地将中西结合起来，于是很容易地得到了政府的批准。实际教的是西学课程，而外人的印象却是在教授儒家经典。这样的低调处理，使那些期望自己的子弟考取功名的乡绅知识阶级比较容易接受。

严复与张元济有着非常好的私人关系。从他们来往的书信可以发现，他们讨论的内容无所不包，学术、国事更是讨论重点。现有的书信约有 20 余封收录《严复集》（中华书局）中。略微遗憾的是，这些书信都是写于光绪二十五年（1899、明治 32 年）以后的。这时，张元济已经从北京移至上海，严复仍在天津。二人在北京和天津之间的通信仍然没有发现。因此，严复帮张元济兴办通艺学堂的情况，只有通过一些外围材料进行间接分析了。

◈ 在通艺学堂讲学

光绪二十四年八月初三日（1898. 9. 18、明治 31 年），严复从天津来到北京，开始在通艺学堂讲学。当时，他身兼北洋水师学堂总办和天津俄文馆馆长两个职务，教务十分繁忙。这一天，他讲授的题目是《西学门径功用》。他向学生介绍了英国生物学家赫胥黎，以及其著作《化中人位论》（今译

《人在自然界中的位置》),重点讲述了人在自然界中的地位。有关赫胥黎在后面章节还要专门提到。赫胥黎的论述揭示了动物与人的关系,确定了人在动物界的位置,第一次提出人和猴子有共同的祖先。这在笃信人是上帝创造的欧洲基督教社会中简直就是逆天之举,多数人对他的观点不以为然。严复简明扼要地介绍了赫胥黎的主要观点。他要告诉学生,人与动物的区别在于,人有语言能力,有积累知识的能力,还有将这些能力和知识世代相传,将社会由野蛮到文明不断发展的能力。即人与动物的根本性区别在于,人一定要不断学习。

严复讲到这里特别强调,“故生人之事,以炼心积智为第一要义。炼心精,积智多者为学者,否则常民与野蛮而已”。

他强调,为了建成文明社会,必须兼学“理”和“情”两个方面。

接下来,他的讲课内容转向为学穷理的具体指导上。研究学问的一般方法基本有以下三个要点:一为考订,二为贯通,三为实验。他强调,科学地掌握知识的途径一定是先要仔细观察对象,然后总结得到的认识,最后再通过实践验证这些认识正确与否。

严复将学问的功用分为两个方面,一方面是学问本身的专业功能,另一方面是在公共事务中的应用功能。从学以致用的角度,严复认为学问应分为自然科学和社会科学两大门类,前者为微观的专门之学,后者为宏观的公用之学。这里,他对社会科学的重要性已经有了较为深刻的认识。

严复在通艺学堂讲学之事见诸当时的报端。有报道说,光绪二十四年(1898)四月到五月间,应通艺学堂之邀,严复两次前来讲学，“考订功课，讲明学术”。在北京期间他就住在通艺学堂，因此学生们纷纷前来拜访请教，所谓“诸生请业者络绎不绝”。严复讲学的名声越来越大，不仅学生纷纷前来听讲，一些好学的京官也相约前往，“不期而集者数十人”，在当时的知识阶层颇受欢迎。光绪皇帝通过报章也了解到通艺学堂的情况，表示出特别的关注：“学生乃国家未来之人才，应为其营造视野开阔之学习环境。”

光绪帝召见了张元济，向他问起学堂的办学情况，勉励他办好学堂。可是，就在此后不久，戊戌变法流产，通艺学堂也随之遭到解散。

张元济被罢免了所有职务，学堂无人接办，各科肄业学生因为又恢复以科举八股考试取士的旧制，为谋生路又纷纷退学。

张元济将通艺学堂置办的书籍器具以及他所保管的办学余款，悉数开列清单，呈报官学大臣孙家鼐。通艺学堂也就此归并京师大学堂。

三、创办《国闻报》

◈ 创刊目的

1. 结交办报核心人物

戊戌变法之前一年即光绪二十三年(1897)夏，严复与改革派官僚王修植、夏曾佑、杭辛斋等人作为发起人，在天津创办了《国闻报》。报馆设在天津紫竹林租界地面。这一年，是日本的明治30年。

王修植是浙江定海人,光绪十六年(1890)中进士,授翰林院编修,后任直隶候补道,深得直隶总督李鸿章赏识与重用,委任他创办北洋水师学堂。王修植因此就任首任学堂总办,是当时的总教习严复的顶头上司。

夏曾佑是浙江杭州人,比王修植小3岁,却和王修植同年中进士,授礼部主事,与梁启超、谭嗣同、章太炎交往颇深。甲午战争之后,夏曾佑移居上海,经常在《时务报》上发表文章。光绪二十二年(1896)改官知县,在京候选未着,便辞官改赴天津,受聘出任育才馆教师。这期间与严复相识,深受其思想的影响。二人过从甚密,话语投机。夏曾佑在写给其表兄汪康年的信中称,“到津之后,幸遇又陵,衡宇相接,夜辄过谈,谈辄竟夜”。

还有一位杭辛斋,比夏曾佑还要小6岁,是浙江海宁人。早年曾就读于杭州正蒙义塾,后就学于北京同文馆。曾经向光绪皇帝上书条陈变法,被授官内阁中书。

在报纸创刊之际,他们各有分工。严复与夏曾佑主管旬刊,王修植、杭辛斋主管日报。后来,旬刊停办,大家全力以赴办日报。严复负责报纸的最终统筹,经常执笔不署名的社论。

2. 提供西方最新信息

光绪二十三年十月初一日(1897. 10. 26),《国闻报》创刊。日报每天发行一份,每期4版,文字量大约8000 ~ 10000字。

《国闻报》学着英国《泰晤士报》的样子,在日报之后又办起了旬刊。旬刊每隔10日发行1期小册子,很少有现代周刊

國聞報

《国闻报》创刊
（《严复集》中华书局）

的娱乐性报道，具有浓厚的启蒙色彩。每期文字量约 30000 字，名曰《国闻汇编》。

《国闻报》内容除各种广告、启示之外，有皇帝上谕、路透社发布的国际新闻、首都北京的新闻，以及保定、山东、河南等北方各省的新闻，还有西藏以及东南各省的新闻。最后还有外国的新闻。论说或社论每天一篇，大约 1000 字左右。如果当日无社论，便用来稿或译稿替代。

关于创办目的，严复在《〈国闻报〉缘起》一文中专有阐述。他指出办报的目的有两个：一为沟通上下之情，二为沟通中外之情。严复还详细分析了办报的背景，对新学兴起、报刊林立的时代气氛做了详尽描绘。一句话，办报的目的就是要提供信息，帮助国人了解西方文化。戈公振在《中国报学史》中盛赞《国闻报》“乃北方报纸之最佳者。惜发行未久即停耳”。《国闻报》广泛地代表了当时的先进思想，是一份高水准的报纸。根据已有的研究考证，严复在《国闻报》上发表了不少于 28 篇文章，可以大致分为 8 类：

一类是《〈国闻报〉缘起》及《〈国闻汇编〉序》等《国闻报》、《国闻汇编》的发刊词。

二类是时事评论，如《驳英〈泰晤士报〉论德据胶澳事》等对英国《泰晤士报》就德国侵占中国山东胶东湾做的歪曲评论进行的驳斥文章。

國聞彙編

《国闻汇编》创刊

（《严复集》中华书局）

三类是对中美经贸所进行的评论，如《书中国备赴美国费城商会事》。

四类是有关俄国侵占中国旅顺、大连湾的评论，如《论俄人为中国代保旅顺大连湾事》、《再论俄人代守旅顺大连湾事》等。

五类是有关维新变法的政见与政论，如《拟上皇帝书》等5篇。

六类是有关中国社会问题的评论，有《论中国阻力与离心力》、《论中国教化之退》、《说难》等。

七类是对中国文化教育发表的论述,有《论治学治事宜分两途》、《论沪上创兴女学堂事》等5篇。

八类是有关文章翻译的4篇文章。

◈ 宣扬"自立"的喉舌

1. 抨击胶州湾事件

《国闻报》上发表的严复评论语言极其犀利。例如,胶州湾事件发生之后,他写了一篇有分量的评论。光绪二十三年(1897)十月二十日,德国借本国传教士遇害为由派出军舰占领青岛胶州湾,并夺占青岛炮台,揭开了列强夺据中国港湾的序幕。十一月初一日,严复在《国闻报》上撰文,对英国《泰晤士报》赞赏德国侵略行为的歪曲评论痛加抨击,并表示担心英国也会以同样的动机、借口进行同样的侵略。山东省德国传教士被杀事件发生后,德国政府不与清政府进行谈判便悍然出兵的武力行为,在他看来是彻头彻尾的强盗行径。他无法忍受《泰晤士报》中欧洲人高高在上的优越感,以及德国对于出兵胶州湾的侵略行为认为理所当然的态度。他指责英国袒护同为欧洲人的德国人,这种做法是一种倒退行为。但这时欧洲各国已经从早期的资本主义发展为急剧膨胀的扩张主义。这一点,从欧洲回国多年的严复并无太多认识。当时的英国政府是支持德国侵占胶州湾的。严复这段时间抓住胶州湾事件不放手。他以《论胶州章镇高元让地事》为题发表评论,谴责胶州湾守军将领、总兵章高元一枪不发,将港口拱手交给德军的临阵脱逃的行为认为他简直就是卖国。

但他并不知道章高元弃守是奉朝廷命令行事。严复本人就是军中一员,他认为保卫国土的军人就应该在战斗中坚持到最后,甚至不惜捐躯。可当时清朝官兵已经腐败透顶,“日事酣戏,以幸国家无事”。他认为清朝军队已经完全丧失锐气,根本谈不上什么战斗力了。

2. 对俄欲战,大连湾敲响警钟

在德国占据胶州湾之后,严复又撰文提醒警惕俄国侵占大连湾。李鸿章签署《中俄密约》以后,严复连续撰写文章揭露得陇望蜀的俄国,就其不断蚕食中国权益的狼子野心向国人敲响了警钟。

代表性文章有3篇:《论俄人为中国代保旅顺大连湾事》、《再论俄人代守旅顺大连湾事》、《中俄友好论》。严复在这些文章中强调,国家要自立于世界民族之林,必得树立自立自强精神和培育足够的抗衡能力才行。将保全社稷寄托于借俄之力,只能助长俄国以代理保护之名侵占、吞并中国港口的野心。中国的救亡之道除自立以外别无他途。他奋笔疾书,呼吁麻醉沉沦的官民自立、战斗。

他预言,如果允诺俄国代守旅大,其他列强便会群起效法,瓜分中国的恶浪便会扑面而来。后来局势的演变完全印证了严复的预言。俄国租借旅顺大连湾之后,英国便强租威海卫,法国则强租广州湾。19世纪末,中国成了列强争相瓜分的猎物。

◈ 呼吁国际社会

1. 精选翻译外国文献

严复除了办日报,还办了一份旬刊《国闻汇编》,主要选取有保存价值的外国文献进行翻译,面向知识阶层发行。光绪二十三年十一月初一日(1897.11.14),严复在《国闻汇编》

创刊号上发表发刊词《〈国闻汇编〉序》。在文章结尾处他阐明，创办《国闻汇编》是为了“补苴时艰”，应用中外古今的治国之道、经验教训来挽救国家危机(《严复集》第456页)。

这份旬刊仅仅维持了2个月又7天，共刊发了六册。每期的出版日期和主要内容如下：

第一册，光绪二十三年十一月十五日(1897.12.8)出版，刊有《国闻汇编叙》、严复的《斯宾塞尔劝学篇》(连载一)、武光建的《欧洲政治略论》，及俄文、英文、法文译报。

第二册，光绪二十三年十一月二十五日(1897.12.18)出版，刊有严复的《译天演论自序》、《天演论悬疏》(连载一)，及俄文、法文译报。

第三册，光绪二十三年十二月初五日(1897.12.28)出版，刊有严复的《斯宾塞尔劝学篇》(连载二)、陶大均的《日本观兵记》，及俄文、英文、法文、德文译报。

第四册，光绪二十三年十二月十五日(1898.1.7)出版，刊有严复的《斯宾塞尔劝学篇》(连载三)、《天演论悬疏》(连载二)、《西藏近闻》，及俄文、英文、法文译报。

第五册，光绪二十四年正月十五日(1898.2.5)出版，刊有严复的《天演论悬疏》(连载三)、《外国近闻》，及俄文、英文、法文译报。

第六册，光绪二十四年正月二十五日(1898.2.25)出版，刊有严复的《天演论悬疏》(连载四)，及俄文、英文、德文译报。

2. 多语种新闻评论的汉译，丰富的信息来源

《国闻汇编》的内容以重大新闻和论说译文为主。特别对外国的情况介绍得十分详细。每有外语新闻稿或论说一

到，都按语种分给专人翻译。比如俄文译报由汉语文笔流畅的俄国人翻译，英文译报由广东南海的陈锦涛翻译，德文译报由安徽桐城的王承传翻译，法文译报由浙江嘉定周赞尧、上海唐在复翻译。这种重视国际社会动态，并实时进行译介的做法确实像严复所为。《国闻汇编》在文化史上的贡献是，连载了严复以《天演论》之名翻译的赫胥黎著作《进化与伦理》。其译自多语种的外国新闻评论等，促进了国内外的交流，也应该得到足够的历史评价。

《天演论》连载产生了深远的影响。尽管这份旬刊十分短命，但是《国闻报》受到当时知识阶层的高度重视。7 年之后，光绪二十九年(1903)，严复的得意门生熊元锷选编《国闻报》、《国闻汇编》第一册、第二册的精华文章，出版了《国闻报汇编》，其中来自《国闻报》的 39 篇是从 200 多篇社论、来稿和译稿中精选的。熊元锷是江西南昌人，编辑《侯官严氏丛刊》，于光绪二十七年(1901)出版。其《国闻报汇编》重点收录严复的文章和译稿，从中不难看出作为弟子的熊元锷对恩师严复的敬爱之情。

四、戊戌变法

◈《拟上皇帝书》

1. 变法之前的紧急措施案

光绪二十四年正月初六日至十四日(1898. 1. 27—2. 4)，《国闻报》刊出无署名社论《拟上皇帝书》。严复在这篇以上书形式写成的长篇政论文中指出，中国目前国难当头，非变法不能扭转国运。他以各国历史为例痛陈变法与国家长治久安的关系。

严复分析光绪帝正面临的处境是“人才消乏，财赋困穷，内忧外患，纷至而不可复支”。甲午战争以后，列强看透了清政府的软弱无能，争先恐后地一拥而上，谋划强租租界，以期获得种种更大的权益。前所未有的危机到来了。中国必须在列强扑上来瓜分之前迅速行动起来，讲变革，图富强。

严复总结了历史上种种谋国救时之道，提出要从治标和治本两个大的方面实施变革。他还主张，欲求国家未来长治久安，必得采取富国强兵之策，通过竞争提高人民的智勇。

严复向皇帝奏请变法，但他也预想到变法难度很大。由于官民思想认识差异颇大，他特别担心在实施过程中变法本身变了味。他认为在推行变法之前，首要之事是除旧，否则变革将无法彻底推行。同样是维新派，与具有缜密的西方思维的严复相比，同时代朝野之士的思想意识还相当简单，这一点就足以令人感到忧虑。

《拟上皇帝书》通篇所讲无外乎救国保种，救亡图存。作为变法之前必须马上采取的紧急“治标”手段，严复开了三剂“药方”。这三个方子便是：一、调研列强的外交政策；二、凝聚民心；三、排除阻碍变法的行为。

2. 调研列强的外交政策

严复认为首先要做的，是对中国与相关列强的外交政策展开调研，并制定相应的应对办法。他对欧亚各国的局势做了精准的分析。

他认为俄、法、德联手，形成与英国作对的利益集团，倾轧争利。他集中分析了英、俄两国的对外扩张情况,还总结了英、法、德、奥、俄欧洲五强的相互争夺,勾勒出“泰西各国之大略”图。

对于严复而言,欧洲列强在中国的行为固然令人心忧,但尤其令他忧心忡忡的是亚洲的新兴国家日本。严复认为,在东北亚展开角逐的俄日两国有着“不可解之深仇”。甲午战争以后,俄日之间摩擦日烈,现在双方已经发展到积极备战的地步,两国关系亦日趋紧张。严复分析这给中国带来了物资紧俏、米价腾昂的影响。俄日两国尽管战事一触即发,但却没有断交,原因在于英国态度尚未明朗,双方无法预测开战之后有利的天平会倒向哪一方。英国是雄霸世界的海上强国。一直以来,许多地区发生争执,都是英国出面主持摆平。但最近以来英国比较不愿出头,更多是顺势而为。个中缘由严复分析如下:

甲午战争之后列强矛盾进一步激化,英国调整战略,在瞬息万变的复杂局面中静观待变,以图其世界霸主地位不被动摇。为此,英国经常退居人后,面对俄法同盟(1894 年缔结)、俄日对峙,均以慎重的态度保持中立。

严复主要根据来自英美报系的舆情对国际形势做出研判,因而对于列强之间真实的、微妙的深层外交政策变化,严复并无情报来源,判断难免有失偏颇。

同样,湖广总督张之洞提出的清英联合、清日联合等构想也是基于对国际形势误判得出的结论。所谓借助“有义之国”帮助“弥祸”,不过是剃头挑子一头热罢了。李鸿章的亲俄政策也一样,最后招致无情的背叛。

3. 提倡官民融洽

严复认为其次要做的,是凝聚民心,具体而言就是促成官民融洽。上下沟通,官爱其民,则会增强民众的爱国之心,这样,就可借助民众之力抵御外侵。

在这份拟定上奏皇帝的奏疏中,严复又提及清朝自中国东北入主中原,定都北京的历史,对朝廷的"爱民之德"大加称赞。他期望光绪帝从帝业永祚的角度出发,进一步继承发扬这一传统。

他特别注意回避使用可能触动皇帝逆鳞的措辞,绝口不提清朝入主中原以来的各种暴政和对光绪帝政治误判的不满,尽量不让当局抓到把柄,通过赞美朝廷的策略巧妙地平衡自己文章的真实目的所在。他认为中国民心一旦凝聚起来力量无穷。他批评清朝统治者一面视民众如水火,不断丧失民心,一面还要人民爱这个国家的自相矛盾的做法。

严复认为,抵御外侮不可不借民力。没有民众的参与而国家能够复兴的先例从来没有过。因此民心得失至为关键,事关国家兴亡。皇帝应该向外国君主学习,深入民众当中关心他们的生活,倾听他们的意见,这样才能抓住民心,凝聚力量。国家兴亡的关键取决于民心向背,可国家的现状完全不容乐观。清朝官吏将领依仗权势巧取豪夺已经导致民心尽失。如何挽回民心鼓舞士气,严复认为应该拿出真正有效的办法。如今皇帝出巡只是慰劳防军,绝不会赢得民心,反而引发负面效应。

4. 排除阻碍变法的行为

严复认为最后一点也十分重要,那就是排除阻碍变法的行为。对于阻碍变法的保守派官僚,要在思想和理论上有所准备,针锋相对。严复指出,国家实施变法面临两大难于处理的问题。因此,一要抑制“侥幸之门”,二要摧毁“把持之局”。

“侥幸之门”是指平庸之辈通过行贿等手段混进国家行政部门滥竽充数,这些人占据国家要害位置,必然会败坏国家事业。

“把持之局”是指那些既得利益集团,他们依仗权势打压那些他们认为会危及自己既得利益的、制订变法方案的改革者。他们完全没有“君子”风度,都是一些“小人”。

《拟上皇帝书》按原计划还有续篇。严复在写给吴汝纶的信中提到了尚未发表的“变法四事”,分别是澄清吏治、发展经济、废除科举、提倡西学。

王蘧常的《严几道年谱》(商务印书馆)记载,此信“今已不得见,惜已”。直到今天,严复写给吴汝纶的这些信仍然没有下落,他的“变法四事”的详细主张也始终无从得知。

◈ 对维新的幻灭

1. 怀才不遇下的言论活动

虽然光绪帝举棋不定,但最终还是下了变法的决心。光绪二十四年,即戊戌年四月二十三日(1898.6.1),皇帝下诏《明定国是》,标志“戊戌变法”开始实施。因为按照天干地支组合计算年份的中国农历的说法,这一年正是戊戌年。

严复出任北洋水师学堂总办已经第9年了。在这所学堂当差屈指一算更是已有18年了。在当时的中国人当中,严复是出类拔萃的。他掌握诸多领域的现代知识,有出色的英语修养,通过大量阅读,对以英国为中心的欧洲现代思想了如指掌。特别是在海军接受的理科教育,使他形成了实用主义思维。因而,他对国家的现状与未来有着清醒的思考。然而在现实中他始终怀才不遇。在朝廷的核心层面,中学为体的认识根深蒂固。西学造诣再深,干到海军学校校长也就算到头了。事实上,在当时的格局下,他的官职按规定不可能在海军学校校长的基础上再获提拔。

对此,严复是心知肚明的。他深知自己做官已经到头,于是在现有公差之余,他开始探索个人的新路。他先是在《直报》、《时务报》上接二连三发表文章,之后又直接创办《国闻报》,将上述文章以社论形式在报上重新发表。当然,在《国闻报》上发表的社论,大部分他采用了匿名的策略。但当时大多数知识精英心知肚明,这些社论的核心人物就是严复。这些不断刊出的政论文章给社会带来巨大影响,严复的声望也与日俱增。

具体的反响很快就出现了。光绪二十二年(1896)七月十八日,桐城学派大佬、天津知府吴汝纶写信给严复,对他的才能和学识给予高度评价,认为他如果出来为面临危机的国家做事正是前途无量。他鼓励严复说:你有如此能力,正是国家急需的人才。不久,吴汝纶欣然为严复的译著《天演论》和《原富》作序。

2. 觐见光绪皇帝

终于,严复被认定为“兴邦人才”的时机到来了。光绪二十三年十一月十三日(1897. 12. 16),贵州学政严修上书,奏请革新教育体制,增设“经济特科”,内分内政、外交、理财、经武、格物、考工六科,讲授实用知识。军机大臣根据皇帝旨意命令总理各国事务衙门会同礼部协议拿出具体办法上奏。

第二年，光绪二十四年(1898)正月初六日，总理各国事务衙门大臣由恭亲王奕䜣领衔上奏皇帝称，“贵州学政严修之见议筹划周密可行”，但需有一个人物来担纲领导方可落实。

光绪帝奏准这一提案，并命令下谕传达各地。经济特科公布的消息一经传出，全国各地纷纷推举有意担纲之人。根据统计数字，全国一共推举了230多人，其中江苏省推举者最多，有29人。紧跟其后的是浙江省，推举了21人。再往下，湖南省15人，广东省13人，福建省12人。这些被推举上来的人选中，有许多人如梁启超、蔡元培、严复、熊希龄、夏曾佑等日后均成了历史名人。朝廷要从这些后备人选中首选知晓教育状况的人才觐见皇帝。光绪二十四年七月十三日(1898.8.29)，詹事府上奏，将严复作为觐见者推荐给皇帝。所谓詹事府，是中国自秦朝以来设置的机构，主要负责操持皇后和太子的皇家私事，该机构主事官员曰詹事。詹事王锡蕃在奏疏中说：

“北洋水师学堂总办候选道严复，本船政驾驶学生，出洋学习，于西国典章名理之学，俱能探本溯源，精心研究。中学亦贯通群籍，著述甚富。水师情形，尤其所熟知专习，久在北洋供差。”

光绪帝准奏传严复进宫觐见。严复满怀感慨，离开天津直奔北京。从其通信记录来看，他是在阴历七月二十七日或二十八日抵京的。

七月二十九日(9.14)，严复来到乾清宫觐见了光绪帝。八月初四日(9.19)出版的《国闻报》刊载了此次光绪帝与严复的谈话消息。

“上月二十九日，严又陵观察蒙恩，召见乾清宫，垂询办理海军并开办学堂事，甚为详细。”

光绪帝垂问了许多问题，整个觐见时间约为45分钟。严复看时候差不多，便起身告退，回到其在北京的寓所。估计他的寓所应该是通艺学堂的一间房子。觐见时他答应要将其连载文章《拟上皇帝书》送呈皇帝，现在他忙于整理装订，以备日后供皇帝阅览。

光绪帝
(《梁启超年谱长编》
岩波书店)

3. “后党”与“帝党”的对立

可是《拟上皇帝书》最终没能送呈至皇帝。因为觐见后仅仅一周，政局就发生了猝变。反对维新变法的保守派、所谓“后党”的代表人物慈禧太后逼迫光绪帝发布上谕，将所谓“帝党”核心人物翁同龢“开缺回籍”。

对于光绪帝而言，翁同龢自其少年时代便一直是他的老师，这段师生关系持续了近二十年。翁同龢是江苏常熟人，咸丰六年(1856)的八股状元。后历任工部尚书、军机大臣、户部尚书、总理各国衙门大臣、协办大学士等要职。他长年为帝师，日日熏陶，对光绪帝成长影响重大，亦是光绪帝最为信赖的重臣。慈禧太后的第一步，就是以“清君侧”的办法将翁同龢赶出宫去，阻断光绪帝变法的念头。紧接着，慈禧太后又控制了京畿的军事管辖权，并掌握了二品以上官员的人事任命权。任命效忠自己的满族心腹荣禄为直隶总督。五月初五日（6.13），正式宣布“实授荣禄为直隶总督兼充北洋通商大臣”。北洋大臣管辖河北、山东、奉天海关，再兼直隶总督，就把京津地区负责警卫的北洋禁卫军指挥权牢牢地控制在荣禄等“后党”手中。这一回合可以看出，极度恋权与行事果断的慈禧太后出手的几招，确非“帝党”可以招架。

慈禧太后

（《严复与严复故居》香港人民出版社）

光绪帝与“帝党”的官僚们第一情报不畅，第二判断有误，对“后党”的反扑没有形成足够的重视。七月十六日（9.1），光绪帝发布上谕，罢免了对抗圣旨的6名“后党”礼部官僚。这一处置引来“后党”官僚的进一步反扑。

4. 任命“军机四卿”

七月二十日（9.5）光绪帝召见内阁候补侍读杨锐、刑部候补主事刘光第、内阁候补中书林旭、江苏候补知府谭嗣同，提拔这些维新派参与新政。

“均赏加四品卿衔，在军机章京上行走，参与新政事宜。”（光绪二十四年二十二日《国闻报》、《梁启超年谱长编》第一卷）

有了“军机章京”头衔，又有“参与新政”4字，这4人就成了皇帝的智囊。这样一来原有的“内阁大学士”和“军机大臣”就成了有名无实的“伴食宰相”。

“皇上别授朱谕于四人，令其将新政条例开列，竭力辅佐，无有畏惮，所有新政奏折，皆令阅看，谕旨皆特令撰拟。”（《戊戌变法》、《梁启超年谱长编》第一卷）

当时，反对维新运动的吏部主事胡思敏在《戊戌履霜录》中郁闷地写道：“四品卿入军机，参预新政，别以大内秘室处之，谕旨皆令撰拟，宠任在军机大臣上。”

“军机四卿”完全赢得了光绪帝的信任。这 4 人走上政治舞台，有职有权地具体推进维新运动。这也势必令围绕百日维新的权力斗争进一步升级。光绪帝一门心思要搞变法，他试图通过推进维新派开议院，开制度局，使变法运动尽快走上轨道。

5. 形势开始对“帝党”不利

慈禧太后一直盯着这些渗透进权力核心的维新派。她认为时机已经成熟，便命令荣禄策划政变。具体步骤是，先让御史李盛铎面谒光绪帝，奏请皇帝邀请皇太后出席秋天在天津举办的阅兵式。其意图是在天津用兵力逼迫光绪帝退位。而光绪帝对慈禧太后的这一意愿不好拒绝。

得到皇帝的准谕，慈禧太后与荣禄议定的阅兵日程公布天下。到了这一时刻，维新派也看出“后党”发动的权力博弈已经使形势变得不利于自己了。他们焦虑不已，把光绪帝的安危与维新变法的成败寄于袁世凯一身。袁世凯当时统辖天津练兵司令部，统率着一支装备了新式武器的军队。康有为认为，“拥兵权，可救上者，只此一人”，于是派弟子徐仁禄前往天津司令部游说袁世凯。

本来,如此重要的使命康有为亲自出面才是。遣弟子前往,肯定深深地伤到袁世凯的自尊。维新派这一刻败局已定。

袁世凯一定在心中窃笑:你个康有为,差这么个毛头小子来游说我,你也把世道看得太简单了吧?

结果,不谙世故的维新派书生们,被老奸巨猾、老谋深算的袁世凯玩了个正着。徐仁禄回到北京信心满怀地向康有为报告称"袁世凯答应替皇上和我们维新派保驾护航"。

洞察袁世凯为人的康有为,因为求援心切,未做详细核查,便轻信了弟子的报告。于是,康有为谒见光绪帝,奏请皇帝召见袁世凯并赐其更高官位。

七月二十九日(9.14),袁世凯奉旨进京。八月初一日(9.16),光绪帝在颐和园召见袁世凯,赐官"候补侍郎"。第二天,袁世凯来到宫中感谢皇恩浩荡,发誓"唯有益矢忠诚,愈加勤奋,勉策驰驱于驽钝,冀酬高厚之鸿慈"。光绪帝对袁世凯的表忠之词大加赞赏。

袁世凯在北京到处寻访掌握实权的老臣,打探形势,以确定自己的行动方针。实权派几乎皆为"后党",他们都期望慈禧太后归政,正在底下四处活动。力量对比昭然若揭,摊牌只是时间问题了。

6. 荣禄暗杀计划

危险一步步迫近光绪帝。焦虑之下,光绪帝下了一道密诏,在《戊戌变法》一书中,有这道密诏的记载:"今朕位几不保,汝康有为、杨锐、林旭、谭嗣同、刘光第等,可妥速密筹,设法相救,朕十分焦灼……"但是根据有的学者考证,这道密诏只是给四小军机,而不是给康有为的。

八月初三日(9. 18),康有为看到密诏,即刻约集维新派商讨对策。最后形成的意见是,谭嗣同出面说服袁世凯挺身勤王,“杀荣禄,除旧党”。谭嗣同当日深夜,怀揣皇帝密诏到袁世凯在北京的住处见袁,开门见山地要求他保皇救驾。

“今日可救我圣主者,惟在足下,足下欲救之则救之,苟不欲救,请至颐和园首仆而杀仆,可以得富贵也!”

袁世凯表情严肃地高声说:

“君以为袁某何如人哉? 圣主乃吾辈所共事之主,仆与足下,同受非常之遇,救护之责,非独足下。若有所教,仆固愿闻也。”

谭嗣同掏出皇帝的密诏,将救驾计划的框架告诉袁世凯。

“若变起,足下以一军敌彼二军,保护圣主,复大权……不世之业也。”

袁世凯拍着胸脯说:

“若皇上在仆营,则诛荣禄如杀一狗耳。”

谭嗣同愈发对袁世凯深信不疑,把政变计划的关键细节向袁和盘托出。就这样,保皇救驾杀荣禄的计划全部被袁世凯所了解。袁世凯说:

“今营中枪弹火药皆在荣贼之手,而营哨各官亦多属旧人。事急矣! 既定策,则仆须急归营,更选将官,而设法备贮弹药则可也。”

初五日,袁世凯再次被光绪帝召见。初六日,事变爆发。

7. 袁世凯出卖光绪帝

《戊戌政变记》记载,谭嗣同离开袁世凯住处法华寺是八月初三日后半夜1时,其实应该是初四日了。军机大臣荣禄为准备阅兵式此时已率兵来到天津。袁世凯原本准备初四日即回天津,但光绪帝命他初五日再回。初五日一早,袁世凯上朝向光绪帝告辞,上午 11 时 40 分在北京永定门车站乘火车出发,午后 3 时到达天津。天津文武各官均到设在停车场的圣安棚茶座迎候。

按照这一日程,袁世凯向荣禄出卖维新派政变计划的时间,应该是这一天的傍晚或夜里。第二天一早,慈禧太后便以皇帝名义下诏,宣布由慈禧太后垂帘听政。

如此看来,应该是初五日夜里荣禄向慈禧太后报告了袁世凯出卖的情报。初六日,慈禧太后离开颐和园回皇宫,囚禁了光绪帝,对外宣称皇帝有病不能理政,今后改由太后训政。不过中国史学界也有学者认为袁世凯初五日并没有来得及向荣禄告密,慈禧太后在告密前就发动了政变。

光绪帝被囚禁的地方乃北京皇城的西苑太液池,也就是今天的中南海。南台又称瀛台,三面环水。南台有翔鸾阁、涵元殿、香扆殿等,康熙、乾隆两朝曾为夏宫,皇帝在夏季来此处理政务。光绪帝此后到死 10 年间,只是做着名义上的皇帝。“戊戌变法”的失败,使严复一直为之努力的维新运动宣告破灭。

八月初十日(9. 25),慈禧太后授荣禄为大学士,在军机大臣上行走,兼管兵部事务,节制北洋各军,袁世凯晋升为直隶总督兼北洋大臣。

维新派人士受到朝廷的通缉追捕。康有为八月初五日(9. 20)逃离北京,在大沽搭乘英船离开天津,亡命香港。梁启超躲进北京的日本使馆,在驻华代理公使林权助的帮助下,化装成日本人,在数名日本人掩护下赶往塘沽,搭乘日本军舰“大岛”号去了日本。而留在北京的谭嗣同、杨锐、林旭、刘光第、杨深秀、康广仁等相继被捕。八月十三日(9.28),6人在北京的闹市菜市口刑场被斩,史称“戊戌六君子”。

这一天严复还在北京。严复的好友、大学士王文韶担心严复也遭牵连,便劝其赶快离京回津。严复目睹了这场惨烈的权力斗争,恐惧与绝望袭上心头。他马上按照好友的规劝,当天就逃离北京。

◈《国闻报》遭查封

1. 经营状态恶化

报馆的经营状态益发困难。虽然严复主要负责撰写社论以及翻译种种消息、各国新闻,但由于《国闻报》以犀利的笔锋毫不掩饰地揭露官场腐化,遭到当权派的封杀是迟早的事。严复的评论不仅限于针对官僚,还涉及贪污肥私的高官与皇室贵胄。介绍西方各国的政治、经济,对比指出中国的政策缺陷,这又成为保守势力攻击的目标。眼下,保持正义感,宣传西学、主张救国维新的行为越来越危险。当初考虑到保守势力一定会找麻烦,严复他们想了一些应对办法。

首先,《国闻报》的法人代表并不公开。《国闻报》的创办人是严复、夏曾佑、王修植、杭辛斋,但他们把一个与办报无关的福建人李志成推到前台,让他当“馆主”,而他们4人都不挂名,所写的评论也和社论一样经常都不署名。

当初严复觐见光绪帝的时候,光绪帝曾问道:“汝在《国闻报》主笔否?”严复不敢承认,语焉不详地回答:“臣非该报主笔,不过时有议论交与该馆登报耳。”光绪帝阅览过《国闻报》,对严复所写的匿名评论颇感兴趣。

严复因为是水师学堂总办,原则上不可兼职其他社会工作。因而，他平时从不在报馆露面，经营事务全权委托王修植。

其次，报馆设在天津紫竹林大道租界中，周围的土地房产管辖权皆在洋人手中，而与外国来往的报馆遇事可得到外国领事的庇护，清朝政府难以下手。

再次，馆主李志成之下设一经理，由日本人充当。光绪二十四年三月初六日(1898.3.27)，因为报纸销路不畅，为调配资金，外销报纸，请到一名叫西村博的日本人加盟。西村根据报馆的经营状况，认为需要在日本开拓市场，报纸的出版日期也应改为明治的年号。严复他们认为这样做会出问题，西村的意见没有被采纳。西村离开报馆回国。就在这个时候，一个更大的麻烦出现了。

2. 针对严复的揭发信

清政府收到来自天津地方官吏的揭发信。信中说，“天津设有《国闻报》馆，咸谓系北洋水师学堂总办道员严复合股所开。本年三月间，归日本人经理，而水师学生译报如故，请饬查禁”。

检举者来自水师学堂内部。在相互监视制度发达的清朝官场和官立学堂里，即使是总办，掉以轻心也会惹出麻烦。朝廷命直隶总督王文韶“查明该报馆现办情形及道员严复，有无与外人勾串之事，据实俱奏”。

但王文韶的态度是大事化小，小事化了。因为这个问题一旦闹大就成了政治问题，直隶总督免不了会被问责，弄不好轻则免职，重则入狱。能掩人耳目、风平浪静是最好的结果。幸亏王文韶的庇护，严复好歹躲过一劫。

但这只不过是一时过关。当半年以后慈禧太后为核心的保守派发起政变使维新运动夭折以后，维新派首要人物——谭嗣同等“戊戌六君子”在北京菜市口刑场被公开处决。《国闻报》的相关报道佐以大字标题“视死如归”，向殉难的维新志士致以最后的敬意。

“六君子”就义之后，办报愈加困难，报纸不久盘给了日本人，这可能也有所考虑：换了日本老板，当局也不好再加以刁难。一切又回到老样子，保守与沉沦蔚然成风。那些有革新气味的文章十分危险，已经没有报纸敢于登载了。

3.《国闻报》停办

政变后不久，八月二十六日（10.11），江南道监察御史徐道焜上奏弹劾严复、王修植、孙宝琦。九月十四日（10.28），礼部侍郎溥良也上奏说：“报馆挟洋自重，刊布邪说，丧心指斥，据实密陈，请旨查办事。……诽谤时政，诋斥廷臣，较诸往日有加无已……”

溥良恳请直隶总督下密令查封报馆。就在当局开始调查报馆之时，严复等创办报纸的同人宣布自行解散，《国闻报》即告停办。积极在报章上讨论变法的严复应该已经相当知名，但由于他并未直接参与政变，水师学堂总办的职位总算保了下来。其中一个原因可能是，像他那样有专业学识的人才也很难找到第二个吧。政府的想法大约是，只要严复老老实实，尚可用他一技之长。所以他得以一直待在这个职位上到两年后的光绪二十六年（1900），由于义和团事件爆发，八国联军攻破天津，他才逃离天津。经过许多坎坷，严复终于要开始他人生的重要时期——专心译介时期。

第八章

翻译活动

光绪二十四年——宣统元年(1898—1909)　46—57 岁

一、达尔文"优胜劣汰"学说的冲击

◈ 接触"优胜劣汰"思想

1890 年代初,严复开始翻译活动。光绪十八年(1892),他将好友苏格兰人亚历山大·宓克(Alexander Michie,1821—1902)的论文 *Missionaries in China* 翻译出来,并以单行本出版,中文版书名为《支那教案论》(南洋公学版)。这是他最早的译著。本杰明·史华慈(Benjamin I. Schwartz)的《寻求富强:严复和西方》由平野健一郎译成日文在日本出版,日文版书名为《中国的现代化与知识分子——严复与西洋》。在这部日译版的译注中,对宓克是这样说明的:宓克是英国人,1853 年以商人身份来到中国,曾为《泰晤士报》当通讯员,发行英文报纸之余写了数本有关中国的著作。严复早在留学伦敦时期就非常喜欢阅读《泰晤士报》,两人的交往大概从那时就已经开始。第五章中曾经提及,这本书的内容主要是从西方人的角度批评西方传教士在中国的强行传教行为。严复不仅翻译了这篇文章,还以《支那教案论摘要》为题介绍其概要,一并出版。后来翻译《天演论》等著作时他一直坚持的解说模式,从那一刻便成型了。

《天演论》令严复一举成名。这本书的作者是与进化论鼻祖达尔文高度共鸣的生物学家赫胥黎。而在赫胥黎的背后还有一个人物,那就是达尔文也尊为前辈并十分尊敬的社会学者斯宾塞。

查尔斯 · 达尔文

(《物种的起源》岩波文库)

严复在英国留学的时候,对达尔文的《物种的起源》已有接触,并且认识到这是与主张上帝创世说的基督教教义相对立的新思想。从他所选择翻译的著作来看,作为合理主义的世界观,他已经无保留地接受了进化论思想。是“优胜劣汰”思想让严复选择了进化论。从自然淘汰、社会淘汰出发,严复意识到中国有被列强“种族淘汰”的危机。

◈ 达尔文的一生与进化论

先来说说给数千年来一成不变的世界观带来颠覆性冲击的达尔文,他的一生与他的主要业绩。

查尔斯 · 罗伯特 · 达尔文(Charles Robert Darwin, 1809—1882)是英国生物学家,进化论的同义词——达尔文主义的鼻祖。他的祖辈都是农民,但他的祖父和父亲都是医生。

1809 年 2 月 12 日,达尔文出生在英格兰北部的士鲁兹巴利。他的祖父埃拉兹马斯 · 达尔文就是主张进化论的先驱者。

1825 年,查尔斯进入爱丁堡大学医学系。但化学课以外的所有医学科目他都没有兴趣。于是又转到剑桥大学神学系,1832 年他在这里获得了学士学位。不过在学期间,他对博物学的兴趣甚于神学,潜心钻研,毕业时大家都认为他是一个博物学家。

达尔文毕业时,英国的殖民扩张势头登峰造极,大英帝国的"探险队"乘船驶向世界各地,多路并进,开展所谓"环球考察"。23 岁的达尔文以船长菲茨罗伊的朋友和博物学家的身份,乘上前往南美海域进行测量考察的英国海军测量船"贝格尔(Beagle)"号。1831 年 12 月到 1836 年 10 月大约 5 年间里,他在南美大陆沿岸、腹地以及南太平洋的加拉帕戈斯群岛从事地质和动植物的调查、研究。这次航行,为他日后的研究在方法上和理论上奠定了基础。

达尔文在航海中,对于每个不变的物种是由上帝创造的"神创论"产生了疑问。据说,1873 年 3 月他形成了"可变的物种会随着时间的经过发生变化"的新认识,于是他的思想朝着物种变异论发展了。但事实上他应该早就有进化论的信念,只不过通过航海进行考察验证他的想法罢了。接下来,他考察了物种发生变异的自然原因,即进化的机理。第二年,1838 年 9 月,他读到经济学家马尔萨斯的《人口论》,受到很大的震动。由此,他又发展出自然选择、优胜劣汰的理论。

达尔文在自然史上第一次夯实了一个概念的基础:人类在自然序列中并非特殊的存在,与其他生物一样,人类也是生存在地球上的动物。这一概念对人类观念的转换具有划时代的意义。

总之,达尔文的结论是,人类不再是上帝创造的特别生命,而是通过漫长的进化发展而来的。原本用来揭示人类的进化图表和各种自然选择现象的逻辑,应用到社会学领域,发展、引申出社会达尔文主义和优生学。

达尔文的进化论的特征，重点不是讨论进化本身，而是讨论产生变异的复杂因素。也就是说，达尔文否定那种由低等向高级直线“进步”的认识，而是通过大量考察数据，实证了随着环境的变化生物的多样性进化过程。

◈ 达尔文主义的社会影响

达尔文主义除了在生物学界外，还被应用到社会、经济、政治等领域，产生了各自不同的社会效果。最初使用达尔文主义概念的是英国生物学家赫胥黎。他用自然科学家的方法论来说明随着自然的变化推移而发生的进化。19世纪末，达尔文主张的，例如从细菌这样一个共同的祖先分支发展演绎的繁芜的生物进化，这一学问的生物学必要前提，必然与“神创论”主张势同水火。这个被称作达尔文主义的学说，通常人们的理解是，有关顺应自然或社会环境的、自然选择的学问。达尔文的《物种起源》的全名是《论借助自然选择的方法的物种起源》，表明其核心是强调自然选择与生存斗争。

《物种起源》第一版在1859年11月24日，由伦敦的约翰·马雷公司出版。该书在学界引起争议。对其全盘否定并提出强烈抗议的，自然是基督教方面的势力了。进化论否定“万物神创”，与否定“日心说”的哥白尼主张的“地心说”简直异曲同工。不论是对于天主教还是对于新教，这都是断然不可接受的、不能容忍的异端邪说。

进化论给后世带来了各种影响。首先，有人将自然选择的学说与人类进步观念结合起来，提出优生学思想，旨在防止人类的劣性遗传和人种的退化。但当日后纳粹将优生学思想和民族主义结合起来之后，导致了对犹太人大屠杀的发生。达尔文主义后来被社会学者拿去，从不同角度加以解释，进行了许多极端化的应用。严复在英国留学时期，正值各种进化论鱼龙混杂，大行其道。他从与达尔文主义有着交集的赫胥黎、斯宾塞的著作中，试图探索民族被淘汰的前景及应对办法。

二、斯宾塞与“概括者”赫胥黎

◈“进化”的先觉者——斯宾塞

严复以《天演论》的译名翻译了英国著名生物学家赫胥黎的著作《进化论与伦理学》。这部译著给清末的知识阶层带来了前所未有的深刻的危机感。后来这部译著受到批评，因为严复并没有完全忠实地翻译原著。有些内容甚至和原著相去甚远，严复将自己的思考糅在其中进行了灵活处理。因为严复翻译此书的动机，是想用自然选择原理解释列强的侵略，并以此作为应对侵略展开的生存斗争——救亡图存，还有实现严复的

赫伯特·斯宾塞

（《世界名著46》中央公论社）

既定目标——国家富强的必要策略。原本严复看好的最理想的领路人角色，是赫胥黎的好友，比赫胥黎年长5岁的社会学家、哲学家赫伯特·斯宾塞。严复对斯宾塞佩服得五体投地，甚至于超过对赫胥黎的崇拜。如此令严复折服的斯宾塞究竟是个什么人物呢？其实这两位进化论者的名字在达尔文的《物种起源》中便已经出现，达尔文对他们也是充满敬意。

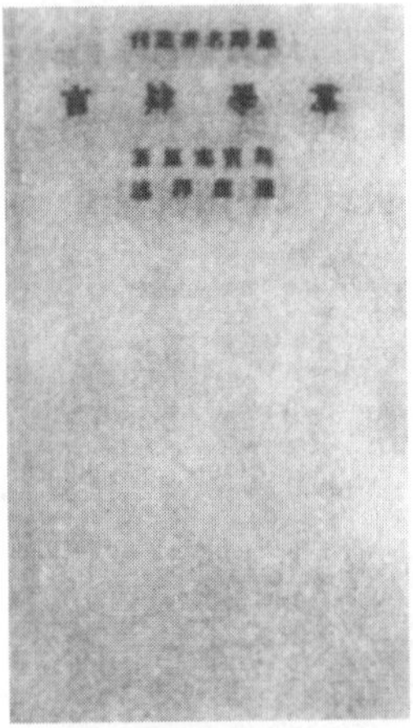

《群学肄言》
（《严复与严复故居》
香港人民出版社）

赫伯特·斯宾塞（Herbert Spencer，1820—1903），出生于英格兰中部的德比，几乎没上过什么学，完全是在身为教育家的父亲和叔叔的个别指导下接受英才教育的。这一点斯宾塞和同时代的约翰·斯图亚特·穆勒（John Stuart Mill，1806—1873）很像。穆勒也是在其父詹姆士·穆勒的严格教育下成长起来的。17岁时，斯宾塞在伦敦—伯明翰铁路谋得一份土木工程师的工作。1848年，28岁的斯宾塞进入《经济学人》编辑部做编辑。1852年，32岁的斯宾塞发表《进化的假说》，两年后又发表《科学的起源》、《礼法和流行》。1855年，35岁的斯宾塞出版其著作《社会静力学》、《心理学原则》，两年后的1857年他又发表《进步论——其法则与原因》。他还计划完成《综合哲学》。直到晚年他仍不断发表著作，对当时的新兴国家日本产生了不小的影响。

清水几多郎的《康德与斯宾塞》(《世界名著 46 卷》,中央公论社)统计,在明治时代的上半叶,有 32 种斯宾塞的著作在日本得到译介,可见当时的风靡程度。

据说 1873 年即明治六年,斯宾塞与日本驻美国公使森有礼见面,森有礼公使就日本明治宪法的起草,以及宪法公布后的英语版本翻译向他征求了意见。当时斯宾塞 35 岁。1876 年,他又发表重要著作《社会学原理》。该书的第一部《社会学研究》严复译为《群学肄言》,于光绪二十九年(1903)由文明编译局出版。这一年斯宾塞去世,享年 83 岁。

◈ 作为社会科学的进化论

从斯宾塞的著作发表轨迹可以看出他思想形成的基本框架:将生物学的进化概念从天体演进,生命到有机体,泛化至人类社会的生存竞争乃至社会进化论。据说斯宾塞比达尔文的《进化论》更早地使用了"进化"一词。而斯宾塞所说的进化不止于宇宙天体和生物,人类社会的发展也被纳入进化过程。他因而主张,"适者生存"原理应该顺其自然,政府绝不应人为介入,应以"自由放任"为第一要义。斯宾塞的著作深受新兴国家美国的欢迎,在日本也大受欢迎,甚至被实际应用于政治实践。比如《社会静力学》被松岛刚译为《社会平权论》,于明治十四年(1881)出版发行。土佐立志社的领袖人物板垣退助将此书称作"民权教科书",作为自由民权运动的理论武器大量购入,在演讲会上散发给听众。当时,还在松山初中学习的正冈子规,听了板垣退助的演讲,醉心于《社会平权论》。当他考入东京大学哲学系时,他完全倾倒于斯宾塞,在他的散文《哲学的起步》中说,"此时除斯宾塞之外竟不知有哲学家。一笑”。

斯宾塞和赫胥黎都主张进化论，但斯宾塞主要侧重在社会科学，而赫胥黎侧重在自然科学，虽然原理相通，但对象、过程和目的却有着根本不同。

严复意在提出民族存亡的理论和找到打破现状的方法，因此自然在赫胥黎与斯宾塞之间更加倾向于后者。甚至可以说，严复对赫胥黎的生物学本来就没有兴趣。但是，可能因为斯宾塞的文章每一篇都十分冗长的缘故，翻译只能控制在“选段”程度。而赫胥黎的《进化论与伦理学》是演讲稿，将生存竞争、自然选择、野生的竞争社会的内在逻辑形成的历史经纬线索清晰地进行了阐述。主要的优点是短小精悍、简明扼要。将原著与严复的主要译作进行长度比较也是很有意思的参照：亚当·斯密的《原富》978 页、孟德斯鸠的《法意》808 页、穆勒的《穆勒名学》共分三卷，每卷 484 页、斯宾塞的《群学肄言》365 页，每一部都是几百页的鸿篇巨制。而严复所译的《天演论》只有区区 99 页（页数统计来源：《严复翻译名著论》，商务印书馆编）。

与其他鸿篇巨制相比较，简明扼要的《天演论》广为流传便是十分自然的了。那么，作为斯宾塞的“概括者”，令严复的翻译大获成功的赫胥黎又是怎样的人物呢？

◈ 赫胥黎的进化论

托马斯·亨利·赫胥黎（Thomas Henry Huxley，1825—1895）出生于 19 世纪下半叶英国最为显赫的维多利亚时代，是达尔文进化论最坚定的拥趸，毕生致力于普及进化论，被人们称为“达尔文的看门狗”。詹姆士·帕拉代斯等人的著作《进化论与伦理学——托马斯·赫胥黎的进化思想》在日本由小林传司等人翻译，在日译本的解说中提到，赫胥黎家族人才辈出，亨利的孙辈中就有著名生物学家朱利安·赫胥黎（Sir Julian Sorell Huxley，1887—1975）、1963年诺贝尔医学奖得主安德鲁·赫胥黎（Sir Andrew Fielding Huxley，1917—2012）、小说《美丽新世界》作者阿道司·赫胥黎（Aldous Leonard Huxley，1894—1963）。

T. H. 赫胥黎

（《进化论与伦理学》产业图书）

赫胥黎1825年生于伦敦郊区伊灵，是当地小学教师的第7个孩子。少年时代的梦想是长大以后成为一名机械工程师。遵照父亲的意愿最后选择了学医，进入查灵十字医院附属医校学习。学校不收学费，这对于子女众多的清贫的教师家庭来说是很有吸引力的。赫胥黎20岁从学校毕业，为了生活他入伍海军。1846年，他来到军舰“响尾蛇（Rattlesnake）”号上做驻舰外科医官，到1850年为止3年的时间里，参与了在澳大利亚的探险。这与达尔文参与“贝格尔”号探险活动的情况类似。在开拓海外殖民地时期，英国这样的探险活动十分常见。

在这次航行中，赫胥黎主要研究海洋无脊椎动物的形态以及生理特征，他将研究成果写成论文投给林内学会和英国皇家学会。这些成果得到高度评价，他回国后不久就成为皇家学会会员,1854 年任伦敦矿业学院教授,这是他的终生供职处。1883 年一度出任皇家学会会长,但由于健康原因,1885 年辞去所有公职,开始了晴耕雨读的田园生活。1895 年,一场流感使他的身体状况急转直下,这年 6 月 29 日与世长辞,享年 70 岁。达尔文比赫胥黎年长 16 岁。和赫胥黎同时代的学者除了斯宾塞之外,在法国和奥地利还涌现出不少著名的生物学家。这是一个现代科学空前昌明的时代,生命科学的先达们云集于这一时期。

三、《天演论》

◈ 赫胥黎的原著《进化论与伦理学》

严复翻译成中文的《天演论》的原著是赫胥黎的《进化论与伦理学》。这本书是以 1892 年夏赫胥黎抱病撰写的“罗马尼斯讲座”演讲稿《进化论与伦理学》为基础完成的。这时离他去世还有 3 年。1893 年 5 月 18 日,牛津大学的乔治·罗马尼斯(George John Romanes,1848—1894)教授举办的“罗马尼斯讲座”上,赫胥黎以此为题进行了演讲。第二年,1894 年 6 月,赫胥黎又补充了导论,最后完成了这部著作。

绪论写于赫胥黎晚年居住的小屋。这座小屋位于英格兰南部伊斯特本,这里面临英吉利海峡,小屋就坐落在海风劲吹的小山包上。从书房的窗子望去,他通过观察自然的推移,思考自然默默演化的意义,认识到世间万物无法躲避的自然规律。海岸边上的这座小山海拔大约 160 米,山体是由脆弱的石灰岩沉积物构成的，化石状的贝壳随处可见。这表明在远古时期这座小山的山顶还是海底的一部分。

“在白垩层沉积之前，已经度过了更加漫长的岁月，通过这个过程很容易追溯出同样的不断变化的过程和生物相互竞存的生死斗争的痕迹。”

“在生物界，这种宇宙过程的最大特点之一就是生存斗争，每一种物种和其他所有物种的相互竞争，其结果就是选择，这就是说，那些生存下来的生命类型，总的说来，都是最适应于在某一个时期所存在的环境条件的。”(《进化论与伦理学·导论》)

《赫胥黎天演论》
(《严复集》中华书局)

在“罗马尼斯讲座”的开头部分，赫胥黎提到了著名的儿童故事“杰克和豆秆”，强调了一颗豆子的力量。这种力量体现在由根、茎、叶、花和果实组成的复杂结构，在每个复杂的结构中都有一种潜在的能量，以不停的工作着来维持其整体生命。而一旦成长过程完成，豆秆便开始凋萎，只剩下一些简单的种子。但这些种子和豆子同样有着产生相似的循环表现的潜在能力。

“对这一过程的性质深刻理解的价值在于：它适用于豆子，也适用于一般有生命的东西。在动物界，也和在植物界一样，从非常低级的类型到最高级的类型，生命过程表现出同样的循环进化。不仅如此,我们只要看一看世界的其他方面,循环进化从各个方面都表现出来。诸如表现在水之流入大海复归于水源;天体中的月盈月亏,位置的来回转移;人生年岁的无情增加;王朝和国家的相继崛起、兴盛和没落——这是文明史上最突出的主题。”(《进化论与伦理学·罗马尼斯讲座》)

严复对赫胥黎“豆子的道理适用于所有生物”的主张十分认同,并进一步解释为“生物界的道理同样适用于人类社会”。这里,他对斯宾塞的社会进化论大加肯定,并借用为立论的依据。从他的角度,想强调的是赫胥黎那句“王朝和国家的相继崛起、兴盛和没落——这是文明史上最突出的主题”。只不过当时清王朝还存在,他还不好挑明了去说罢了。

《进化论与伦理学》1894 年由伦敦麦克米兰公司出版,严复翻译的《天演论》依据的就是这个版本。

◈《天演论》的首刊与出版

严复翻译的《天演论》,于光绪二十三年十一月二十五日(1897.12.18)以严复执笔的《〈天演论〉自序》、《〈天演论〉悬疏》(未完)之名首刊于《国闻汇编》第二册上。此后,《天演论》又在《国闻汇编》第四册、第五册、第六册上连续刊载。

严复将书稿交与朋友抄录。其中一人叫卢靖,此人对《天演论》初版印行贡献颇大。卢靖是湖北沔阳人,专研数学,著述甚丰,辑有《慎始基斋丛书》11 种。

卢靖在天津和严复成为知交。他借来严复的书稿邮寄给他在湖北的弟弟。他们都觉得这部书应该早日付梓,在湖北以《慎始基斋丛书》名义刊刻,并告知天津的严复。严复于光绪二十四年四月将《天演论》正式出版前夕，在“慎始基斋”校样本上做了第二次修改。这是对连载稿做了部分修订后完成的第一部木版本。重点对各篇的篇名做了认真改动，还在篇名下新添了小标题。这是听取了吴汝纶和夏曾佑等人的意见后所做的修改。因为是木版手工印刷，这一版印数极少。

《天演论》在“慎始基斋版”之后不久，当年又由天津嗜奇精舍正式出版。因为此时梁启超已经成为朝廷缉拿对象，这一版中删去了译例言中原本赫然在列的梁启超的名字。

接着，光绪二十七年(1901)富文书局出版《赫胥黎天演论》。两年后，光绪二十九年五月(1903.7)，上海文明书局出版《吴京卿节本天演论》。这是将吴汝纶日记中记述的《天演论》加以抄录编辑出版的节本版。吴汝纶从《天演论》译稿中摘录主要内容记在自己的日记中，还加上了自起的小标题。同年，《经济丛编》第三册至第六册也连载了《吴京卿节本天演论》。这部节本版的《天演论》内容精练易懂，成为当时中学生的课外读物，备受欢迎。

◈ 严复译本的扭曲之处

《天演论》的翻译出版，使严复成为在中国介绍进化论的先行者。严复将“Evolution”译作“天演论”，其实日本在此之前就已经将之译作“进化论”。

但是，严复翻译此著的真正目的，既非探明生物学意义的进化原理，也非简单地介绍最新学术理论成果。他将当时中国所面临的国际困境和社会实际状况，与进化论所提出的自然选择概念相结合，附加了可以与赫胥黎原文在字数上不相上下的"复案",主张中国人要保种自强,与天争胜,变法图存。可是,由于严复借赫胥黎著作翻译之题,发挥的却是社会学家斯宾塞的观点,这就使得严复的按语和赫胥黎原著之间产生了明显的扭曲之处。19 世纪后半叶,以斯宾塞学说为主广为传播的进化论伦理所强调的是"进步"与"目的"。

而自然界的万古轮回却并不包含"目的"及"进步"的概念。这是严复对赫胥黎有所保留甚至提出批评的原因。如果说社会学派斯宾塞的主张是"进步论"的话,那么,达尔文和赫胥黎等自然学派的主张就是"变化论"了。

赫胥黎在自己的书房里观察并思索着无始无终的时空推移。在严复译本中,《天演论》的开头是这么翻译的。

"赫胥黎独处一室之中,在英伦之南,背山而面野,槛外诸境,历历如在几下,乃悬想二千年前,当罗马大将恺撒未到时,此间有何景物,计惟有天造草昧,人工未施,其借征人境者,不过几处荒坟,散见坡陀起伏间,而灌木丛林,蒙茸山麓,未经删治如今日者,则无疑也。"(《严复集》第五卷《天演论》,中华书局)

这个书房的主人所看到的植物群落的自然状态,其属性绝非永久不变,而是在悠久的时间长河中逐步演变为适合生存的状态,不断持续地重复着由单纯向复杂的变化过程。他从窗子眺望所见到的有限范围内的风景也不过是这变化过程的一个瞬间。对这个"无常"的世界,赫胥黎从古希腊斯多葛学派的观点,以及古印度"轮回"、"业"、"修行"等概念出发,进行了多角度的解释。这个宇宙中没有任何事物是不发生变化的。不论是人还是社会,不论是精神还是物质,一成不变的事物是不存在的。永恒的实体或人格不过是形而上学的一厢情愿。赫胥黎说,在印度佛教的观念中,迷茫的人生就像无尽旋转的车轮一样在生死之间"轮回",从这样的"轮回"中获得解脱的道路,就是将一切视为"空",并由此达到"涅槃"的境地。但是,这种佛教的解脱思想,最终只能停留在肯定个人难以触动的现实,或探索如何肯定现实的手段层面。这种保守退缩的东方思想,在敬畏自然的同时具有无所作为的宿命论倾向。

◈"胜天为治"思想

严复将人们如何努力也无法撼动的绝对世界称为"天"。在中国,与"天"相对应的词是"地"。"地"是人按照自己的意志与行为可能实现的结果。而在近代的西方,自然成为人所"征服"的对象。赫胥黎举例说,在自然的荒野中辟出的园子,园中茂密的树木和盛开的花朵,无一不是园艺师意志的结果。

在人工辟出的园子里,自然成了人的仆人。严复称之为"胜天为治"。西方的"富强之路",是通过合理主义的思想与科学技术的力量实现的。或者说,这是因为人们通过理性思考和合乎逻辑的分析,弄清楚了迄今为止只有上帝才掌握的自然的结构与运营机制。而在古代或中世纪,尽管人们生活在悲惨的现实环境之下,但还得认为这是上帝或自然给人类规定的命运,或者向其屈从,或者遁入宗教世界,逃离现实。赫胥黎将之称为"宇宙过程"或"自然状态"。他认为,进入近代社会以后,人靠自身的力量获得的成果,已经可以驾驭"宇宙过程",于是人类社会应该向可以实现更加美好生活的"伦理社会"迈进。这也是赫胥黎本人的愿望。因为他生活在工业革命制造的两极分化社会,即狄更斯的小说《雾都孤儿》中所描写的伦敦贫民所处的时代。不过,后来研究严复思想的学者指出,严复的观点已经暴露出中国传统意识中“重人治、轻法治”的思想苗头。

在主张社会变化的基本方向上,不同于赫胥黎式对个人与社会伦理进化的追求,严复设想的是如何以自上而下的路径,对生活在清末悲惨世界的中国民众进行有效的训练、治理,使之体质可以胜任实现“富强”的国家目标。为了实现这一路径,就需要集权力于一身的圣人,即明君对民众实施教化。翻译者的本来的使命应该是忠实原文。但在这里,这一使命向严复“唯其如此才能实现富强”的既定目标做了让步。

◈ 作为意译本的《天演论》

鲁迅研究家北冈正子在其著述《鲁迅 救亡之梦的结局》(关西大学出版部)中,以“补论 严复《天演论》”一章,将赫胥黎的英文原始文本和严复的译本进行了比较,得出的结论是,虽然《天演论》译自《进化论与伦理学》,但掺入了严复本人对赫胥黎的批判以及严复自己的注释,这使得这个译本很难说成是原著的翻译,而是改编自原著的另一个作品了。

哈佛大学历史系、政治学系教授,严复研究家史华慈也在其著述《寻求富强:严复和西方》第四章中总结道:

“正是斯宾塞而不是赫胥黎为社会达尔文主义提供了来自宇宙的支持。严复发现,是斯宾塞尔不是赫胥黎,满足了他亟感饥渴的理智上的需要。……综上所述,《进化论与伦理学》一书为严复介绍他所理解的斯宾塞的进化论提供了一个出发点,而赫胥黎几乎成了斯宾塞的一个陪衬角色。”

《天演论》由吴汝纶作序。吴汝纶是同治四年(1865)成为进士的桐城派硕学,后被推举为京师大学堂总教习。在吴序之后是译著者严复的序文和翻译体例的说明。全书分为上下两卷,每卷都有附标题的导言1至18的译文,以及以“复案”形式附后的严复的解说。上卷相当于原著《进化论与伦理学》前半部分的导论篇,下卷则是该书的后半部分“罗马尼斯演讲”,原著由论1到论17构成,严复译本和上卷一样加上了“复案”,但没有收录最后的论17。

上卷全部18处导言中,有6处以“斯宾塞曰”的语气批评赫胥黎的观点,或者以赫、斯对比评论其优劣。当然结论一定是斯宾塞正确。下卷17论当中“斯宾塞”以批评赫胥黎的立场三次现身。对于赫胥黎而言,这位译者一定令他深感不快。不过该书出版的结果却使赫胥黎名扬中国。有趣的是,译者的初衷与事情的结果都出人意料。

四、《原富》(亚当·斯密《国富论》)

◈“集聚财富”的指南

严复学习西方的首要目的,便是获得打开富强大门的钥匙。因此,他决定将通往富强之路的导师、苏格兰经济学家亚当·斯密的代表作《国富论》翻译出版的动机就十分清楚。富强意味着财富与国力。英国创造财富的秘诀、集聚财富的指南尽在此书中。曾经留英的严复早就认识到,了解这一切的基础学问便是经济学。

欧陆思想家不同程度地具有观念论的倾向,而英国思想家认为认识的源泉来自对事实的观察和通过实验积累的经验。弗朗西斯·培根等思想家运用归纳法获得知识，摒弃一切先入观念和偶像，只向实事求证。这样，在经济学领域英国一流学者辈出，大英帝国远远超过其他国家的财富印证了他们所提出的经济政策十分有效。严复弄到了不少这方面的著作，不难想象亚当·斯密的《国富论》一下子就把他吸引住了。书中虽然没有明示获得财富的具体方法，但却告诉人们哪些东西妨碍我们获得财富。不用说，这就是"对政府要加以限制"的思想。

亚当·斯密痛斥了当时被认为全世界最出色的英国经济政策，即当时经济政策之主流——重商主义。重商主义是16世纪到18世纪前半期代表早期资本主义的经济理论，在贸易过程中通过出口顺差集聚金银，增加国家财富。为此，贸易被认为需要纳入国家即政府的管理之下。具体规定包括，殖民地居民被要求强制购买本国的高价商品，商品运输只能使用本国商船，此外还附带本国政府条例、关税、奖金等各种限制性规定。但是，英国在美国的殖民地政策完全失败了。具体体现在围绕殖民地和法国之间发生的对抗上。历史上，开拓殖民地的目的主要在于税收以及战争时期的征兵。但在北美殖民地发生的情况正好相反，不仅没

亚当·斯密

（《诸国民的财富》岩波书店）

有从殖民地得到税收，反而在与法国争夺殖民地的战争中从英国国民身上征收了巨额税金用作庞大的军事费用，而且大量英国本土士兵被派往北美作战，死伤无数。——尽管这场战争最后以英国的胜利告终。

亚当·斯密在《国富论》中提到："1688 年、1702 年、1742 年及 1756 年 4 次成本高昂的对法战争……期间，这个国家的国民除了因这些战争而必须负担的每年临时费用之外，还要背上 14500 万英镑的债务，因此这些费用总额怎样计算都不会少于 2 亿英镑……"他还说："如果不是这些战争将如此巨额的资本用在这一特定的用途上……到现代为止这个国家积累的实质财富和收入会达到怎样一个水平，恐怕我们很难想象。"

亚当·斯密告诉人们，英国并非像严复所羡慕的那样一帆风顺地积累起巨额国家财富。尽管如此，英国依然是当时世界的头号富国。严复在《天演论》中将原因归结为有无圣贤，而真正的原因无疑是英国形成了将人的欲望转化为能力的社会。

◈"看不见的手"带来财富

《国富论》第一编第二章中，亚当·斯密具体地说明，需求和供给达成一致时经济活动就成立了："我们每天所需的食料和饮料，不是出自屠户、酿酒家或烙面师的恩惠，而是出于他们自利的打算。我们不说唤起他们利他心的话，而说唤起他们利己心的话。我们不说自己有需要，而说对他们有利。"

提到亚当·斯密，一般会认为他所说的"看不见的手"才是带来财富的源泉。在《国富论》第四编第二章中，亚当·斯

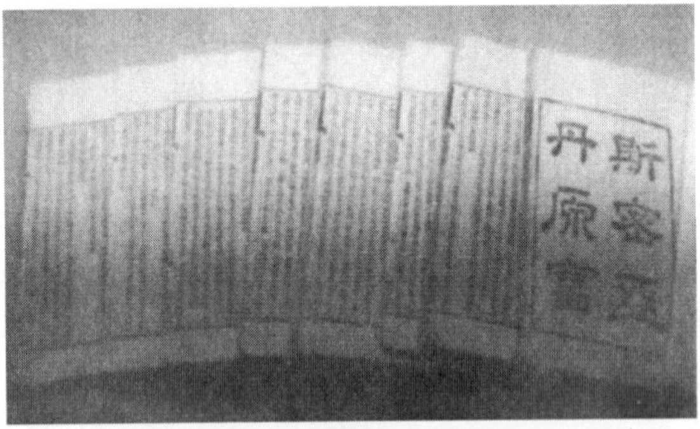

《斯密亚丹原富》(《国富论》)

(《国富论》福建省博物馆所藏)

密在正文之外标注着简短但却后来天下皆知的一句话,“他将努力生产最大化的价值”。乍看上去也许会误以为他在说“看不见的上帝之手”,但这个标注其实另有深意。亚当·斯密所设定的“他”,特指的是那些从不考虑国家和社会的普通商人和工厂主。正是这些力量成为英国走向富强的动力。

“他不过只是在乎自己的安全,盘算如何使自己的产品能够获得最大的价值,并由此判断自己向什么方向努力。尽管他的初衷只是盘算自己能得到的好处,但在此过程中他和其他许多人一样被看不见的手所左右,促进着自己全无意识的目标(国家和社会的富裕)一步步接近实现。”

原本只是为了追求个人利益,结果却给社会和国家带来利益。这是因为形成了这样的共识:个人积极的、开明的私利欲望和整个社会的利益可以保持和谐互动。这与同时代的功利主义代表人物杰里米·边沁(Jeremy Bentham,1748—1832)倡导的“最大多数人的最大的幸福原则”殊途同归。每个个体的人构成社会的有机组成部分,不管是否意识到,每个个体的人实现了富裕，则整个社会和国家也因之富裕。这里重要的一点是有一个历史背景，即在重商主义制约的状态下，不会产生“看不见的手”。英国打破了重商主义的制约，将国民的自然生命力从束缚下解放出来，使经济潜能得到喷涌释放。英国维多利亚王朝的64年，依靠其自由经济体系的成功运作，成为战事不起、和平繁荣的时代。英国持续增加财富的理由可以举出无数，但其政策的核心原理——自由无限制通商政策，是英国走向富强的最根本原因。

◈ 为实现富强的“新重商主义”

清政府的政策正与英国形成鲜明对照。甲午战争以后，大清帝国风雨飘摇。由于天下的人才被科举考试所束缚，导致举国决定性地匮乏科学知识。由于压迫政策，人民的创造力和活力受到扼杀，社会僵化积弱。不顾穷人的增税政策掠夺社会财富，使社会贫困进一步恶化。这样的情形不唯清朝，历朝历代皆如此然。

看看21世纪的今天，现代中国的发展就可以理解，中国人原本有着十分出色的产业经营能力。当年严复就坚信中国人有巨大潜能。他认为，如果中国人能够和英国国民享受同样的政策，其潜能就一定能够得到解放，释放出巨大能量。中国将无疑会摆脱积贫积弱，走向富强的康庄大道。

一个国家富强的源泉，正在于国民知识视野的扩展程度，以及亚当·斯密所主张的、运用“看不见的手”增进个人向上能量的自由经济政策。问题是，清末的中国如何引进这样的办法。在君主立宪政体之下，国会主导立法、内阁主导行政的英国已经培育了成熟的公民社会，国家政策非常容易渗透至社会,得到落实。但当时积贫积弱的中国社会和公民社会水平与已经达到相当高度的英国存在巨大差距,靠自身的力量激发社会活力几近梦想。严复认为可以模仿的经济模式应该是政体与中国接近的沙俄、日本及德国。严复特别看好的是德国模式。

当时德国的鲁道夫·狄赛尔(Rudolf Diesel,1858—1913)于1893年发明柴油机,威廉·康拉德·伦琴(Wilhelm Conrad Röntgen,1845—1923)于1895年发明X射线,作曲家约翰奈斯·勃拉姆斯(Johannes Brahms,1833—1897)和哲学家弗里德里希·威廉·尼采(Friedrich Wilhelm Nietzsche,1844—1900)都在国际上产生巨大影响。1900年,斐迪南·冯·齐柏林(Ferdinand Graf von Zeppelin,1838—1917)建造了世界上第一艘飞艇。德国在文化和技术层面取得了举世公认的领先成绩。当时日本也对德国的学问、音乐、工业技术佩服得五体投地,信赖有加,派了许多留学生赴德国深造。严复对德国评价如此之高也就理所当然了。

严复的最大目标是救亡,他要完成的使命是为祖国寻找到摆脱贫弱的药方。为此,他需要借助主张自由经济的亚当·斯密的“每个人的力量决定‘看不见的手’”的理论,推导出这一与个人精神背道而驰的、确保国家经济增长政策的重商主义之路,并将之引进中国。

那么,严复是如何解释亚当·斯密的理论,将它与重商主义打通的呢?

严复援引了前面提到的功利主义者边沁的终极原理目标“最大的幸福原则”。就是说,为了获得个人私利,要有共同体的整体利益做后盾。这是一个主张在个人的开明私利与社会或国家利益之间存在着“看不见的手”扮演调和角色的理论。

这样一来，由亚当·斯密的理论所展开的，英国维多利亚王朝实现国家富强的自由经济体系，被严复天衣无缝地改写为实现国家富强的路线图——新形态的重商主义体系。

《原富》在光绪二十七年至二十八年(1901—1902)由南洋公学译书院刊行。全书共有978页，书名为《斯密亚当原富》，内容构成包括吴汝纶作序、译凡例，还附有中西对照年表。严复的其他译作后来多次再版，但《原富》只印过初版，后无再版。这部经济学经典著作，后来又有了名为《国富论》的多种译本。但严复所译的桐城学派风格的典雅文言版，因为跟不上时代潮流，很快被后来的现代风格译本淘汰、取代了。

五、自由的界限《群己权界论》(J. S. 穆勒《论自由》)

◈ 英国历史上大放异彩的经济学家、逻辑学家

严复的代表译作是从西方思想家著作中各选一篇完成的，但有一个人的著作他翻译了两部。这个人就是约翰·穆勒(John Stuart Mill，1806—1873)。严复翻译了他的《群己权界论》即《论自由》，以及后来我们还要提到的《穆勒名学》即《逻辑学体系》。

约翰·斯图亚特·穆勒是出生于苏格兰的哲学家、经济

约翰·斯图亚特·穆勒
（《穆勒自传》岩波文库）

学家、历史学家詹姆斯·穆勒的长子，老穆勒持边沁派功利主义的主张。小穆勒没有去学校上学，而是在父亲的英才教育下长大成人。

老穆勒的著作有全三卷的《英属印度史》、《政治经济学要义》，以及《人类精神现象的分析》等多部，但人们普遍认为，他的最大贡献还是把长子约翰·斯图亚特·穆勒培养成了英国历史上超一流的经济学家和逻辑学家。

《穆勒自传》中提到，约翰在8岁之前，已经用希腊语通读了《伊索寓言》以及苏格拉底的弟子色诺芬、古希腊修辞学家希罗多德的全部著作，古希腊犬儒派哲学家第欧根尼、古希腊修辞学家伊索克拉底的部分著作以及柏拉图《对话》6篇。穆勒在哲学方面的贡献突出表现在逻辑学方面。严复所信奉的归纳法便是他创立的。在经济学领域的贡献则是完成了以亚当·斯密为旗手的古典经济学。1844年，他出版了题为《经济学若干悬而未决的问题》的论文，进一步发展了亚当·斯密之后的英国古典学派代表大卫·李嘉图（David Ricardo，1772—1823）的经济学理论。1848年，他完成了《经济学原理》一书。

◈ 严复对"自由"的定义

严复之所以翻译两部穆勒的著作,并非因为穆勒在学术上涉猎广泛,而是严复在读到穆勒的时候正值"戊戌变法"失败,社会舆论全面保守化,言论自由面临不保的现状使他产生了强烈的念头——翻译出版《论自由》。

戊戌变法失败后的第二年,光绪二十五年(1899),严复在给吴汝纶呈送《计学》(后易名为《原富》)一至四卷译稿请求指正时,在书信中提到,"近正译穆勒之《自繇论》"。他似乎刻意回避使用日本已经广为使用的"自由"。后来他又将其更名为《群己权界论》。这个书名突出了自由是以社会和个人之间的制约为前提的意思。严复是不主张无条件的自由的。"富强源于秩序,而不会产生于完全放任的自由",严复的这一信念终生未变。他所翻译的穆勒的《论自由》谈的是"伦理学意义上的个人自由"的界定,而对于严复来说,他必须给出一个明确的定义:自由是什么。《论自由》原著由五章构成,计有引论、论思想自由和讨论自由、论个性为人类福祉的因素之一、论社会驾驭个人的权威的限度、本文教义的应用。我们已经清楚,《群己权界论》的提法来自第四

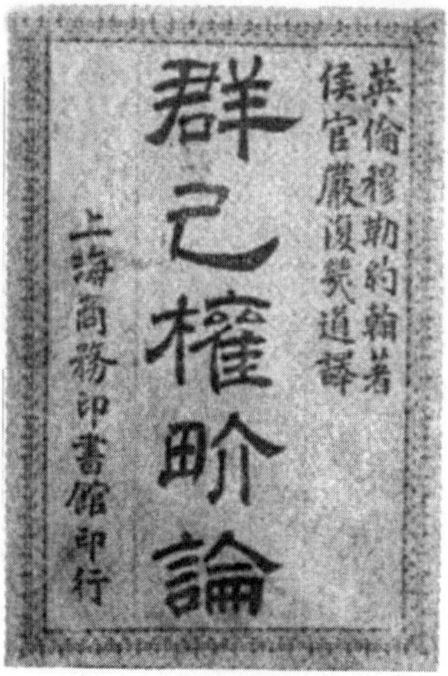

《群己权界论》

(《严复与严复故居》香港人民出版社)

章。这里能够看到严复翻译的一个特点:他经常采用偏离原著本来的主题,将其修正到译者所关注的方向上来的策略。严复强调,压制并非只是来自政府方面的强制性体制,更有人们处在同一水平的社会当中来自全体的压迫。穆勒指出的个人言论被社会众口群力所压制的问题,启发严复认识到中国传统社会“随风就俗”旧习的顽固。在一个地区,某人的言行如果与社会传统格格不入,就会像中世纪基督教世界那样受到极大歧视和排斥,甚至生活不下去。

◈“自由”的应用方法与底线提醒

强迫个人在思想和行动上服从多数人的意志,是穆勒思考的民主制度中潜藏的险恶威胁,这一点严复也与之共鸣。这里我们看得到对18世纪卢梭式积极自由观的憧憬,严复翻译的“权界”规定了自由只能允许在同样的思想下存在的界限,这让我们隐约听见日后极权主义崛起的先声。政治学家丸山真男在《现代政治的思想与行动》中,对思想统一化做了如下剖析:“通过排除异质的过程——例如在排除左右独裁的名义下,实质上剔除多样性,一统于正统化思想之下。”(《丸山真男集》第六卷,岩波书店)

按照《广辞苑》第6版所述,“自由”一词最早见诸《后汉书》,从中国圣贤们提炼的传统文化中很难找到今天自由的观念,即便有这样的词,意思也大相径庭。这一点,从中国学了很多东西的日本也不例外,人们开始讨论自由是明治维新以后的事情。中国也是在清末与西方思想交流以后才迅速意识到这个概念。因此,这是还未经消化吸收的异邦文化与政治思想。在中国,人们普遍认为个人自由之外更有集体自由，这就产生了排斥个人自由，强行统一思想的倾向。严复在《群己权界论》中，试图告诉人们自由的定义以及其应用方法与底线提醒。

《群己权界论》（《论自由》）的英文原名为 *On Liberty*（1859 年出版），这部长达 134 页的首译版于光绪二十九年（1903）由商务印书馆出版，这一年是日本的明治 36 年。此后，到 1920 年为止，该书又出了 7 版。

六、孟德斯鸠与“概括者”甄克思

◈ 文明论层面的《论法的精神》

夏尔·德·塞孔达·孟德斯鸠（Charles de Secondat, Baron de Montesquieu，1689—1755）在他的代表作《论法的精神》中提出“三权分立说”，这位法国的政治思想家、法学家对美利坚合众国的宪法制定以及法国大革命产生过重要影响。他除著有《论法的精神》之外，还有《波斯人信札》、《罗马盛衰原因论》存世。

夏尔·德·孟德斯鸠
（《世界大思想全集·五》河出书房）

严复早在留学英国时期

便关注孟德斯鸠，下决心找机会翻译《论法的精神》。当年他在伦敦的法庭上旁听英国式审判，亲眼看到基于法律的社会的实情而为之痴迷，并与公使郭嵩焘整日讨论如何走向法治国家。在关于英国宪法的《法意》一书的注释中，严复道出了自己的认识。

“如今之英、德、奥、意诸邦，则其国政界之天然使然，千诡万变，不可究诘。”（《严复集》第四册《法意》，中华书局）

《法意》

（《严复与严复故居》香港人民出版社）

严复在《法意》的注释中还记道，孟德斯鸠曾在伦敦居住 3 年，考察英国的司法与行政，然后断言“惟英之民，可谓自由矣”，因为他直接目睹了“基于法的自由”。孟德斯鸠预言了这一点，但他生前却没有看到他的预言变为现实。如其所言，英国不就通过工业革命，成为欧洲最为富强的民族国家了吗？严复在注释中确认了孟德斯鸠预言成真。

严复确信，英国人取得的非凡的经济发展成就，既是亚当·斯密指出的“个人潜能获得解放的结果”，也是孟德斯鸠作为“精神”加以体系化的、具有“西方法的非人格性与普遍性”两个概念的法律体系的产物。个人潜能的解放与法律体系的确立犹如车子的两轮，极大地提高了这个国家的富强实现程度。严复选择翻译孟德斯鸠的代表作《论法的精神》，估计正是基于这一认识。

然而在中国,全部法律“皆以贵治贱”,没有自由、平等、公心以及爱国意识等西欧的法律概念中的要素。一切都由儒家思想来解释,当法律被置于君主德行之上时,它就是建立在反复无常的不稳定的基础之上。

在严复的翻译作品中,《论法的精神》有着独特的位置。孟德斯鸠原著的初版时间比亚当·斯密的《国富论》最早版本的出版时间还早 28 年,出版于 1748 年,是以法语版 *De l'esprit des lois*出版的。商务印书馆编辑部编撰的《论严复与严译名著》中,贺林“严复的翻译”一文指出,严复的译本是从法国作家阿尔伯特·索莱尔用英语撰写的《孟德斯鸠传》中的 *The Spirit of Law* 翻译的。

为什么严复要将《论法的精神》处理为《法意》? 史华慈在《寻求富强:严复和西方》中这样分析:“也就是说,严复将西方的法律体系和法的世界观,看作触发西方普罗米修斯般大爆炸众多要素综合体的不可或缺的成分之一,并对此倾心不已。”

在严复来看,“西欧文明众多要素与能量的综合体”就是法律体系这一点,早在他留学英国时代就已经领教过了。从这个意义上说,《论法的精神》不单单是法律方面的著作,它更是关于政治、宗教,甚至是关于文明的讨论。

◈ 孟德斯鸠的偏颇认识

严复深信西方富强的根源在于亚当·斯密揭示的经济原理和孟德斯鸠揭示的法政原理。但他并非给二人同样高度的评价。至少,严复对孟德斯鸠是有所批判的。其中之一就是孟德斯鸠的专制主义地理环境决定论观点。史华慈也指出,孟德斯鸠喜欢将气候—地理决定论和某个民族的特性联系起来,以某种偏见立场做出结论。

“如果人的性格和内心感情真正因不同的气候而产生极大差异的话,那么法律就应当与这些感情和性格的差异有联系。”(《论法的精神》第三卷第十四章)

在第三卷第十四章第二节中他阐述道,寒冷的空气增加心脏的功能及纤维末端的弹力。反之,炎热的空气使纤维的末端松弛,减少它们的力量和弹性。通过体能分析,他得出下面十分偏颇的认识:

在寒冷气候条件下,便有更充沛的精力。这一地区的人有较大的勇气,有较强的基于优越感的自信。如果把一个人放在闷热的地方,人就容易心脏衰弱,感到精神萎靡,并胆小怕事。因此,寒冷地区的民族就像青年一样勇敢,炎热地带的人民就像老人一样胆怯。

史华慈在他的《寻求富强:严复和西方》第七章中论述了严复对孟德斯鸠这种认识偏颇的反应:“严复反对孟德斯鸠偏爱运用气候—地理决定论来解释事务。这一反对自然是与严复反对孟德斯鸠竭力将中国塞进专制政体范畴相关联的。”

此外,孟德斯鸠还主张,某些地形的特点导致容易产生专制国家。他认为,亚洲出现中国这样的专制主义大帝国是因为大片大片的平原这样的地形特点决定的。对此严复以德国统一的历史进程为例给予驳斥:在欧洲大陆中部,以普鲁士王国为中心的德意志帝国实现了国家统一,但在此之前更长的时代里,它是由许多小公国存在的。严复还举出美国的例子进行反驳:美利坚合众国的国土大部分是广阔的平原，但却成功地建设成为民主国家的楷模。孟德斯鸠关于各国气温的推断是根据传教士的报告做出的，他臆断酷寒地区和炎热地区直接毗连，并据此认定，部分国土处于寒带的中国、朝鲜以及包括北方诸岛的日本没有什么温带，国土的另外部分都在酷热的热带："亚洲是没有温带的，和严寒地区紧接着的就是炎热的地区，如土耳其、波斯、莫卧儿、中国、朝鲜和日本等皆是。"（《寻求富强：严复和西方》第七章）

孟德斯鸠所生活的时代是18世纪，当时地理发现还没有最后完成，特别是亚洲还有许多部分尚属未知，在这样的前提下，他根据地理环境臆断民族性格和治理形态的倾向，使他的论断整体上出现了矛盾。特别是气候—地理因素导致专制主义的逻辑遭到严复的强烈否定，严复在《法意》的按语中反驳道，比较种族强弱的根据，要考虑到气候、地理、人为（宗教、文化、政治、经济等）多重因素。总之，统治者置身于法治上则可称为专制，统治者自身在法律框架内活动的国家就是立宪制。也就是说，重要的不是法的有无，而是法在国家中的地位。

◈ 技术与民主制

人类至少在18世纪以前，生活和1000年前没什么两样。人们猜想，今后的时代生活依然会一成不变。特别是18世纪前半期的西方知识分子对中国的理解停留在十分僵化而且类型化的水平上。向清朝表示恭顺的辫发、史上独一无二的良家妇女缠足传统、极端的官贵民贱观念下的科举制度等，是中国千年未变，也将是万古不变的特色——这样一种感觉甚至支配着像孟德斯鸠、歌德等知识贤达的意识。作为18世纪的思想家,孟德斯鸠无法预见19世纪后半期兴起的通讯、交通技术、工业、军事技术的空前进步与发展。他认为共和制只能成立于古希腊的城邦国家,却未料到运输、通讯技术的进一步发达使国土过大、地形、气温与政治体制的关联性几乎不再有意义。史华慈在《寻求富强:严复和西方》第七章中,举出严复宣告产生孟德斯鸠僵化静止认识的时代已经结束的反驳意见,指出技术与民主制度之间的正相关关系:“盖自车舟用气,邮驿用电以来,其事若取五洲而缩之卅里之内,故古之所不可者,而今皆无难。”(《法意》第八卷)

19世纪的世界正在日新月异地发展,但在宗法—君主制的中国依然是稳定压倒一切,为此,清政府继续采取压制人民身体与头脑的潜能开发的政策。

严复对现状倍感激愤之处,与其说在于权力的压迫性,不如说在于权力怯弱的消极性上。清朝社会的权威主义经常表现为消极性或禁止做某事。在高度组织化之下,人的才能得到发展,潜能得以迸发——英国社会经过实践给国家带来富强的这些决定用性因素,在中国遭到不择手段、不遗余力的打压。荣誉与财富都集中在官员那里,担纲中国未来的经营人才都被排他性地集中到科考之下,那些愿意贡献实业社会的人才基本上既不被官府看好,在社会上也不受待见。

在《法意》第二十卷中,严复结合自己的经历现身说法:“今日出洋学生,人人所自占,多法律、政治、理财诸科,而医业、制造、动植物诸学,终寥寥焉!”如果少年时代的严复家庭实力可以供他考取功名的话，恐怕他将会不负族人期待，在科考最终阶段榜上有名，进而成为进士，跻身高级官僚队伍。果真如此，启蒙思想家严复将不复存在。

◈ 甄克思的进步概念

严复在许多地方对孟德斯鸠提出反驳，但也有许多超越分歧、发生共鸣的部分。这就是英国的富强之路。自由、平等、经济活力等要素作为一个组成部分发挥作用之时，也即自由、民主性和开明的个人利益三足鼎立之时，作为历史进化的必然，英国实现了上述目标。

严复赞同孟德斯鸠将国家分为君主制、专制、民主制3种类型，但对他那18世纪式的静止不变的中国观感到不满。和德国社会学家马克斯·韦伯(Max Weber,1864—1920)一样，法国现代社会学代表人物爱米尔·涂尔干(Émile Durkheim,1858—1917)也批评孟德斯鸠"缺乏进步概念"。而弥补这一缺陷的角色，就要由法学思想家甄克思来充当了。

爱德华·甄克思(Edward Jenks,1861—1939)在《岩波哲学 思想事典》中也全无记载，是一个已经差不多被忘却的人物。不过在严复开始翻译活动的时候，这位甄克思可是英国的法学权威，先后在牛津大学和伦敦大学等做教授，是著名的法学家和历史学家。严复看好甄克思并选中他的《政治史》翻译的原因，史华慈分析说，是因为严复认为"甄克思似乎起到了纠正孟德斯鸠分析中的静止的、'不前进'的本质这一错误的作用"。严复选甄克思作为孟德斯鸠的概括者，将他的《政治史》译为《社会通诠》，1904年由商务印书馆出版。《法意》808页，而这部《社会通诠》只有区区151页，厚度不到前者的五分之一。

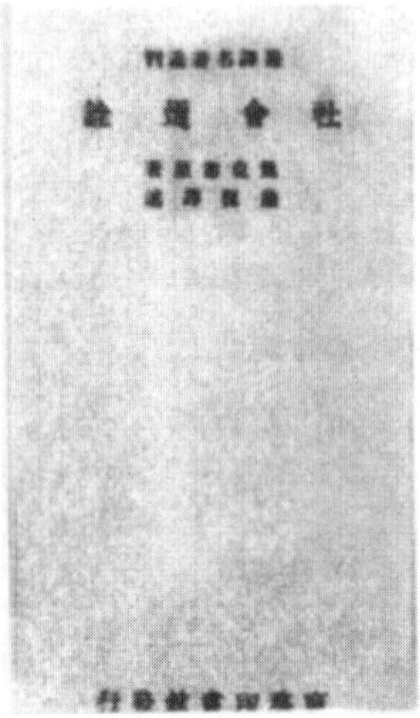

《社会通诠》
（《严复与严复故居》
香港人民出版社）

动态的结构、简洁的时代划分、明快的进步概念——甄克思的这些特点深合严复的口味。在孟德斯鸠那里并不明确的进步思想，在甄克思这里得到明确阐述。严复期待这样一来人类社会进化的可能性就得到了明确。

甄克思将人类社会划分为3个阶段，即由“图腾崇拜”社会到“宗法”社会，再到“军事的或政治的国家”社会。

第一阶段的“图腾崇拜”社会又称神话集团或神意社会。第二阶段的“宗法”社会如果改称为中世纪式封建社会就不难理解了。作为终极阶段的第三阶段，社会将脱离“宗法”社会成为国家性军事社会。“夫天下之群，众矣，夷考进化之阶级，莫不始于图腾，继以宗法，而成于国家。”（《社会通诠》译者序）

◈ 中国进步的可能性

对于严复而言，这番话正是他所需要的。按照这一预想，现在正处在第二阶段即宗法王朝统治下的清朝也不会就此止步，而要演变为现代国家。这正符合西洋社会标准的历史演化，是完全正常的社会进化。严复坚信，中国也“应该”

经过这样的进化路径，成为甄克思所预言的国家。然而，中国并没有按照这一预想发展，这让严复百思不解，不断自问。

他这样分析道：这些历史阶段，西方开始得晚，但结束得早，而中国开始得早，所以结束得就迟缓。在西方，认识事物的科学逻辑特别发达，经过工业革命的洗礼，近200年来取得了非凡的进步与发展。而中国在向这一阶段迈进的过程中，往往受僵化的观念与旧有的习俗所束缚，特别缺乏这种科学逻辑。尽管如此，严复在《社会通诠》的按语中还是预言，“黄种人的均质性”将成为现代中国崛起的基础。他认为，西方取得非凡的富强成就，原因在于以下两个要素相辅相成：一个是拥有大量殖民地的、领土幅员辽阔的国家和发挥人民创造力的民主制度，一个是支撑上述两项的均质的公民社会。同样，尽管中国有这样那样的欠缺，但人口众多的由黄种人构成的中华民族，具有善做生意、聪明敏捷的文化均质。好像预见到100年后将要发生的巨变，严复非常自豪地宣称：“使一日幡然悟旧法陈义之不足殉，而知成见积习之实为吾害，尽去腐秽，惟强之求，真五洲无此国也！”（《严复集》第四册《社会通诠》按语，中华书局）

七、穆勒与“入门导读员”杰文斯

◈ 穆勒理论的入门书《名学浅说》

廉·斯坦利·杰文斯（William Stanley Jevons，1835—1882）是英国经济学家，据《不列颠国际大百科词典》，他与奥地利经济学家、边际效用理论创始人卡尔·门格尔和法国经济学家、一般均衡理论的创始人瑞士的利昂·瓦尔拉斯一道提倡边际效用理论，著有《政治经济学理论》、《煤炭问题》等。

《名学浅说》

（《严复与严复故居》
香港人民出版社）

杰文斯经济学以外的著作有《逻辑学初级教程》，严复将其译为《名学浅说》，宣统元年（1909）由商务印书馆出版。

该书 170 页，比甄克思 151 页的《社会通诠》稍厚一点，到 1921 年为止 11 次再版，反响非比寻常。严复早于穆勒的《逻辑学体系》3 年率先翻译杰文斯的《逻辑学初级教程》，是为了让这本书成为穆勒著作的导读版，这与翻译斯宾塞、孟德斯鸠的时候将赫胥黎、甄克思作为概括者推出策略如出一辙。

穆勒的《逻辑学体系》严复译为《穆勒名学》，很早就着手准备了。据史华慈研究，严复翻译《穆勒名学》从动手到出版整整花了 10 年左右的时间。这是因为他当时还同时着手翻译着斯宾塞和孟德斯鸠的两部巨著。从光绪二十六年（1900）到光绪二十八年（1902），这两年间他在翻译《群学肄言》（斯宾塞《社会学研究》）和《法意》（孟德斯鸠《论法的精神》）的同时，他也在翻译着《穆勒名学》（穆勒《逻辑学体系》)。穆勒的巨著《逻辑学体系》是用大量复杂的术语构筑的缜密的理论体系,如何将这些术语处理成在当时的中国社会可以被理解的概念?翻译过程颇费周折。

当时在日本,由于找不到和西方语言相对应的术语,明治初年从事启蒙翻译的西周(1829—1897)发明了"哲学"一词来翻译希腊语"philosophia"、英语的"philosophy"。同为明治初年的人物,记者、剧作家福地源一郎(樱痴)将英语的"society"、德语的"gesellschaft"翻译为"社会"。严复也遇到同样问题:动手翻译文章之前,先要处理术语对译。史华慈指出,在宣统元年(1909)出版的严译《名学浅说》(杰文斯《逻辑学初级教程》)的译者序中,严复对这一工作尚未完成深表遗憾。

◈ 富强背后的逻辑学

《穆勒名学》(穆勒《逻辑学体系》)的翻译,是严复翻译工作中的难中之难。

1912 年,商务印书馆出版了其中三卷(每卷各 484 页)。这一年是民国元年,他被任命为北京大学校长就是这个时候。这部著作是他最后的、也是他一生中最重大的翻译活动。其目的就是在中国普及"正确的知识"。严复看到了清朝中国的种种缺陷,根源在于缺乏科学性。

史华慈这样说明严复立志翻译《穆勒名学》的理由。

"如何才能获得真正的知识?西方科学成就的背后蕴藏着逻辑学,'如贝根言,是学为一切法之法,一切学之学'。"(《寻求富强:严复和西方》)史华慈这样说明严复立志翻译《穆勒名学》的理由。

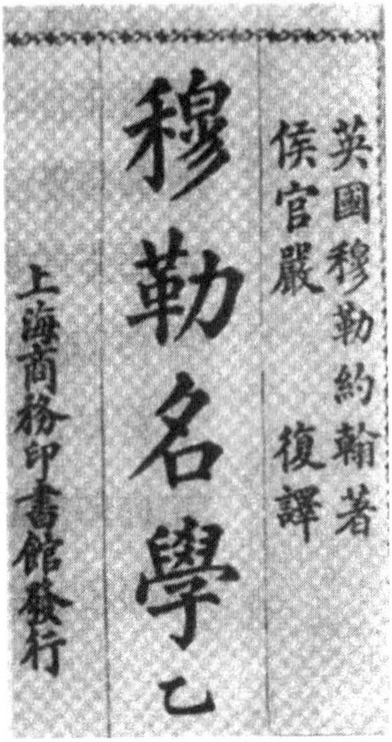

《穆勒名学》

（《严复与严复故居》
香港人民出版社）

西方各国，特别是英国、法国、德国，都是用精确量化的学术成果来振兴产业，特别是充实了军事技术，做到了对中国的威胁。科学理论作为高深的学问支撑着社会，科学的应用，使工业、矿业、农业、商业以及与之贯穿的金融，作为社会科学的技术，成就了西方各国的富强。

可是在中国，科学家仅被看作会点雕虫之技的人，社会地位很低。鼓励考取功名的文官本位制度是难以逾越的森然高墙。看问题、思考问题的方法，中国仍然有认同圣人及其影响的倾向，这对于普及科学逻辑构成很大的妨碍。

这一点上，由于日本没有中国这样根深蒂固的传统负担，比较容易地实现了思维转型。比如前面提到的西周在明治 6 年(1873)出版的《明六杂志》第一期刊首社论中，论述了明治维新不久日本发生的变化，日本马不停蹄地引进法律、生产技术、学问、艺术、衣食住等生活方式与习俗，以及废藩设县、发布征兵令、建立学制、采用太阳历等举措，令日本人目不暇接地快速完成着思维转型。民权论的宣扬者、译有卢梭《民权论》的中江兆民(1847—1902)也在其著作《续一年有半》中指出，“推理方法自有两种，一曰演绎，一曰归纳”。

◈ 通过归纳和演绎获得知识

光绪二十六年(1900),“名学会”在上海开讲。严复演讲的是关于穆勒的《逻辑学体系》。演讲内容后经整理出版为演讲录《政治讲义》。他在演讲中仿照赫胥黎的思路,强调知识并非与生俱来,而是通过学习与归纳得到的。

“盖天生人,予以灵性,本无与生俱来之知能。欲有所知,其最初必有内籀。……但内籀必资事实。”(《政治讲义》《严复集》第五册)

认识事物的逻辑手段,中江兆民主张要通过演绎或归纳求证合适的结论。演绎是以被认为公理的命题为前提,从中推导出各种其他命题(定理)的逻辑方法,常常适用于在神学领域证明神的存在,或用于抽象的形而上学的论证。通常,人们广为知晓的是甲等于乙(大前提)、乙等于丙(小前提),故而丙等于甲(结论)这种三段论演绎法。这种方法主要用于几何学和代数学的证明。可是,如果作为前提的命题有了问题,就会出现中世纪经院哲学坐以论道的致命缺陷。归纳是与演绎相反的逻辑学思维方法,主张从一个个具体事实出发推导出一般性命题。这种归纳推理法从修辞学等辩论术发达的公元前5世纪希腊时代发轫,经过苏格拉底提出的概念构成的方法,由亚里士多德完成。弗朗西斯·培根(Francis Bacon,1561—1626)开辟了现代归纳法,穆勒的逻辑学将其作为主流发扬光大。培根从归纳法逻辑进而推导出英国式的经验主义,而正是后者使英国领先于其他欧洲国家走上富强之路。

“正确认识自然，要撤去一切先入为主和谬见，将以经验为知识源泉的归纳法视作唯一的方法。只有通过这样的认识，才可能征服自然，即，知识就是力量。”（弗朗西斯·培根《新工具》）

政治、经济、社会、军事的法则构成了西方富强的基础，而这些法则正是从历史的“经验”得来的。将这些作为归纳的事实而获得基本法则的实例，已经由西方特别是英国的伟大的思想家们完成了。现在的中国人只要将这些法则演绎性运用，就可以省略辛苦归纳思考的阶段，经常性地得到较高的成功率。换言之，西欧经过数百年完成的通往富强之路的精髓，我们已经可以科学地加以消化利用。

严复在《穆勒名学》的按语中痛陈旧学弊端，倡导西学的逻辑思维：“穆勒言成学程途虽由实测而趋外籀，然不得以既成外籀，遂与内籀无涉；特例之所以苞广者，可执一以御其余。此言可谓见极。西学之所以翔实，天函日启，民智滋开，而一切皆归于有用者，正以此耳。旧学之所以多无补者，其外籀非不为也，为之又未尝不如法也，第其所本者大抵心成之说，持之似有故，言之似成理，媛姝者以古训严之，初何尝取其公例而一考其所推概者之诚妄乎？此学术之所以多诬，而国计民生之所以病也。中国九流之学，如堪舆、如医药、如星卜，若从其绪而观之，莫不顺序；若穷其最初之所据，若五行支干之所分配，若九星吉凶之各有主，则虽极思，有不能言其所以然者矣。无他，其例之立根于臆造，而非实测之所会通故也。”

第九章

颠沛余生

光绪二十六年——民国10年(1900—1921)　48—69岁

一、逃出天津

◈ 义和团运动

光绪六年(1880),严复被李鸿章任命为天津北洋水师学堂总教习,10 年后的光绪十六年终于升任总办。就这样,严复在天津一直生活了 20 年。光绪二十五年(1899),一个重大事件的发生使严复最终离开了生活 20 年的天津。这一年,震撼全国的义和团运动爆发,第二年,天津遭到破坏,严复逃往上海,脱离海军教职。

义和团运动在山东爆发并非偶然。

甲午战争时,黄海海战遭到重创的北洋水师躲进胶东半岛的北洋水师基地威海,结果整个舰队被堵在军港内遭到全歼。2 年后,光绪二十三年(1897),德国强占山东半岛南部胶州湾,第 2 年强租包括青岛在内的胶州湾,同年,英国强租威海卫,山东成为首当其冲遭受列强分割蹂躏的中国领土。因此,排外运动发端于此也就顺理成章了。

直隶省毗邻首都北京,其南部地区的大批贫苦农民、大运河两岸的失业苦力、贫困潦倒的贩夫走卒积极参加义和团,义和团很快发展为势力膨胀的武装集团,在直隶省中部兵分两路,一路向北京,一路向天津进发。

欧美各国使领馆因受到义和团的冲击,公使们向清廷提出交涉。山东巡抚毓贤遂派大军镇压,但在义和团的游击作战之下伤亡惨重而败退。美国公使要求清廷撤换毓贤,改派驻守天津训练新军的袁世凯为山东巡抚。清廷接受美国公使的要求,罢免毓贤,将袁世凯提升为山东巡抚。袁世凯率领自己训练的"新建陆军"7000 人移师省会济南,发布"禁义和团"告示,加派 20 个炮兵大队,加上骑兵总计 2 万余兵力,与青岛的德军联手会歼义和团。这一手很快见效,山东义和团兵力锐减。这样一来,义和团主力向直隶省移动,直接杀向北京和天津。袁世凯赶走了山东的义和团,却将祸水引向京畿重地直隶省,天津、北京很快告急。义和团为了阻止清军追击,还动用主力 10000 余人破坏了铁路,袭击了位于北京和天津之间的丰台火车站,放火烧掉了慈禧太后的"龙车"。光绪二十六年(1900)六月,义和团几乎没有遭到清军抵抗便开进北京、天津。

◈《国闻报》遭恐吓

在天津,义和团打出"扶清灭洋"的旗号,张榜列数列强罪状。严复创办的《国闻报》这时已经和他没有什么关系,经营者是一个日本人。义和团在天津闹起来后,《国闻报》发表社论《论拳匪》,反对义和团,抨击义和团是一群无知失控、装神弄鬼的乌合之众,"挑强邻,酿大祸,致国家割地赔金,蒙受耻辱"。

对此,义和团马上做出反应,五月初八日(6 月 4 日)发出题为《警告〈国闻报〉》的揭帖,威胁要诛灭《国闻报》,"毁屋不留情"。义和团方面无疑也盯上了严复,认定他与《论拳匪》一文脱不了干系。严复感到了生命危险,于是赶紧携刚刚迎娶的朱夫人逃往上海。严璩《侯官严先生年谱》中记道:"庚子(1900)府君四十八岁。继母朱夫人来归。五月,拳匪事起。府君仓皇由津避地赴沪，所有书籍，俱未携带。”

我们由此不难判断，严复离开居所时什么都没有带走，只有朱夫人陪伴他逃离天津。此后，他的住处——总办宿舍被占领天津的联军中的法军接管，他的书稿和藏书多有逸失。不久，估计是住在他家中的法国军官发现了他的《穆勒名学》译稿，并将这些尚未完成的译稿寄到了上海严复手中。这使得严复能够把这部译著最终完成。这件事，他在 1917 年 2 月 28 日写给弟子熊纯如的信中有所提及：“平生所作报端文字，向不存稿，又经庚子之乱，洋寓为法兵所占，书籍文稿散失不少，来书所指二译，即在此数。”

◈ 八国联军的进驻

严复仓皇逃离天津还有一个原因。那就是他曾经留洋，通晓洋人语言，与洋人有密切往来。这些与洋人洋务沾边的官员，在义和团眼中免不了属于“里通外国”之类。义和团将所有外国人一律视为侵略者，全部予以排斥，那么“里通外国”者自然是不由分辩的“内奸”，而严复则是“内奸”中首当其冲的代表。他如果不逃离天津，估计生命安全都很难得到保障。

正如严复所预感，天津的租界紫竹林一带正是联军和义和团发生激战的地区，义和团焚毁了海关大道，将日本三井洋行等众多洋楼付之一炬。

各国驻清朝公使做出判断：目前的情势下清朝已经无力收拾乱局。光绪二十六年(1900)五月二十日(6.16)，各国公使接连给本国政府发报，分析如此下去西欧各国为主签订的协定和建立的秩序将被破坏，列强将面临重大国家利益的损失，外交官的生命也将不保，要求政府直接出兵镇压。五月末至六月初二日，美、英、法、德、日、俄、意、奥八国的海军陆战队约440人，以“保护公使馆”为名，先后经天津向北京进军。初五日，后续部队约600人从天津塘沽登陆，进驻天津外国租界。十日、十一日两天，八国联军1800余人进攻大沽炮台，激烈战斗过后炮台被联军攻陷。

杀红了眼的联军士兵在天津大肆抢掠财物，集体屠杀平民，放火烧毁民宅。义和团方面也增派5000余人，分乘72艘船只经水路进入天津。七月十三日，与增援的5000名联军发生激战，美军联队队长和士兵100多人被义和团杀死。英、法、日军也付出了死伤700余人的代价。但是，义和团最终还是被联军击溃，十四日晨，天津被联军彻底攻陷。在持续一个多月的战祸中，天津沦为屠戮之场，烧、杀、抢、掠过后，往日的天津城化为一片废墟。

严复辗转来到上海，在租界中的闸北长康里租了间房子住下。辞去天津水师学堂总办和海军职务，对他来说是一个挫折。更严重的是，在遭遇这场浩劫之后，严复屈居于上海的寓所，明显地感到了生命的衰老。48岁时经历的这场环境的巨变，对他的精神是一个莫大的打击。不管怎样，北洋海军水师学堂20年稳定的教育官僚工作，一夜之间化为乌有，这让他感到极为失落。但是，他在水师学堂，也实在没有发现优秀的人才。回顾在学堂公职期间的感受，他用“皆庸才也”四字表达了对学员辛辣而失望的评价。优秀人才都冲科举考试而去，通过水师学堂飞黄腾达全无希望。严复对尽是科举考试屡试不中者的水师学堂也早已失望透顶。

二、“名学会”与“国会”

◈ 上海的“名学演讲会”

在上海，严复在已经着手翻译的穆勒的《逻辑学体系》的基础上准备讲稿，举办了逻辑学入门讲座“名学演讲会”。此举意在宣称西方的逻辑学对于经济活动颇有助益。听众以读书人为主，由于严复的显赫名声，演讲会十分成功。王蘧常在《严几道年谱》（商务印书馆）中称：“开名学会讲演名学，一时风靡。学者闻所未闻，吾国政论之根柢者，自此始也。”

严复在上海知识界普及的穆勒直传的逻辑归纳法，总体上好评如潮。吴汝纶也评价道：“乱后不知我公消息，近阅《中外日报》，和先生近开名学会，可见达人善己，兼怀济物之盛心，企佩无量。”在社会动荡的漩涡中，严复仍不忘分析天下大势，主张教育救国，致力于新学普及。

◈ 唐常才与“中国议会”

光绪二十六年（1900）严复来到上海，参加了清末志士唐常才组织的“保国保种”政治会议。这个政治集会名为“中国议会”，略称“国会”。中国首个耶鲁大学毕业生容闳被推举为会长，严复被推举为副会长，发起人唐常才自任总干事。他被严复宣传的进化论所打动而成为进化论的拥趸。

时年33岁的唐常才是湖南浏阳人，他幼年在浏阳学习，后入长沙岳麓书院修学。在四川学署任官后返回湖南，入两湖书院肄业。甲午战争，清朝乞和。唐常才怒斥李鸿章“奸臣卖国，古今所无”。他对清朝腐败透顶的现状慨叹不已，极力主张变法图强。这时，他接触到严复发表的《原强》，大受感动，在其所著《各国种类考》的“自序”中发表如下感慨：“余襄者得见侯官严复《原强篇》（见乙末《汉报》中），掩卷而痛曰：今之恤然可忧者，其种类乎？其种类乎？严之言曰：英国达尔文者，著书牖其群曰《物种宗衍》。……其犹精要之义二篇，曰‘争自存’、‘遗宜种’。”（徐立亭《严复》第八章注释，哈尔滨出版社）

他对达尔文的进化论发展演变产生了兴趣，开始接受新的科学知识。后来严复发表译著《天演论》，这本译著对唐常才产生了深刻的影响。唐常才将进化论原理积极地引进到维新变法的指导理论中。他在浏阳任职于《湘学报》，同时出任长沙时务学堂教习。他还兼任《湘报》主编，撰写了很多文章，诠释西洋资本主义，抨击封建君主制。

光绪二十四年（1898）四月，光绪帝决心变法，诏定国是。八月，唐常才应谭嗣同电召，从湖南启程，准备进京参与政事。就在他好不容易抵达湖北汉口的时候，他得知发生政变，维新派全军覆没，遂改变行程回到湖南，又前往上海主持《亚东时报》。翌年秋，他经由香港、东南亚来到日本，在横滨结识了孙中山。当时，孙中山正在准备惠州起义，唐常才与革命派情投意合，过从甚密。同时，他与康有为的变法保皇派也保持着关系。唐常才人事能力颇强，左右逢源，两派领袖都对他大力支持，信赖有加。这年冬天，他从日本回到上海，发起组织秘密结社《正气会》。当时义和团排外运动正在华北地区士气高涨，他看准时机，筹划了这个让资产阶级革命派和变法保皇派都有目标共识的组织。

光绪二十六年六月(1900.7),唐常才在上海疾呼“救国保种”,邀请名流召开前面提到的“中国议会”,略称“国会”。

该会宗旨为以下三条:一、保全中国自主之权;二、决定不让满洲政府有统治中国之权;三、请光绪皇帝复辟。

七月初一日(7.26),“国会”在上海餐馆“愚园”的“南新厅”开会,共有“上海同志”80余人到会。章炳麟也参加了这次会议,后来在其回忆录《国会》中专门提及此次会议。根据章炳麟的回忆,他当时的感觉是,唐常才虽然主张“勤王”,但其主张的实质内容与革命非常接近。

“国会”的宣言,由会长容闳以英文写成,再由严复译成中文当众宣读。容闳与严复为“自立会”起草英文文告,向世界宣传他们的政治主张。

◈ 唐常才起义计划失败

此后不久,唐常才与革命派会党联络,计划在长江流域汉口等地举行“自立军”武装起义。由于计划泄露,唐常才于光绪二十六年九月初九日(1900.10.31)被湖广总督张之洞捕获,处死。唐常才在供词中交代,容闳是“国会”会长,严复是副会长。严复的官职是直隶候补道,容闳是六国通事(朝廷翻译官),这二人在英国公使馆熟人很多,如果在租界引起议论则麻烦多多。张之洞转念一想,现在已经抓捕了首犯唐常才等行动派首要分子,至于挂名的社会名流容闳、严复等人,并无实害,特别是严复,对他的基本面还是了解的。于是,张之洞决定放这两个名流一马,不予追究。此后,严复隐身在上海的租界中继续从事翻译活动,完成了亚当·斯密的

《国富论》。起初他定名为《计学》,脱稿之后经过一番思考又定名为《原富》。约翰·斯图亚特·穆勒的《逻辑学体系》翻译一半的原稿在天津逸失,幸而被人发现邮至上海。他将其定名为《穆勒名学》继续翻译下去。

家庭内部,令严复又悲又喜的消息接踵而来。喜的是留学英国的长子严璩学成归国;悲的是次子严瓛英年早逝。和唐常才的起义计划一样,孙中山的“惠州举义”也以失败告终。

三、开平矿务局

◈ 贪污给开平矿务局带来的财政危机

光绪二十七年(1901)三月,严复应开平矿务局督办张翼之邀来到天津,就任矿务局华部总办。这个煤矿——开平矿区位于直隶东北的唐山,由于管理和技术尚不熟练,成本高,经营状态入不敷出。光绪二年(1876),李鸿章派上海轮船招商局总办唐廷枢前往开平矿区调研。唐廷枢将调研结果归纳为两篇报告呈报李鸿章,结论是该矿很有开采价值。

翌年,光绪三年八月二十一日(1877.9.27),唐廷枢拟定《开平矿务设局招商章程》,正式定名“开平矿务局”。

主要业务为:开采开平矿务局的煤炭和铁矿石,就地熔化生熟铁等。出资金概算约为100万两。光绪五年(1879)正月,开平煤矿开始凿井施工。光绪八年(1882)日产500吨,光绪十年(1884)以后日产900吨以上,光绪二十年

(1894)时日产已经稳定在2000吨的水平。光绪十八年(1892),唐廷枢去世,李鸿章将醇亲王的心腹、江苏候补道张翼任命为开平矿务局督办。张翼是一个因行贿、受贿而臭名昭著的贪官,估计为得到此差,在李鸿章那里没少下功夫。糟糕的是,这个人对现代企业管理一无所知。他以矿务局资产做抵押,向英、德借款,每次都要受贿,中饱私囊。光绪二十六年(1900)时,矿务局的总负债额已达429万两,其中20万两进了张翼的私人腰包。开平矿务局陷入严重的财政危机中。乘着八国联军入侵中国的混乱局面,英国投资公司和张翼沆瀣一气,趁火打劫,以"中外合办"的名义,将开平矿务局的资产搞成资不抵债的状态,全部卖给英国。光绪二十七年(1901)张翼招严复来天津,正是企图利用他的英语能力和与英国公司谈判时所需要的逻辑能力。他打算把严复派到英国,今后与英国的谈判全让严复替他顶着。而严复,虽然还在从事著述,但由于没有固定收入,生活颇为窘迫。他决定接受张翼的邀请。

◈ 与英国公司打官司

严复于光绪二十七年(1901)五月由天津出发抵达唐山开平矿务局。这里的经营权不在中国人手中,一切尽被英人掌控。严复面对的就是这样严峻的局面。矿务局的资产管理、人事权、经营权都被英人合法地把控着,严复运用他的全部知识也无从下手。还有一个更加根本性的问题无法回避。

光绪二十八年(1902)十月,纸包不住火的事态爆发了。"英国有限公司"的英方总经理,拒绝在开平矿区升英国米字旗的同时升清朝的黄龙旗。直隶总督袁世凯要求张翼说明

1905 年严复第二次赴英后所摄，时年五十三岁。此影下端系严复英文签名。

（《严复集》中华书局）

情况，并将调查结果上奏朝廷。至此，开平煤矿已经卖给英国企业的事实才大白于天下，清廷十分震惊。袁世凯对官拜“侍郎”的张翼提出弹劾。严复替招聘自己的张翼写了辩解书，但袁世凯坚持要张翼设法收回丧失的权益，并明确其责任和具体办法。光绪二十九年（1903）十月二十六日，张翼被朝廷免去侍郎的官职，并缴纳 20 万两纹银充公，还被命令两个月之内收回开平矿区的矿权。但这实际上已经无法做到，张翼便提议向英国伦敦法院起诉争取所有权，袁世凯准许了张翼前往英国履行追回权益的责任。光绪三十一年（1905）晚秋时分，为了处理回收开平矿务局主权，严复跟着张翼踏上前往伦敦的旅途。十二月初一日（12.26），一行抵达伦敦。严复负责起草讼词，并将其译成英文。留学英国时旁听庭审的经历这时帮上了他的大忙。

◈ 在伦敦与孙中山交谈

正巧孙中山这时也在伦敦。他得知严复来英，前来拜会，试图让严复认同自己的革命理念。二人的交谈见诸《侯官严先生年谱》:“孙中山先生时适在英,闻府君之至,特来访,议次。府君言:以中国民品之劣,民智之卑,既有改革,害之除于甲者将见于乙,泯于丙者将发于丁。当今之计,惟以教育上著手,庶几逐渐更新乎!中山先生曰:俟河之清,人寿几何!君为思想家,鄙人乃实行家也。”(严璩《侯官严先生年谱》,《严复集》第五册)

张翼答应每月支付严复补贴1000元,但从未兑现。因为他本人被罢官后也断了来钱之路,处于躲债的状态中。严复在伦敦期间没有分文收入,十分后悔来英国。他终于无法忍受张翼的欺瞒,二人分道扬镳。严复先期回国,途中他顺访了法国、瑞士、意大利罗马,从意大利搭乘德国商船回到中国。此后,他与开平煤矿彻底脱离了关系。

四、京师大学堂译书局

◈ 重建京师大学堂

严复在开平矿务局做事期间,1901年至1906年年初的约5年间,他还兼任京师大学堂编译局总纂和复旦公学校长。光绪二十七年(1902)十二月,清政府任命刑部尚书张百熙为管学大臣,命其“酌采中西有用之学”,妥定划一的学堂章程,重建京师大学堂。这是清国政府实施的“新政”举措之一。

张百熙是湖南长沙人,同治十三年(1874)考取进士,光绪二年(1876)授翰林院编修,历任山东学政等教育行政官职,以及内阁学士等朝廷的重要官职。他对清朝内部的保守派持批判态度,是一位开明派官员。“戊戌政变”时因为支持变法派而受留任处分。义和团事变之后,慈禧太后欲行“新政”,向官员们问计,但慈禧太后很快发现自己身边的保守派皆为无能之辈。深感人才难得的慈禧太后,不顾张百熙还在留任期间,任命他为刑部尚书,紧接着在同年腊月初一,任命他为管学大臣,掌管学政这一紧要课题。接着,一系列任命接连下达:京师大学堂管学大臣张百熙,总教习为直隶州知县、桐城学派大佬吴汝纶,大学堂译书局总纂严复。只是当时吴汝纶和严复因分别尚有其他事情,没有马上应允。吴汝纶提出的就任条件是,派他到日本考察教育制度。管学大臣张百熙同意他出访考察。光绪二十九年正月十二日(1903.2.9),吴汝纶开始日本考察之旅。他详细考察了日本的小学、大学、医院,还谒见了明治天皇。他在日本社会受到普遍欢迎。吴汝纶是中国古典散文桐城学派的硕学,又对西学颇为关心,对严复的西学名著翻译给予很高评价。每次严复将译稿交他过目,他都会写下推荐序文。吴汝纶给《天演论》等众多严复的译著写了序,与严复终生保持交往。但他归国后不久就患病卧床,京师大学堂总教习他一天也没有到职,就在故乡安徽桐城去世了。

◈ 就任译书局总纂

光绪二十八年(1902)初,严复就任译书局总纂。这一年他刚好50岁。这期间,上海南洋公学译书院出版了他翻译的亚当·斯密的《原富》,这年年末他完成了斯宾塞的《群学肄言》的翻译。这部书的译稿他大约前后改了3遍,由此不难看出他对斯宾塞的倾倒。光绪二十九年(1903),《群学肄言》

由上海文明书局出版。

《穆勒名学》在逃离天津时丢了未完成的译稿，后来又被人寄了回来。当时译稿完成了约一半，在此基础上他继续翻译，翌年（光绪二十九年）终于完成，由商务印书馆出版。孟德斯鸠的《法意》也开始重译。他的许多译著都是同时进行，这都靠着他的非凡意志和高度集中的精神。

翻译之外，他还在朋友张元济这期间在上海创办的《外交报》上发表了"论教育书"等评论。因为当时他在译书局正着手编撰国家教育所用的教科书，正有很多感想罢。

为了对自己的新译著进行解说，他还在《新民丛报》上发表《与梁任公论中译书〈原富〉》。《新民丛报》是梁启超在横滨创办的中文报纸，严复受梁启超之约向该报投稿。严复"通过教育启迪民智"的想法得以逐步实施，但这时以浙江人士为主体的革命团体"光复会"在上海成立，该会推举蔡元培为会长，陶成章、章炳麟、徐锡麟、秋瑾等行动派激进主义活动风起云涌，不久安徽发生徐锡麟起义等大规模刺杀行为。

◈ 译书局的业务规定

译书局的经营，严复安排得十分周到，对工作要求严谨认真。他亲手制订《译书局章程》。译书局包括总纂在内共计 17 人左右，分别负责翻译洋书、绘制插图、制作图表、编辑教材。他制订的工作章程对业务要求、业务结构、流程、教科分类等都有详细规定。其概要如下：

一、洋书翻译要求

现在所译各书，以教科为当务之急，由总译译取外国通行本，察译者学问所长，分派浅深专科，立限付译。

二、教材用途

教科书通分二等：一为小学，一为中学。其深远者，俟此二等成书后再行从事。

三、教科分类

外语　西文（英语、法语、德语等）

数学　布算（算数）、代数、几何、三角（三角函数）、浑弧（微分学）

物理学　静力（静力学）、动力（动力学）、流质力（流体力学）、热力（热力学）、光学、声学、电磁（电磁学）

理化学　天文（天文学）、地质（地质矿物学）、化学、农学、植物状（植物学）、动物状（动物学）

医学　人身（人体概论）、解剖（解剖学）

法学　列国史略（世界史概论）、律令（法律）、公法（国际公法）、人种（人种论）

商学　理财、账录（簿记学）

工学　机器（机械工程学）、图测（测绘学）、庶工（制造工业各论）

教育学　名学（逻辑学）、教育术（教育学）、德育、体育

此外，对翻译图书的管理方法、翻译报酬的支付、译员住局与否的补贴标准、译书局职员的俸给支付等都做了周密规定，不会因人理解不同产生异议。看上去就像现代企业组织的经营管理制度的雏形。这里，可以感受到严复学到的西洋学问体系，以及从英国海军学到的组织管理系统在他安排的教科分配上的反映。严复给译书局规定的基本目标，就是实现“开启民智、追求进步”。

◈ 出版《英文汉诂》

在供职京师大学堂译书局期间，严复仍然不断有新译著发表。光绪二十九年(1903)六月，他将一度译为《自繇论》的穆勒的《论自由》，更名为《群己权界论》修订完成。这一年，甄克思的《政治通史》以《社会通诠》的译名脱稿，严复请夏曾佑作序，1904年由上海印书馆出版。

就在日理万机的紧张忙碌中，严复还接受了自己的门生熊季廉的请求，在译书局编著一本用中文解释英文语法的《英文汉诂》，出版发行。在该书序言中严复说："吾国之习英文者益众，然学者每苦其法之难通，求之于其浅，又罕能解其惑而餍其意。"

《英文汉诂》中有很多将英文译成中文的例句，解决了从前的很多不便。因而，这是一本具有划时代意义的英文汉译及英语语法的入门书。严复在该书解说中称，学习外国技术，就非学习该国语言不可。学好英语的方法就是要多读多练。他强调开民智、建学堂这一甲午战争以来中国社会出现的新潮流。在《英文汉诂厄言》中他强调，旧学那种为了考取功名而基于"四书"、"五经"凝练的八股文在实际中是没有什么用处的。解决之道就是多学西洋语言，翻译各领域实用的洋书，从中吸取有用的东西。

◈ 不懂外语的翻译家

译书局的员工中，有将外语文本直接译成中文的"分译"，也有将译好的文章根据要求加以改写润色的"笔述"。"笔述"中林纾是著名的文章高手。

林纾生于福建闽县莲塘村贫穷人家。幼年时，为了减轻

林纾及家人

(《船政拾英》福建省音像出版社)

家中负担,他被寄放到祖母家。他经常站在书塾窗外偷听先生讲书。一日下雨,他浑身被雨水打湿仍坚持听课,先生见此深为感动,破例让他免费入学旁听。8 岁那年他正式入私塾读书,整个少年时代心无旁骛,专心读书。家里虽很窘迫,但社会崇尚考取功名之风使家人默许他读书。他买了许多旧书埋头品读。16 岁那年,他中断学业,随父亲去台湾经商,每天从早到晚忙着进货、销售、记账。18 岁他回到福州,完婚之后以教书为业。可能是因为他性格燥烈,耿介正直,根本不适合经商罢。他对社会现实多有不满,常冷眼看世界,乡人视之为“狂生”。可能是由于他没敢怠慢科举考试的准备,29 岁那年他中了秀才,31 岁终于中了举人。此后,他为考取进士多次参加会试,从 32 岁到 47 岁屡试屡败。这时候,他终于不再坚持一定要考取进士了。此后,他全力献身文学,以翻译小说而一举成名。最终，他与因翻译而知名的严复，以“林纾小说与严译名著”被称为“清末文学界双璧”。林纾以“不懂外语的翻译家”而留名后世。光绪十二年（1886）林纾母亲去世。母亲患病期间，林纾和妻子不离身边护理照料母亲，结果妻子因为过度劳累转年也去世了。他中年丧妻，抑郁成疾。他的朋友魏瀚和王寿昌在官办的译书局法语部做事，他们鼓励他把法国小说译成中文。由于他本人不懂外语，因而对此项工作感到为难。但在魏瀚的热心劝诱下，他半推半就地答应试着做做。一天，他们一起乘船游玩，王寿昌一面翻译法语小说一面高声朗读，兴致高昂的林纾听着王寿昌的朗读动手记录，王寿昌声音一落，他手中的笔也跟着停下。

就这样，一个中文写就的故事完成了。

原作是小仲马的《茶花女》，他将中文标题定为《巴黎茶花女遗事》。威尔第作曲的歌剧《茶花女》在全世界巡回公演，而林纾作为《茶花女》的“翻译者”一下子名声显赫。这是光绪二十二年到二十三年（1896—1897）期间的事情。

◈ 林纾与近代西欧文学的译介

推动这一策划的人物魏瀚是福建福州人，是和严复在船政学堂的同期同学。不同的是，严复被分配在用英语教学航海科，而魏瀚被分配在用法语教学的造船科。他们差不多同时被派往欧洲留学，魏瀚被派到法国的马赛学习制造军舰的技术。他以优异成绩毕业，并获得法国海军造船技师资格，回国后被任命为福州船政局造船技监。

王寿昌是福建闽县人，林纾的好友。他也是福州船政学堂的毕业生，是第三届派往法国的留学生。他主要学习的是国际交涉公法。晚清时，他被任命为汉阳兵工厂总办，作为诗人，有《王子仁诗选》存世。魏瀚、王寿昌均精通法语。在他们看来，林纾以精妙的中文文笔显示出其非凡的才能。这个三人翻译合作组创作的翻译文学，被称为晚清文学的奇葩。不懂外文的林纾一举成为翻译家而青史留名。光绪二十五年正月（1899.2）《巴黎茶花女遗事》由福州昌言报馆正式刊行。这本书刚好用上了这一年才面世的铅活字印刷。不到两年的工夫，这本书就出现了三四种不同的版本。

光绪二十七年（1901），在杭州出版了《黑奴吁天录》。这是美国南北战争前夜，美国女作家哈里特·比彻·斯托（Harriet Beecher Stowe）描写黑奴悲惨命运的小说《汤姆叔叔的小屋》（Uncle Tom's Cabin）的首部汉译本。正是这部小说促成了以废除蓄奴制度为目的的美国南北战争的爆发。这本小说的流行使林纾的名声益发远扬。此后，他又以桐城学派的古文体翻译了莎士比亚、巴尔扎克、狄更斯、易卜生，以及日本的德富芦花等十多个国家作者的文学作品。人们称赞他将欧洲近代文学译介到中国的功绩，可以和将近代思想译介到中国的严复相比肩。一句外语也不懂，却在多名合作者的帮助下，将许多国家的文学作品进行了汉化处理，林纾实在是一位旷世译才。

光绪二十九年（1903），林纾受到时任京师大学堂编译局总纂的同乡好友严复的聘请，出任“笔述”。这项工作看上去他很满意，一直在此供职到辛亥革命以后。他参与的“翻译笔述”，计有原著作者多达 98 人的、译自 11 种语言的文稿 179 种，在翻译界，林纾和严复异曲同工地成为晚清文化的泰斗，赢得了“译才并世数严林”的美誉。

林纾晚年和康有为交往颇深，经常一起和诗吟句。严复主张翻译方针应该按照他在《〈天演论〉译例言》中所提出的“信、达、雅”标准确立，当然，这也就成了译书局的翻译业务方针。“信”就是要表述正确，“达”就是要语言流畅，“雅”就是要格调高雅。

◈《侯官严氏评点老子》

就在同一时期，严复唯一的弟子熊季廉，将自己正在研究的课题——有关《老子》的论文书稿交与严复指正。严复认真仔细地进行了删改，还加上了自己的感想。

熊季廉表示，希望以恩师的点评为基础成册出版。于是，光绪三十一年（1905），《侯官严氏评点老子》在东京刊行。在中国，直到1932年商务印书馆才出版了《严复评点老子道德经》。

一直坚持以进化论为指导寻求富强的严复，为什么这个时候忽然开始研究起远古的思想家老子了呢？

老子是中国春秋战国时代（前770—前221）的人，据司马迁的《史记》记载，他是周王朝的书记官。严复发现晚清的现状与春秋战国时代有某些共性，他对两者加以对比，找到了理论上的交集。老子生活的时代是中国古代社会的大变革时代。一个有说服力的推测是，严复试图从老子的核心思想“道”中找出斯宾塞主张的社会进化论思想。史华慈在《寻求富强：严复与西方》的注释中分析：“严复还把老子的君主‘无为而治’的思想解释成圣贤之治可使民独立干事，凡是民的德、智、体得到最大限度发展的地方，即使没有君主的经久不变的能动性，也能获得富强。”

这一段话恰好令我们联想起亚当·斯密的《国富论》。在南洋公学译书馆版的《原富》中提到，英国不断富强的无数理由中主要的几个原因是，科学知识的增长、蒸汽机与电机带来的效率、大臣们的开明与丰富的知识等，其中特别是英国国家政策的核心——自由而不受限制的通商政策，成为今天英国取得天下富强大国地位的关键。一个国家的富强之源，在于人民知识的增长和积累，在于通过“看不见的手”带来使个人生活更加美好的进化论式能量增长的自由经济政策。严复相信，自己的这一判断与春秋战国时代的老子是相通的。

◈ 辞去译书局总纂

光绪三十年(1904)春，严复辞去京师大学堂译书局总纂之职，去了上海。

他为什么选择辞职？严复在他的诗文《甲辰出都呈同里诸公》中暗示了他的理由。诗文中他借用了东晋诗人陶渊明《归去来辞》中“归去来兮，田园将芜，胡不归”的意境，表达了自己对天下、国家的宏伟志向，以及面对自己不见容于官僚体制的尴尬而选择辞职的复杂心态。

启程之前，译书局的朋友们为他饯行。地点选在北京市西南郊的一个会所——陶然亭。这家会所是康熙三十四年(1695)达官显贵建造的，如今已经改造为一家宾馆。当初名字叫“江亭”。饯行宴会由林纾发起，十几位参会者赠诗话别，集为《江亭饯别记》赠予严复。参会者几乎都是福建同乡。严复深爱着故乡和同乡好友。在依依惜别之际，他写下了46行长诗《赠熊季廉》送给自己最钟爱的弟子。三月初二日,严复告别北京,启程赴上海。他要远离北京权贵们不可救药的腐败风气,找回本来属于自己的生活。

五、安庆高等学堂

◈ 上海青年会的“政治讲座”

到达上海之后的一年里,严复做了一段时间复旦公学的校长,然后就去了开平矿务局。前面已经提到,光绪三十一年(1905),为了开平矿务局与英国企业之间的诉讼,严复与督办张翼一道远航伦敦,在伦敦还偶然地和孙中山有过交谈。回国之后工作告一段落,他便回到上海,继续他那没有固定收入的生活。

翌年光绪三十二年(1906)夏,严复在上海青年会举办了政治学演讲会。他一共做了 8 次演讲,讲稿经整理汇编成了题名《政治讲义》的小册子,由商务印书馆出版。严复讲演的目的,是为了打破当时清政府在政改上举步不前、山穷水尽的局面。一些曾经反对改革的保守派这时也认识到,如果不进行某些方面的改革,最终只有破灭。在这种形势下,前一年(1905)慈禧太后和清政府放话要“预备立宪”,企图稳住国内舆论。尽管扭扭捏捏,但“立宪”毕竟不再是忌讳。于是上海青年会积极响应,邀请严复讲演,详解西欧的政治制度。

严复应邀举行了 8 次题为“政治讲座”的演讲。第一讲,他就政治和历史的关系进行了如下论述。西洋的政治是科学,政治与历史是互为表里的关系。现在的政治都是过去历史经验的延展，没有例外。他主张历史是为政的根本，应该学习历史并以此作为指导政治的规范。现代政治正是作为科学的历史。有科学处即有历史，有历史处即有科学。这就是西方的政治得以作为“政治学”成立的原因。

第二讲的主题是国家政体的类型。严复将专制体制称为“独治”，立宪君主政体称为“贤政”，将共和政体成为“民主”加以分类，认为古代政体是独裁政体。

第三讲主要讲解了国家的产生经纬，认为国家是人类社会发展的结果。这里触及了问题的核心部分。他引用斯宾塞的观点，并仿照甄克思神权社会、宗法社会、近代社会的三分法，论述了各国的文明进步历程。

第四讲主要讲解了见诸西方资本主义国家的合众国以及联邦制政权下中央政府与地方政府构成的欧美政体的特征与政府功能。

第五讲主要讲“民权自由”的问题。

第六讲论述了西方国家大体都保障宗教自由、贸易自由、报章自由、婚姻自由、结会自由等属于自由民权的人民基本权利。

第七讲以英国为例介绍了立宪制度、议会制度以及与之相关的选举制度。

第八讲主要讲解了“反对独裁之制”——国家政体下专制与众治的定义、识别方法以及三权分立的原则。

严复的演讲通过报刊广告引起社会广泛瞩目，演讲集出版后京师士大夫中也有人赞赏他的演讲，认为没有人能够超越他。

◈ 接到安庆高等学堂聘请

尽管政治演讲十分成功,但严复依然没有固定的收入。他在上海的生活陷入困顿。无奈之下,他将《穆勒名学》的书稿押给安徽合肥金粟斋译书处,借到3000块钱。结果《穆勒名学》就由金粟斋出版了。就在这时候,安徽高等学堂的聘书到了。安庆高等学堂在长江左岸的安庆,创设于光绪二十七年(1901),起初叫求是学堂,光绪三十年(1904)改为安庆高等学堂。该校旨在培养具有渊博国际知识的教师,设有英语、法语、德语、伦理、地理、国际政治、中外历史等科目。更名为安庆高等学堂之后,刘葆良做了1年总办。可是由于"多所要挟",难以展开工作,刘葆良1年后就辞职了。总教习姚永概与其兄姚永朴商议,得出的结论是:要想提高学堂的教学能力,非聘请严复为总办不可。姚永概向安徽巡抚诚勋提出邀请严复的请示,很快得到批准。诚勋还亲笔给严复写信,盛邀他来皖。光绪三十一年九月初八日(1905.10.25),姚永概亲临上海,与严复面谈,恳请他出任安庆高等学堂校长。已经辞职的刘葆良也一同前往,极尽礼数劝严复出山。严复这时正处在生活困顿的状态,他考虑到自己的《穆勒名学》就刚刚由安徽合肥的金粟斋译书处付梓,又考虑到为该书作序的吴汝纶也是安徽桐城派名流,再加上被安徽巡抚诚勋的亲笔信打动,就答应了来者的邀请。

姚永概十分高兴,千恩万谢。因为他知道说服严复会有多么艰难。巡抚诚勋接报也大喜过望。但很快各种问题就浮出水面了。

◈ 敌不过旧势力而辞职

接受邀请5个月后，光绪三十二年二月二十一日(1906.3.15)严复到达安庆。本应前来迎接他的诚勋巡抚已经在12天前的二月初九日转任他地，新任的巡抚是严复并不认识的恩铭。就在这样的人事变动中，安庆高等学堂在严复抵达安庆的第2天为他举办了欢迎会。渴望了解西方文明的青年们以期待的目光欢迎这位留学英国、译著等身的著名文人做他们的新监督。

但是，他的教师生活并没有持续多久。弟子熊季廉暴病而亡，严复因为过于悲痛而郁郁寡欢。同时，有动向表明官府又需要他了。半年后的八月，清政府学部决定实施针对归国留学生的实力认定考试，外务部尚书唐绍仪邀请他出任首席考官。他为此去了北京一段时间。

满族的安徽巡抚恩铭是保守派，但对严复的教育方针表示了认可。严复重视师范教育和外语教育，教学要求十分严格。但是，学生们的实力根本不及，许多人跟不上课程，退学者多达30余人。对他不满的呼声渐起，他决定辞去校长职务。光绪三十三年四月二十四日(1907.6.4)，在他任职1年零2个月的时候，他给南京的侄女何纫兰写了一封长信。信中明确表达了辞意已决："故我决然辞差，现拟二十六日即行搭船往南京。"严复十分喜爱这个侄女，曾和她一起拍过照片。两人的书信往来也很多。他详细说明了辞职的缘由，痛批时弊：本想锐意改革，热心培养人才，不料却招致旧势力的围攻与报复。"嗟嗟！学堂本教育之地，而小人视为利薮，学生劣者不可沙汰，沙汰即起风潮，此后学界尚可问乎？"

严复辞职后，老翰林洪思亮继任监督，校内风气因此大变。高一涵在《辛亥革命回忆录》中写道，自此“只听到朗诵中文之声，不再听到朗诵英文之声了”。

旧势力终于收回失地，陈腐之气重新笼罩了校园。

◈ 徐锡麟事件

光绪三十三年四月二十六日(1907.6.6)，严复离开安庆，乘轮船去南京。此后不久，安庆发生了一件惊天动地的大事。革命会党光复会的徐锡麟率领巡警学校的学生起义，刺杀了安徽巡抚恩铭。这就是震惊中外的“徐锡麟事件”。

徐锡麟是浙江绍兴东浦镇人，原本在老家绍兴教数学，光绪二十九年(1903，明治 36 年)来到日本。受到同乡陶成章等人的革命思想的熏陶，回国第二年便加入光复会。他在绍兴创办大通师范学堂，推进革命的组织教育，并通过捐官成为安徽试用道，做了巡警学堂的会办(相当于副校长)。这期间，他与光复会同志——女革命家秋瑾磋商在安庆和绍兴同时发动起义。

光绪三十三年五月二十六日，巡抚恩铭出席安庆巡警学堂毕业典礼。午前 9 时许，毕业典礼开始，徐锡麟将毕业生的名簿呈给恩铭时，掏出藏在身上的手枪将子弹射向巡抚。恩铭身中 8 枪，但没有当场毙命。下午 2 时，在被痛苦折磨 5 个小时之后，恩铭终于咽气。徐锡麟指挥学生冲向抚台衙门，途中转而改为攻占军械所。他们与包围军械所的清军展开枪战，最后徐锡麟被捕，当日即遭凌迟处死，起义失败。

然而，起义造成的震撼是深刻的。被恩铭深信不疑为忠诚卫士的徐锡麟，竟是革命党的魁首。刚刚一秒钟前还貌似忠诚的部下，勃然变脸发动刺杀——这像噩梦一般令清王朝深受惊吓，阴影挥之不去，导致官员之间产生心理裂痕，相互猜疑。虽然起义失败，但给帝国体制造成重创。可以说，徐锡麟起义作为颠覆清王朝的先驱，成功地达到了目的。

◈ 美国归国留学生考试

王蘧常的《严几道年谱》记载着一个误传，好像因为徐锡麟起义，严复才离开安庆高等学堂。这是因为他在书中没有注明严复的辞任时间。实际上在事件发生的一个月之前严复已经离开安庆，事件发生的时候严复正在上海。他在寄给南京的甥女何纫兰的信以及光绪三十三年六月初二日(1907.7.11)写给另一个人的信中都提到相关内容。

"廿六日，安徽巡抚，因巡警学生毕业莅堂，正行礼时，被会办浙江留学生已捐道台之徐锡麟连打三枪身故。徐自称排满十年，今方达其目的。"(与甥女何纫兰之书16,《严复集》第三册)

严复离开安庆去南京的原因，不仅由于厌倦了学堂气氛，其实还因为两江总督端方向他发出试探，请他出任选拔官费留学生考试总考官。

对安庆学堂已经万念俱灰的严复，决定接受端方的邀请。五月初一日、初二日，留美学生考试在南京举行。报名者最初男生200多人，女生30多人，但考试当天前来应试的男生仅有70多人，女生10多个人。考试结果，男生五六人合格，女生竟无一人合格。只好又通过补考凑齐最低限度的人数。五月初六日，严复回到上海。

六、女弟子吕碧城

◈ 受聘“新政顾问官”

光绪三十三年(1907)五月到次年夏天的一年里,严复基本上在寓所中笔耕不辍。有好几个未完成的翻译工作等着他。《法意》(孟德斯鸠《论法的精神》)的最后一卷于宣统元年(1909)付梓,《名学浅说》(杰文思《逻辑学入门》)也在同年出版。在这1年多的时间里,他齐头并进地完成了两部译作。这两本书都是由上海商务印书馆出版的。这一年日复一日的伏案工作使他心生倦意,他开始产生一种不安,担心自己被社会遗忘。有时他会想起在北京译书馆的工作,以及和朋友谈话的情景。就在这个时候,光绪三十四年(1908)七月,严复接到直隶总督杨士骧的邀请:“朝廷欲聘先生为‘新政顾问官’,如肯应允,请速来天津。”

杨士骧是安徽泗县人,光绪十二年(1886)进士。光绪三十三年(1907)七月,以山东巡抚署理直隶总督兼北洋大臣。当时,清政府正标榜“新政”策划立宪转型,直隶总督杨士骧聘任主张推进变法、在近代政治理论方面名声显赫的严复为新政顾问官,是想给清朝的立宪“新政”树立权威。

正在怀念北京往事的时候,政府高官的邀请可算是机缘巧合。自己还没有被朝廷忘记!严复一时忘掉自己已经56岁的年龄,高兴得忘乎所以。由于匆忙启程,他甚至将自己心爱的眼镜和水烟筒都忘在了家里。

七月三十日严复到达天津，投宿长发栈。翌日，搬入河北学务公所。房间很宽敞，夜间还算凉爽，院子里还有花木，这些舒适的环境他还满意，但蚊蝇极多，让他难以忍受。在写给上海的夫人朱明丽的信中他抱怨"颇以为苦"。他与家人和亲戚也经常通信，在《严复集》第三册书信集中，这一时期仅写给夫人的信就收有 63 封之多。信中他流露出对天津生活的不满："依人作客，种种不自由，然只得忍耐下去。"翌日，直隶总督杨士骧召见严复，表明政府对严复的期待，"希望严先生用西学知识帮助我们推进新政"。严复虽抱有一线希望，但心中更多还是忐忑。他二十多年供职于水师学堂，对天津这块地面，从衙门到百姓都了如指掌。

清朝官场，小人得势。对此严复是深恶痛绝的。严复十分谨慎，处处低调行事。

八月初三日(8.29)，总督杨士骧正式任命严复为新政顾问官。月薪为白银 300 两，车马费 200 两。当地车马费用度之大超乎想象。雇用马车半天 2 元，另付车夫酒钱 8 角。其他开销也要不少。因为是"顾问官"，不用每天去河北学务公所上班，除了开会平日就在住处独处，也没人和他说话，整天闷坐读书写字打发时光。

八月十一日(9.6)，严复为总督起草了一篇六七千言的《奏请兴办海军折》，传阅之后深得同僚好评。严复因此找回自信，在写给何纫兰的信中洋洋自得道"大家佩服无地"。

◈《大公报》的女编辑

严复滞留天津期间特别值得一提的是，与女弟子吕碧城的对谈。吕碧城是安徽旌德人，清末进步女性。吕碧城的父亲在天津创办北洋女子公学，并自任校长。吕碧城就是在这所女子公学学习的。严复为新政事来到天津不久，就受邀来这个公学举行演讲。

吕碧城又是天津报纸《大公报》的编辑。1904 年 3 月 1 日，该报刊发了吕碧城以“女子壮志”为题的文章。

“浙东秋璇卿女士，好学极笃。去冬有订其为女学教习者，女士以未经身亲文明教育，未敢贸然从事。故极意游学东瀛，以觇学务。乃适值日俄事起，海道梗阻，而女士之志不以少馁。现与大学堂教习服部君之夫人相订偕行，俟有东渡之船，即行束装。壮矣哉！须眉男子所不及焉！”（永田圭介《竞雄女侠传》第三章）

吕碧城与后来作为绍兴革命女诗人而成为历史人物的秋瑾情投意合。秋瑾赴日留学前后的文稿及从东京寄来的文稿，吕碧城都善意地附上评论在报上刊载。秋瑾的朋友们在北京为她饯行的报道，吕碧城以“女士游学”为题，发在 5 月 10 日的报纸上。“秋瑾女士称，计划召集志同道合之妇女数十人东渡。据闻本月末即将启程。”

如果将阴历和阳历加以换算，这篇报道是很准确的。吕碧城拜访严复是 1908 年的事情。据严复说，当时她的年龄是 25 岁。做《大公报》编辑时吕碧城芳龄 21 岁。面对这样一位充满知性的才女，严复被其魅力打动也是合情合理的。

◈ 讨论女性婚姻自由

光绪三十四年八月初九日（1908. 9. 4），吕碧城拜访严复，请教学问。此后，他们半个月之间见过五六次面，多有交谈。严复通过交谈对她留下颇佳印象，“高雅率真，明达可爱”（八月十二日与甥女何纫兰书《严复集》第三册）是他在写给甥女何纫兰的信中对吕碧城的赞赏之辞。

吕碧城说话讲礼数、有分寸，除了说出自己的见解之外，绝不提及他人的短处。她与严复的交谈内容符合当时进步女性的身份。他们用很多时间讨论的是关于“婚姻自由”的话题。对于自由结婚，她有着自己的认识。

严复在写给何纫兰的信中，提及他们讨论的内容。“吾一日与论结婚自由之事”，严复在信中认真地记下吕碧城就为何当下父母要干涉子女婚姻的问题展开的讨论。何纫兰看起来也和吕碧城一样，应该属于新时代的女性。严复在信中将吕碧城的意见加以归纳并给予很高评价。

“至今日自由结婚之人，往往年少无学问、无知识之男女。……于是苟合，谓之自由结婚。转眼不出三年，情景毕见，此时无可诿过，连命字亦不许言。至于此时，其悔恨烦恼，比之父兄主婚者尤甚，并且无人为之怜悯，此时除自杀之外，几无路走。

……渠虽长得不过二十五岁，所见多矣。中国男子不识义字者比比皆是……我闻其言，不意此女透彻至此。”

当时，女性几乎没有人从事独立职业，结婚是她们唯一的生存选项。女子教育尚极不普及，大多在家中学些裁缝、织布、做饭做菜等，绝大多数女性大字不识几个。吕碧城的分析暗示，无法得到真正家庭的女性很多人被逼上自杀的绝路。

吕碧城对孔学颇不以为然，对父母包办婚姻的看法却并无突破。严复对其做了如下的客观评价：

“渠看书甚多，然极不佩服孔子，坦然言之。……极喜学问，尤爱笔墨，若以现时所就而论，自是难得。但以素乏师承，年纪尚小（二十五岁）。故所学皆未成熟。然以比平常士夫，虽四五十亦多不及之者。”

◈ 为吕碧城翻译逻辑学入门书

严复一方面对稀世才女吕碧城大加赞誉，一方面又对她的长处和短处做出了客观评价。她造访严复的真正目的不在于讨论婚姻问题，而是向他请教逻辑学。吕碧城听到口口相传的严复上海“名学会”的演讲内容，认识到要在自己的学问体系中引进逻辑学知识。

为了这位女弟子，严复开始了真正的个别教学指导。

作为1912年最终翻译完成的《穆勒名学》（穆勒《逻辑学体系》）的导读版，他在来到天津的这一年（1909）通过商务印书馆出版了《名学浅说》（杰文思《逻辑学入门》）。根据这份译稿，他还执笔完成了《名学启蒙》，用作给吕碧城讲解逻辑学入门的教材。期间公务繁忙，官场应酬颇多，但他还是在光绪三十四年（1908）的八月十六日到十月二十日之间完成了这项工作。这是在中国出版的第一部有关逻辑学的缩写入门书。利用做新政顾问官的空档笔耕不辍，过度的疲劳损害了严复的健康，他病得连饭都吃不下。

他如何指导吕碧城学习逻辑学，从书信记录中我们无法得知。因为八月严复就收到了来自京师的邀请，估计这个过程应该十分短暂。大概吕碧城通过《名学启蒙》接受了严复的“远程指导”，主要是靠教材学习的罢。对于严复而言，新的邀请将再次改变他的生活。

七、“名词馆”总纂

◈ 学部“审定名词馆”

光绪三十四年八月二十八日(1908.9.13),清政府学部指定严复为教育审查官,他很快就去北京履新。光绪三十五年(1909),蒙古族正黄旗人、学部尚书荣庆聘请严复做“名词馆”总纂。

“学部”是晚清新设的、主管教育的中央政府机构。自光绪三十一年(1905)起,政务处便奏请特设学部,旨在“仿日本文部之成规,遴选通才,分研教育之法”。

学部下设总务司、专门司、普通司、实业司、会计司。各阶段学堂所用教科类图书,皆由译书局编辑,此外,还要编录来自西洋的参考图书、报章。严复所在的“审定名词馆”,就是审查教育出版物的专门机构。他来北京赴任后,便埋头于审定名词馆的事务。作为总纂,他精心规划、指导,工作按照预想顺利进行。

这年十月,也就是严复来北京的第二个月,光绪帝和慈禧太后相继驾崩。宣统帝溥仪这位末代皇帝即位,改年号为宣统。1909年成为宣统元年。

十月十七日,他在写给甥女何纫兰的信中称,“名词馆开办后,尚为得手”,十二月初二日的信中他又假称“身体尚健朗”。但其实这时严复的健康已经大打折扣。在另一封信中他吐露了实情:“吾与北方隔绝数年,今来过冬,颇感寒燥。

幸喘咳稍差，惟犹患脾泄，精力就衰……”在写给夫人朱明丽的信中，严复说出了自己的真实处境：学部审定名词馆公务繁忙，而且健康欠佳。

尽管身体多病，严复对工作仍然是尽职尽责。他在“与学部书”中力陈个人意见，认为办好教育有利于国家实行立宪制度。清政府已经宣布“预备立宪”，如果不付诸实施将彻底失信于民。故而实行立宪，推进教育头等重要。优先顺序应以小学为中心，从初级国民教育入手做起。“人人皆具普通知识，亦略解书数……”（与学部书，《严复集》第三册）

严复为了促成学部从国家大局着想，在乡村进行初级教育，还提议“推广私塾改良会，以开风气”。后来，事情的发展让他叹息不已。

“自此供职三年，直至国体改革，始不视事。”

宣统元年十二月初七日（1910. 1. 17），清廷下发皇帝上谕，赐严复为“文科进士出身”。这一年，严复已经57岁了。取得这个功名头衔，对于他来说真可谓悲喜交加，心情复杂。他参加了四次乡试，皆告落第。那时候，进士这一最高功名对于严复来说是不敢奢望的。可如今，对于一个马上就要60岁的老人，进士功名还有何用？严复一生所得到的尽是些雨后伞、秋后扇之类的东西。

严复接旨，没有任何喜悦的表情，只有一丝苦笑挂在脸上。

◈ 关注立宪

科举功名也好，功名带来的官职也好，这时候对于严复而言意义如同远古的化石。当下严复最为关注的是，国家政体的立宪变革。光绪三十二年(1906)七月到十二月,他完成了《论英国宪政两权未尝分立》,以及《续论英国宪政两权未尝分立》两篇文章,前者在《外交报》第153—158期发表。为了帮助清政府实施立宪政治,严复撰文介绍英国政体模式。

严复认为,近代史上诸国政治体制的要点在于是否采取议院制,以及议院的功能。议院最重要的职责是立法。英国自威廉三世(1689—1702在位)以来,"凡是经两院所裁判者,王未尝置可否,但涉笔占位属御名而已"。下院由人民选举的议员组成,法案要通过下院的立法权进行审议。严复认为,国家的立法权由下院所掌握。他将《法意》中孟德斯鸠所说的司法、行政、立法"三权分立"理论,具体结合英国、美国、法国的政体进行了考察。国家各有长短,但都注意到实施"三权分立"。目标都是防止专制,完全保障人民的自由民权。但实际上由于政治势力的相互角力,操作层面与理想状态的差距还是相当大的。考虑到近期将要召开预定宪政议会,严复的这些研究,应该是为参加宪政议会的议员们准备的简明学习资料。

这一年,宣统元年(1909),商务印书馆出版了杰文思《逻辑学入门》的译本《名学浅说》。严复的翻译活动至此接近收官。此后的主要翻译著作仅剩下3年后出版的《穆勒名学》。

◈"资政院"的设立与取消

宣统二年四月初一日(1910.5.9),清廷下诏,八月二十日(9.23)召集"资政院"。"资政院"是清政府宣布预备立宪时设立的晚清国政议会。具有审议预算、决算,决定税法、公债的立法,规定大臣权限及对大臣进行弹劾等权力,功能与资本主义国家的议院相似。严复以“硕学通儒”的资格被推举，不，被任命为“资政院议员”。但实际上这只是清政府的一个政治摆设。它的结局定格在1911年10月。这一年秋天的武昌起义中革命军取得胜利，辛亥革命爆发。但此后，被任命为内阁总理的北洋军阀的首领袁世凯绞杀革命。最后宣统帝溥仪退位，“资政院”也就像秋后的枯叶，自然宣布解散了。

“资政院”有着不同于英国与王权对峙的资产阶级议院的产生初衷，是一个弱势议院。尽管严复为确立立宪政体做了大量的努力，但由于资政院议员政治意识和个人品德都较差，因而也欺骗不了人民，很快便被革命巨浪吞没，烟消云散。

八、大总统袁世凯

◈ 武昌首义与袁世凯组阁

宣统三年（1911）八月十九日，这一天是阳历10月10日，后来被确定为辛亥革命纪念日，又叫“双十节”。这一天，革命党向长江东岸的湖北省要冲武昌发起进攻，占领了制高点楚望台。

这天严复在日记中写下了“武昌失守”4字。3天后，严复又在日记中写道，“京师颇骚乱，南下者多”。这表明，清政府接到起义的报告以后惊恐万状。陆军大臣荫昌尽可能地调兵遣将向湖北发兵。海军方面，与严复在英国海军大学同期留学的提督萨镇冰率领舰队，与长江水师会合驰援陆军。但是，陆军方面的主力是北洋军团，只认袁世凯，荫昌根本指挥不动。清政府此时终于感到了袁世凯的压力。八月二十三日，皇族内阁总理大臣庆亲王任命袁世凯为湖北总督。但对于这个权宜之计的任命，袁世凯的反应是借病推诿。

袁世凯

（《严复与严复故居》香港人民出版社）

“旧患足疾，迄今尚未大愈。去冬又牵及左臂，时作剧痛。此系数年宿疾……益以头眩心悸，思虑恍惚……委顿情形，实难支撑。……一俟稍可支持，即当立疾就道，借答高厚鸿慈于万一。”

袁世凯的真实意图是，面对清廷将要垮台的危机作壁上观，借故拖延使清廷陷入绝望，以便渔得大利。朝廷下皇帝谕旨，命袁世凯火速上任，前往湖北督师作战，镇压革命党。同时，清廷解散了面对燎原之势的革命束手无策的现皇族内阁，任命袁世凯为内阁总理，以满足袁世凯的讨价还价。

九月十一日，清廷宣布袁世凯就任内阁总理大臣。接到这一条件，袁世凯终于到京。朝廷以“袁世凯内阁”为名，发布了以袁世凯为总理大臣的10人阁僚名单。萨镇冰就任海军大臣。但是这时候北京的气氛杀机四伏，好像革命党马上就要攻破京师。九月十七日(11.7),浙江、江苏两省宣布独立,北京资政院的民选议员全都跑路走人了。

严复也准备离京避难。他将一些常用物品装箱运往天津,本人于九月十九日离开北京,来到天津。但当他到达天津才发现,这一天情势最为糟糕。租借地的旅馆、客栈已经被躲避战祸的百姓和逃兵住满。不得已,他只好住进洋人的酒店。他与中外朋友商议,准备离开危险的是非之地——天津。九月二十二日,严复的三子严琥回到北京,又过了两天,袁世凯也到了北京。他略微安下了心,也回到北京。十月十二日,严复在北京和袁世凯见面。他与袁也算是旧交,早在供职于天津北洋水师学堂期间,严复就与指挥天津小站练兵的袁世凯认识。尽管二人立场有较大差异,但总算是30多年的老相识了。

◈ 随行南北议和会谈

袁世凯曾作为李鸿章的后任出任直隶总督兼北洋大臣,实力非同小可。但他觉得严复虽与自己不是一路人,却天分极高,因此对严复赞赏有加,任命他为北方代表团成员之一,出席南北议和会谈,参与清政府与革命党之间的谈判。

十月十七日,袁世凯委任唐绍仪为谈判全权代表。唐绍仪是广东番禺人,曾留学美国哥伦比亚大学,回国后进入官界,历任驻朝鲜总领事、外务部侍郎、邮传部大臣等,特别是外交经验丰富,可谓是国际派官僚。袁世凯对他这一点信赖有加。两天后,十月十九日上午9时,严复随全权谈判代表团由京汉铁路南下,赴汉口南北议和会议第一会场进行谈判。汉口位于湖北省会武汉的西北部,和汉阳以及辛亥首义爆发地武昌并称为武汉三镇。汉口在长江左岸，咸丰八年（1858）开埠。虽然是内陆口岸，但因为可以停靠可长驱直入的外轮，成为仅次于上海的贸易港口，茶叶和棉花从这里大批出口，还开设了租界，1905 年，更有京汉铁路开通，将武汉与北京连接起来。严复他们的谈判代表团，乘坐火车从这个开通仅仅 6 年的铁路的始发站一直坐到终点站，这对所有人都是十分稀罕的体验。十月二十一日，他们抵达汉口，住进英租界的宾馆。第二天，唐绍仪全权代表与南方革命军方面全权代表黎元洪会见，严复也列席了会见。

黎元洪是湖北黄陂人，天津水师学堂毕业后入伍清朝海军。蒙湖广总督张之洞知遇之恩，官拜湖北新军混成协统领。武昌起义爆发时，他率领清军守备武昌，起义军攻陷武汉后，因为需要能够服众的首领，他受革命军推举，半推半就地成为湖北都督。这个人物原本站在革命的对立面，因此南北议和之后，他于 1916 年接任袁世凯，成为第二任大总统。1922 年再次当选大总统，因为倒行逆施遭到弹劾，翌年引退，1928 年在天津去世。

黎元洪在汉口礼数周全地接待了唐绍仪一行。和谈会议正式代表 25 人，顾问和秘书约 50 人。这么多人参会，让人疑心究竟是为了议和还是借机游山玩水。一行在汉口滞留 6 天后，会谈地点移至上海。

十月二十七日，严复与议和代表团一行约 40 人乘江轮“洞庭号”抵达上海，第二天与南方代表团举行议和会议，核心议题是停战问题。

民军方面的议和条件是：一、废除满洲政府；二、建立共和政府；三、优给清帝岁俸；四、优恤年劳贫苦之满人。两天后讨论国体问题，双方在是否改建共和政体这一焦点问题上产生重大分歧。

◈ 袁世凯就任临时大总统

这时，发生了议和会谈始料未及的事情。孙中山从海外归来，1912 年 1 月 1 日在南京被各省代表选为临时大总统。袁世凯接报大为恼火。他质问唐绍仪为什么议和会谈竟产生这样的结果，称“逾越权限，不能承认”。唐绍仪辞去全权代表，袁世凯发电宣布取消议和代表。本来袁世凯就不相信中国能搞什么共和制。他认为，这个国家非帝制不能维系，而且不久将坐上帝位的不是别人，正是他袁某。转念之间，一个庞大的野心计划在袁世凯心中形成，他决心将之付诸实践。为此，他决定破坏迄今为止花费大量时间和人力进行的南北议和，扼杀推举孙中山为临时大总统的南京“国民会议”，逼迫宣统帝退位，争夺大总统职位。至于第二步，再设法构筑帝制，自己称帝。这就是袁世凯打的如意算盘。

孙中山

（《资料中国史》白帝社）

而在南京，孙中山虽然就任了临时大总统，但地位依然是“临时”性质的，北京还有清帝在。孙中山在就任之后的第二天 1 月 2 日即向袁世凯表示，只要袁令清帝退位，就承认其就任大总统。南京政府将年号改为民国，并废除清代的阴历，改行阳历。2 月，在袁世凯的逼迫下，宣统帝溥仪宣布退位，持续了 296 年的清朝灭亡了。

孙中山如约辞去临时大总统，袁世凯就任临时大总统，临时首都由南京前往北京。严复在这历史大转型的漩涡中真切地感受到了袁世凯的不择手段与深谋远虑，以及翻脸无情与心黑手毒，他面对这些手腕感到不寒而栗。戊戌政变时表现出的厚颜无耻的背叛，也许正是这个时代“适者生存”的典范。如果这种手腕可以平息战乱，带来和平，那也许袁世凯正是现实需要的统治者呢。严复对袁世凯从自己出发做出的精准算计，以及最终能够摆平天下的杰出才能，突然抱有魔神信仰般的信赖感。

“顾居今之世，平情而论，与新旧两派之中，求当元首之任，而胜项城者，谁乎？”

严复支持袁世凯，希望他能够尽快履职，重建国家。为此，他赶回北京以后，便为袁大总统献上了几条计策。

九、“国立北京大学”第一任校长

◈ 袁世凯就任临时大总统

民国元年（1912）2 月 15 日，南京临时参议院 17 名议员一致推举袁世凯为中华民国大总统。2 月 24 日，严复“拜谒”袁大总统。袁世凯对严复高度重视，任命他为京师大学堂总监督，即校长，月俸白银 300 两。这是非常荣耀的职位。3 月 8 日，严复在京师大学堂签署就任誓约书，正式就任总监督。

他在各学部开会，让大家讨论下一步的改革思路。京师大学堂是中国的最高学府。自“戊戌变法”时创办以来，历任校长都是知识界名流。严复任此要职，既感到十分荣耀，也预感到接下来将困难不断。他在写给熊纯如的信中谈到了这样的忧虑。从这封信的内容可以知道，严复履新是在春节之后。

“旧历献岁以来，政府以复暂行管理大学堂总监督，以复素啖虚名，故京外人士属望甚殷，极以为愧……”（民国元年 3 月 27 日与熊纯如书，《严复集》第三册）

4 月 16 日，在写给熊纯如的信中，严复又谈及就任总监督时京师大学堂的状况。熊纯如（1869—1942）原名育锡，字纯如，江西南昌人，是严复钟爱的弟子熊元锷（字季廉）的堂弟，晚清时在南昌创办广智书局，还创办两所学校，1910 年任江西教育会副会长，是近代教育事业的先驱。

◈ 改称北京大学校

1912 年，熊纯如就任江西军政府教育局局长。他接到严复约他出任京师大学堂事务长的邀请，慨然应允。4 月 19 日，严复就京师大学堂组织规则等问题再次写信给熊纯如，并就他欣然同意接受京师大学堂庶务管理工作表示感谢和欣慰。他在信中希望熊纯如尽早来北京就任事务长，马上开始工作。严复与熊纯如一直保持通信关系，《严复集》收录的写给熊纯如的信就多达 109 封。同年 5 月 3 日，中华民国政府教育部呈报临时大总统袁世凯，提议将京师大学堂“改称为北京大学校，大学堂总监督改称为大学校校长，总理校务。分科大学监督改称分科大学学长，分掌教务”。

另外作为人事提案，提请任命原总监督兼文科学长严复署理北京大学校校长。当天，袁世凯批准该提案，并发布临时大总统令，正式任命严复署理北京大学校校长。此命令除大总统盖印外，还有内阁总理唐绍仪和教育总长蔡元培的署名。被任命为北京大学校的第一任校长，严复深感责任之重大，“故自受事以来，亦欲痛自策励，期无负所学，不怍国民，至其他利害，诚不暇计”。

他决心不负众望，全力投入，办好这个民国的最高学府。但他的人生牵扯进各种是非，导致他最终在任的时间不长。在只有半年左右的任期内，他面临重重困难和种种干扰打击。首先遇到的是经费困难。革命军占领武昌后，风雨飘摇的清政府学部已无力维持京师大学堂。民国政府成立后，财政状况并不见改善。严复数次面见学部负责长官，但他的请求都落空了。他在写给夫人朱明丽的信中诉苦政府高官毫无诚意：“再四筹磨，商请用款，迄无以应。……大学堂无款即不能开学，即我之薪水亦未开支也。公事亦极难办。”

民国政府对北京大学校的冷漠，使学校全无国立大学的样子。不久，停办学校的议论又暗流涌动，使已经艰难的经营更是雪上加霜。袁世凯政府过大的军费支出，使财政部有限的收入几乎都用于军饷开支，根本无力支出用于教育的经费。于是，一个严重的事态摆在面前：早已定好的北京大学校开学已经近乎不可能了。教职员的工资、严复的俸给也都发不出来。

◈ 北京大学校的开学计划

国立北京大学

（《严复与严复故居》香港人民出版社）

北京大学校的新学期开始之前的京师大学堂，计有学生818人，采取分科大学制，计有文科、法科、商科、农科、工科等学科。清末，京师大学堂的总监督吴汝纶曾经视察过日本的教育制度，这种分科制度应该是根据他的提案，采用了“帝国大学”的分科大学制。

北大第一代校长严复

（《严复与严复故居》香港人民出版社）

严复就任校长不久以后，便着手整顿各学科的领导机构，每科各置学长一人负责。他本人任校长兼文科学长，并任命张祥龄为法科学长，吴乃琛为商科学长，叶可梁为农科学长，胡仁源为工科学长。严复将原有的经科并入文科。在设施上，将校园之外的望海楼加以修缮，用作教职员开会碰头的场所。

北京大学校的“校长”称谓应该相当于日本帝国大学的

"总长"。而现在日本普通大学则用"学长"称谓。至于北京大学校从何时起改称北京大学尚无据可考,但估计应该是很快的事情。当时,日本将大学令管辖范畴的最高学府称为大学,而像陆军大学校、海军大学校等大学令管辖之外,由陆军省、海军省统辖的大学教育程度的学校,统称"大学校"。所以,北京大学应该是从那个时期以后叫起来的。

按照开课计划,应该将学校扩充到大学的规模。政府从大国的面子出发,原则上承认创办国立北京大学,但并不想负责提供必要的经费。当时严复的处境恰像今天日本临近新学期开学时私立学校的理事长一样。他首先要借入外债,以维持开课所必需的教职员薪水和其他经费。

◈ 开课经费与俸给问题

4 月 7 日,严复来到华俄道胜银行,借到 7 万两银子,才使北京大学能在 5 月 15 日开学上课。但很快到了 9 月 1 日秋季开学之前,必要的经费仍无着落,华俄道胜银行半年借款也将到期。严复只得又向英国汇丰、法国汇理、俄国道胜等外国银行洽谈融资,却均遭拒绝。8 月 26 日,好不容易向华比银行借到 20 万两,除一部分归还华俄道胜银行借款及利息外,其余用作北京大学秋季开学所需。严复竭尽全力为北京大学筹得维持生存的必要经费,这一巨大贡献后来得到近代史研究学者的极高评价。(王晓秋《严复与民国初年的北京大学》;郭卫东、牛大勇编《中西融通　严复论集》,宗教文化出版社)

经费问题虽一时得到缓解,但教职员全体减薪的问题依然困扰着严复。民国之初税收得不到保证,北京政府财政部发出通令,命京内外各衙门官员及学校教职员,凡薪水在60元以上者,“一律暂支60元”。

严复作为北京大学校长十分忧虑,给教育部写了条陈,表示不能接受通令的一刀切做法。他认为学校是教育机构,不能与官署同样对待。在写给袁世凯和民国教育部的信中,他说明学校的特点,对通令提出抗议:学校教职员薪水是按授课钟点和所担负任务轻重判定高低的,如果一律降低拉平,致使人员“放弃职任”,那么“表面之经费虽省,无形之贻误实多”。

这封信中他明确表示北京大学难遵部令,“为公之计,除校长一人准月支60元以示服从命令外,其余职教各员,在事一日,应准照额全支,以示体恤而昭公允”。严复终以据理力争和个人减薪保全了北大教职员的原有待遇,这是严复继为北大筹谋经费融资之外的又一贡献(王晓秋《严复与民国初年的北京大学》)。

◈ 北京大学面临停办

紧接着,最大的考验到来了。不同寻常的事态——政府教育部企图停办北大之议出现了。北京大学在1912年5月15日正式开学后,严复一方面添聘薄弱学科的教员,一方面解聘不称职的教职员,使“校中一切规模,颇有更张”,“全校学生遂与相安于学”。这些举措使北京大学的国际声望日益提高。很快,在同年7月英国教育会议和伦敦大学宣布承认北京大学学生的学历和成绩,“自兹以后,凡属北京大学校或译书馆之毕业生赴英游学者,均得以直接进行其博士研究”。

全然不顾严复为北大的整顿与组织建设“力图进展”,民国政府教育部在7月初提出了停办北京大学之议。其理由是所谓“程度不高、管理不善、经费困难”等，完全罔顾事实。刚刚成立的政府，维持国立大学感到负担太重。当前根本无力考虑通过教育培养未来的人才，事实上支付眼前的经费都很困难。因此，为了停办北京大学，政府只好不择手段，杜撰理由。

此议自然引起北京大学师生的强烈反对。校长严复代表大家向教育部上了《论北京大学校不可停办说帖》，此帖抄件现藏于北京大学档案馆。他理直气壮地陈述了北京大学万万不可停办的理由。

严复首先条理清楚地指出，北大自创办以来，集中了当时最好的人才、物力，又积十余年国家全力惨淡经营，才有今日最高学府之地位。

“一旦轻心掉之，前此所糜百十万帑金，悉同虚掷，造成巨大浪费。而且面对热情求学的莘莘学子，将持何理由而一切摧残遣散之乎?”

其次，针对鼠目寸光的当局提出的停办学校的所谓依据，严复反驳道，各国大学“亦无法定之程度”，由于历史和种种原因，各国各地的大学程度不可能划一，关键在于自己努力提高。如果停办北京大学，中国大学将永无提高之一日。针对教育要从中小学入手的说法，严复反驳说高等大学与普通教育应双方并进，而不应偏废一方。

“今世界文明诸国，著名大学多者数十，少者十数。吾国乃并一已成立之大学尚且不克保存，岂不稍过?”

当时，江浙、湖北等地都在议立大学。严复抓住政府好面子的心理，进一步敲打道，北京是首都，“反出行省之下，本末倒置,贻诮外人”。他还指出大学不仅要造就专门人才,而且兼有“保存一切高尚之学术,以崇国家之文化”的宗旨。

北大设立各种学科,“是则为吾国保存新旧诸学起见”。他批驳所谓学力程度不高的谬论:“既有造就之盛心,必不患无学者。”

关于经费问题,严复认为“谓今之大学,固当先问其宜存与否,存矣,则当问其进行之计画为如何,不得以筹费之难易为解决也”,由此提出讨论这一问题应遵循的逻辑,进而得出他的结论。

“国家肇建万端,所需经费何限,区区一校所待以存立者,奚翅九牛之一毛?其所保持者甚大,所规划者至远,如此,夫何惜一年二十余万金之资,而必云停废乎?……大部如以鄙见为不然,则方来之事,请待高贤。若以为犹有可从,则改革之谋,请继今以进。”

严复的说帖“铿锵有力,掷地有声”,给人以很大的震动。这份条理清楚、观点鲜明的“说帖”,可谓北大校史上的一份珍贵文献。

◈ 确保人才,充实学科

接着严复又呈上一份《分科大学改良办法说帖》,提出了北京大学的改革方案,此说帖抄件也藏于北大档案馆。

他建议原有学生一律在一年内以选科毕业,暑假后招考新生一律通过入学考试,招收具有一定程度的学生入学。新生征收膳宿各费,毕业后给予学位。以前所聘外国教习按约辞退,替之以择优录用之中国教职各员。他特别说明这一考虑的道理。

“选本国学博与欧美游学生，各科中卒业高等而又沈浸学问无所外慕之人，优给薪水，俾其一面教授，一面自行研究本科，如此则历年以后，吾国学业可期独立，有进行发达之机。……则较之从前永远丐人余润，以重价聘请一知半解之外国教员，得失之数不可同年而语矣！”

他主张，大学不仅要培养学生，还要提高指导教师的资质，通过研究将学术能力提高至世界水平，这样才能成为一国的学术核心。他还建议将经科并入文科，指出：

“既为大学文科，则东西方哲学，中外之历史、舆地、文学，理宜兼收并蓄，广纳众流，以成其大。”

这个提议与4年后蔡元培提出的“兼容并包”的方针是一致的。

关于法科，严复主张以国文教授本国法律为主课，尤其应着重学习共和立宪以来中国现行之法律，而以外文教授外国法律为辅课。

对于工科与农科，他建议派出优秀学生，由学校出资派到欧美、日本留学深造，同时加强实验室和图书、仪器、药品的管理。在他看来，工学和农学是头等重要的实用科学。

严复建议商科开四个专业，即经济学、财政学、商学和交通学。看来当时还没有经营学与会计学的概念。

北京大学的王晓秋教授以今天的眼光高度评价严复的这些构想：“严复的这些建议即使现在看来也是很有见地的，并反映了他的教育思想能够与时俱进。”

◈ 抗议停办北大

教育部接到严复这两份说帖后，虽然声明“解散之事，全属子虚”。但又坚持停办北大的既定路线,于是在7月7日下达了《北京大学结束办法九条》,要求北大执行。九条的核心是,“各分科大学学生一律提前于元年年底毕业,给予选科文凭,概不授予学位”。

《北京大学结束办法九条》还规定,下学期各分科课程要作增减,学生要交膳费,各科学长应兼充教员,法商两科学长以一人兼充等。而最重要的是规定“本年下学期各分科大学一律不招新生”,实质上是要终止北京大学的现行功能。

教育部《北京大学结束办法九条》一宣布,立即激起北大教职员与学生的强烈不满与反对。全校议论沸腾,认为这是对北京大学实行“和平之驱逐”、“变相之解散”,学生们举行大规模集会,推选代表草拟说帖提出抗议。现北京大学档案馆内收藏有文科、法科、工科等各科学生的说帖。文科学生代表公示说帖,当众演说:

“此风一播,全国灰心,窃恐后之向学者,群以北京大学校为畏途,相率裹足。……不甘妄自菲薄,咸有研究完全文科大学学问之请愿……但与世界各国专门学子争占学问一席!”

法科、工科学生代表说帖也强烈反对“半途而废”,而且要求多招新生。

严复校长和北大教职员与学生的有力抗争和社会舆论形成一股强大压力,教育部不得不取消北京大学停办之议和结束办法。在8月9日举行的全国临时教育会议上,讨论了教育部的停办北大之议,“嗣以事实困难,停办之议,遂亦打消”。

会议还通过了分设大学案,即十年内国内先设北京、南京、武昌、广州四所大学。这场停办之争不仅关系到北大的存亡绝续，而且对中国近现代革命和文化、科学、教育事业的发展也具有重大影响。严复为维护北大的生存发展而做出的艰苦努力，今天仍然是一份巨大的财富。就在这一回合的较量中，严复与教育部等政府当局结下了梁子。

◈ 辞去北大校长职务

政府与教育部屡屡发出自相矛盾的指令，令严复十分愤慨，多次抗命。政界内部有所谓“南北之争”，更有党派之争与种种人事纠葛将他卷入其中。尤其令他躺着也中枪的是，他甚至常被人视为与李鸿章、袁世凯过从甚密的北洋系旧人物。经济收入、家庭负担也是个现实问题。北大校长薪水不高，不敷家庭开销，后来部命减薪至 60 元，甚至“尚不够养我马车”。当时在北京，马车是生活必需。生活困顿令他不爽，不久萌生退意。而这时袁世凯又聘其任大总统府顾问，工资较高，教育部却严令不准兼职，故他权衡再三，决定辞去北大校长职务。辞职时间一般认为是民国元年年末，考虑到他还兼任海军部翻译处总纂，估计实际应该是在民国元年 9 月之后。

他在给熊纯如的信中说，“其原因复杂，难以一二语尽也”。的确，除上面原因之外，严复本人年老体衰，哮喘病加重又有吸食鸦片嗜好等，估计也构成他辞职的综合动机。上述资料多来自北京大学历史系王晓秋教授提供的文章《严复与民国初年的北京大学》。这一年(1912)7 月 30 日，日本明治天皇驾崩，大正天皇即位，年号改为“大正”。

十、政治野心的牺牲品

◈ 接受大总统府顾问

民国元年(1912,日本大正元年)9月,袁世凯任命严复为大总统府顾问,同时兼任海军部翻译处编纂,主要作为外交顾问进行国际法方面的出谋划策以及各国海军文件的翻译。他每天大部分时间用于从外国报章上翻译消息,向袁世凯提供舆情分析。袁世凯在北京的总统府豪华气派,有庞大的组织供他驱使。起初,他在北京东城外交部街的外交部办公,不久,便迁入清皇室已经让出的中南海。袁世凯下令各门一律禁止通行,唯有从长安街出入的新设新华门为总统府专用门。作为大总统府顾问,严复在接触威仪堂堂的袁大总统的过程中,处处可以感到其流露出的骇人杀机。但他又认为,当今的中国,正需要某种让人足以信赖的行动果断之人。在写给熊纯如的信中,他毫不掩饰地流露出这样的看法。

"项城于国变日受职,各国同日承认,亦几天与人归矣。"(民国2年10月20日与熊纯如书,《严复集》第三册)

但这年春天,上海发生一件政治大事变。

◈ 宋教仁遇刺

民国2年(1913)3月20日,国民党理事长代理宋教仁,在上海火车站遭遇暴徒枪击,两天后死亡。调查结果发现,凶犯是与袁世凯关系密切的刺客。孙中山是国民党的理事

宋教仁

(《资料中国史》白帝社)

长,但在国会,宋教仁是有实力的党代表,获得了比较多数议席。袁世凯势力担心责任内阁选举宋教仁为总理,将使袁世凯的大总统名存实亡,于是就策划了这起暗杀。宋教仁享年 32 岁。

宋教仁是湖南桃源人,参与革命派黄兴创办的华兴会。长沙起义失败后逃亡日本,在早稻田大学学习,并创办杂志《二十一世纪之支那》,宣传革命思想。光绪三十一年(1905,明治 38 年)宋教仁在东京与孙中山会合,是“中国革命同盟会”创办者之一,负责编辑机关报《民报》。宣统二年(1910),在上海发行《民立报》,并在长江流域从事革命工作,宣统三年(1911)“辛亥革命”成功之时,他作为南京临时政府法制院总裁起草了临时约法。

民国元年(1912),同盟会在宋教仁的领导下由革命组织转型为议会政党“国民党”,孙中山作为理事长成为党的象征性领袖,而宋教仁作为副理事长成为实际上党的领袖,民国 2 年(1913)2 月参加第一次国会选举,宋教仁率领的国民党成为议会第一大党,支持袁世凯的执政党——共和党败选。

袁世凯站在历史的十字路口:在第一次国会上,是由国民党组建宋教仁内阁,大总统袁世凯作为名义元首装点门面,还是干掉宋教仁,解散国会,构筑独揽实权的大总统政权?袁世凯毫不犹豫地选择了后者。

◈"二次革命"爆发

"宋案"引起全国震惊。孙中山发起继"辛亥革命"之后的"二次革命",主张讨袁。袁世凯预料到事态会发展至此,早就向英、法、德、俄、日等国借款以充军费,增强军力。占有绝对优势的袁世凯对国民党革命派进行了彻底的武力镇压。刺杀案发生后,严复于4月2日在写给熊纯如的信中说,"沪上忽出暗杀宋教仁一案……恐从此国事日就葛藤,喋血钩连,殆无时已,而国命与之俱去"。他已经预感此事件将要引发全面内战。

接着,在6月10日的信中,他表示了对南北纷争的担忧,也指责了袁世凯政府言行不一的欺诈政治。但严复也强烈反对革命派号召的武力革命。任何情况下,严复对武力革命造成的秩序混乱都持厌恶态度。他支持袁世凯的理由也正在于此:因为袁世凯有足够的实力镇压武力革命。这一时期,严复在政治纠纷的漩涡里失去方向,在袁世凯权谋政治的浑水中备受愚弄。严复对倾向于武力革命的国民党没有好感,以两害相权取其轻的态度,选择了支持袁世凯。他希望袁世凯像割除庭院里的牵牛花一样,除掉国民党,取消共和政体。他认为中国还没有形成像西欧那样通用的公民社会的基础。严复的政治思想还是主张改良主义,他认为武力纷争只会留下一片废墟,而不会让人看到真正的希望。斯宾塞的社会进化论就主张渐进改良而否定激进主义路线。比斯宾塞年长22岁、几乎与斯宾塞同时期的社会学家奥古斯特·孔德(Auguste Comte,1798—1857),也对一定的不平等给予了肯定。孔德认为,社会上不论多么弱小的存在,都不仅表现为多样性,更必以某种不平等作为存在的前提。这也是因为只有具有适当的上下级关系的各种手段，在某一普通的操作中一贯地进行合作，社会才能得以真正存在。

尽管如此，“二次革命”的战端还是在7月爆发了。江西都督李烈钧以及声望仅次于孙中山的实力人物黄兴，纷纷响应孙中山发出的讨袁号召举行武装起义，南方数省宣告独立。但是在袁世凯强大的军事实力面前，武装起义惨遭失败，孙中山等多名国民党实力派一面号召继续开展革命斗争，一面逃亡日本。

确信已经取得胜利的袁世凯，在10月6日召开第一次国会时，出动数万名军警包围国会，胁迫议员推选他为正式大总统。此后，日、英、法、德、俄都承认了中华民国。美国在“二次革命”爆发之前承认了中华民国。超级现实主义者袁世凯利用国会将自己选为正式大总统后，认为国会已经没有利用价值，宣布将其解散。事实上就是宣布废除国会。11月，袁世凯宣布国民党非法，下令解散国民党。两个月后，1914年1月解散国会，废除宋教仁起草的、具有法律效力的临时约法。3月18日，虚设的“约法会议”审议并制订了大幅度强化大总统独裁权力的“新约法”。袁世凯让旧立宪派和旧保皇派拼凑的进步党成为执政党。接下来就是严复卷入魔神化身袁世凯的政治漩涡，经历幻想、幻灭，乃至目睹袁世凯政权灰飞烟灭的人生历程。

◈ 有名无实的参政院参政

宋案过去1年2个月之后，民国3年(1914，日本大正3年)5月，兼任着海军部翻译总纂的严复被任命为参政院参政。参政院是大总统的高级咨询机构。参政作为咨询机构成员，主要是为袁世凯的独裁打打掩护。因此，虽然名为参政，实际就是个挂名议会，严复总是缺席会议。这一时期，他在《庸言报》第25、26期上发表社论《民约平议》。

5月5日，他以参政身份出席总统府茶会。7月4日，参议院举行约法修正报告会，但并没有进行什么特别的审议。7月9日，严复去总统府领取6月份的顾问薪水。7月16日，参政院宣布放假四星期。这真是一个有名无实的议会。对于正在谋划将独裁总统制改为帝制的袁世凯来说，除必要的情况之外，尽量不让严复这些人参与政策讨论。袁世凯的独裁统治越来越露骨了。继民国3年(1914)1月解散议会之后，4月发布旨在强化新闻管制的报纸条例，5月，在参政院废除现行宪法——临时约法，公布强化大总统权限的《中华民国约法》。严复作为参政，参与了这些审议过程。参政院运转到9月下旬闭会。严复这段时间里常去铁匠胡同与麻友打麻将。似乎是父亲严振先的遗传，严复十分好赌，经常"夜博"通宵达旦。9月29日，参政院开会，严复缺席。30日，清史馆召开审查会，严复也没有参加。对他而言，参政院现在已算不上什么了，震撼世界的重大新闻正吸引了他的全部关注。8月，第一次世界大战在欧洲爆发了。袁世凯政权马上宣布中立。

◈ 第一次世界大战与"二十一条"

民国3年(1914，日本大正3年)9月2日，日军在山东半岛北侧龙口登陆，不久占领潍县车站。10月2日，参议院再次开会，梁启超质问政府日军侵占山东半岛事件。这次会议严复也没有出席。他此时正忙于舆情调查。第一次世界大战爆发后，严复每天要花6小时以上的时间浏览外国报纸的消息、社论以及通讯报道，并择要闻翻译汇编，以《居仁日览》为题，送大总统备览。他通过各国报纸的多方报道分析国际形势，预测战争的结局将是德国战败。他在10月23日写给熊纯如的信中再次讨论了世界大战以及中国所面临的国际国内形势。日军进军山东半岛，侵占青岛，而中国政府除了“忍辱负痛”以外，全无其他对策。对此，严复愤怒，忧虑，思索救国的办法。为鼓舞民心，他起草《导扬中华民国立国精神》，向参议院提案呼吁。但在无情的现实面前他再次感到挫折。

1915年，日本大限重信内阁趁欧战列强无暇东顾，向中华民国大总统袁世凯提出蓄谋已久的“二十一条”。

严复根据对国际关系的了解研判日本与美国、英国的复杂关系。他的结论是，英、美将不会为了中国干涉日本提出的“二十一条”。中国报纸不识时事，散布呓语，是于事无补的。日本政府后来向中国政府发出通牒，只同意删除第五条“中国政府请日本人做政治、财政、军事顾问”，结果就两国签署了这个条约。袁世凯下令，对于未经政府许可泄露此条约内容者将严惩不贷。此令6月22日公布。

从此以后，接受日本最后通牒的5月9日成为中国“国耻纪念日”，中国全国上下兴起大规模反日运动和抵制日货运动，要求废止“二十一条”。从这时起，严复对袁世凯的支持热情急剧地降温了。

十一、推进恢复帝制

◈ 设立“孔教会”

为恢复帝制，袁世凯处心积虑地寻找让人民支持自己称帝的手段。他觉得在民众中根深蒂固的尊孔情结可加以利用，于是下令全国各省大搞尊孔祀孔，成立“孔教会”。任命严复为总统府顾问时就已经考虑日后让他做孔教会的首席发起人。他的作用是鼓励“积极地读经”。经者，经书也。即孔子等古代圣人撰写的儒学经典著作。如“四书”、“五经”、“九经”、“十三经”等。所有人要奉总统袁世凯的旨意义务践行，不许抵制。一般的通史说，思想保守化了的严复鼓励积极读经。但实际上，在独裁的政治环境下，个人并不能主张自由意志，只有“积极鼓励”的自由。所以应该在袁世凯恢复帝制的组织意志的背景下去理解当时严复的角色才更加符合实际。当然，尊孔祀孔也引起革命党的抵制。章炳麟执笔《驳建立孔教议》，抨击袁世凯，但袁世凯这时已经无所顾忌，坚持强行推广孔教。

“辛亥革命”之后一段时间，出于对清朝的否定，人们批判孔子的思想，不再尊孔读经，学校的读经课程也纷纷取消，地方许多孔子庙改为学校。但袁世凯决定逆历史潮流而动，回复尊孔。其真实意图——为下一步实现恢复帝制的政治野心而制造舆论，笼络人心，开始一步步暴露出来。民国元年(1912)9月20日，袁世凯以临时大总统的名义下令恢复礼教，尊崇伦常。他宣布，“中华立国以孝悌忠信礼义廉耻为人道之大经”，受其指使，民国政府学部教育会议做出“祀孔”决议。

在大总统尊孔号令的鼓舞下，10 月 7 日上海孔教会成立，民国 2 年，在孔子的故乡山东曲阜成立孔教总会。与之相呼应，北京成立尊孔宗教会，严复是发起人的领首者。除严复外，参与发起者还有夏曾佑、姚永概、林纾、吴芝瑛、梁启超等 200 多人。他们联名上书国会，要求将孔教定为国教，但实际上这一切都是按袁世凯的路线图在向前推进。从这时候起，严复对西方文明的认识发生了重大变化。这在给熊纯如的书信中可以明显地感受到。他对迄今为止一直赞不绝口的西洋文化加以否定，称之为“掠夺与傲慢的文化”，认为这也是造成无政府主义者日增的原因。看来严复这时已经注意到进入帝国主义阶段的资本主义矛盾不断显露的真实情况。

◈ 推进帝制的参谋——杨度

四年后，1917 年 2 月，俄国革命推翻了罗曼诺夫王朝。1918 年 11 月，由于欧战中战败以及俄国“十月革命”的影响，基尔军港的水兵叛乱揭开了德国革命的帷幕。德意志帝国垮台，魏玛共和国成立。欧洲国家正发生着前所未有的变化，从帝制向共和制转型成为一种潮流。但同一时期，中国却逆此潮流而动，将要恢复帝制。而且，严复在这个时候站队到恢复帝制一派，还充当了旗手。一个人物这时出现了。这就是杨度。杨度扮演了帮助袁世凯恢复帝制的参谋角色，在拉严复下水上起了很坏的作用。杨度是湖南湘潭人，光绪二十三年(1897)中举,留学日本。参与创办杂志《游学译编》,并发表评论文章《金铁主义》。他力主君主立宪,晚清时期曾任宪政编查馆提调。中华民国建立后,任袁世凯政权的学部副大臣,还被任命为参政院参政。民国4年(1915)3月,杨度发表《君宪救国论》,主张中国唯有实行君主政体,才能救国,并极力鼓吹以袁世凯称帝为前提的帝制恢复运动:“故中国之共和,无论如何,终必废弃……”

这些话袁世凯大加赞赏,下令秘密印刷传播。杨度还在袁世凯的授意下四处奔走,为恢复帝制悄悄地制造舆论。他请美国法律专家古德诺做法律顾问,要他写一篇拥戴帝制的文章。古德诺应邀写了一篇《共和与君主论》,鼓吹中国应改行君主制。这篇文章大意是说,中国人的民智很低,没有能力做出政治选择,因此从专制一下子过渡到共和会有诸多弊端,恐遭外国的干涉。对于中国的未来而言,采用君主制是一个更好的选择。袁世凯为此赠给古德诺“五十万金”。

◈ 推进帝制的机构——“筹安会”

古德诺的文章翻译成中文,杨度充当代表的“筹安会”大量印制,通过各省支部配发到地方政府和学校,组织宣传讨论。筹安会,是在杨度写完《君宪救国论》之后不久,为策应袁世凯恢复帝制而成立的,自称是学术团体的政治结社。孙中山发起的“二次革命”失败后,袁世凯动用数万军警恐吓国会,使自己成为事实上的终身大总统。开始独裁统治之后,袁世凯进一步要求实现恢复帝制的政治野心,命心腹杨度组织了推进恢复帝制的机构——筹安会。主要会员有:立宪派严复,革命派前中国同盟会会员孙毓筠,无政府主义者刘师培等中国政治思想界名流。当时，思想界三巨头是章炳麟、梁启超、严复。但革命派的精神领袖章炳麟，因遭到袁世凯的思想镇压，被软禁在北京。梁启超虽是立宪君主派，现在又是大总统顾问，但对袁世凯戊戌告密耿耿于怀，袁对他也抱有戒心。而严复，作为大总统顾问，在海外舆情收集和国际法问题咨询等方面不负期待，多有贡献，因此是为复辟帝制捧场的最佳人选。杨度十分看好严复，他瞄准严复，决计拉他参与一项工作——签名充当劝进袁世凯称帝的首席发起人。

◈ 劝进闹剧

民国4年(1915)8月，杨度来到北京西城旧刑部街严复的住处拜访。头两次登门并未深谈真实意图，谈谈生意，如邀集一些朋友合股组织公司之类的计划等。严复并不知他来访的真实意图，只是听他说得津津有味。

两次拜访之后，第三次登门杨度直截了当地问严复："严先生，古德诺的《共和与君主论》您读过吗？"

严复答道："读过，并没有什么独特观点。"

还没等严复话音落地，杨度又接着问道："如今的政治和清代相比，您有何高见？共和政治果真能使中国走向富强兴盛吗？"

严复说："这还真一两句说不清楚。不过，辛亥改革的时候，清廷曾接受'虚君之制'，颁布十九条宪法。当时要能够落实，清廷也得以保留，也许国家的事情不至于糟糕到今天这步田地，也许会像英国国君那样保持国体，无为而治呢。"

听了严复的回答，杨度趁势切入正题。"先生说得极是。

我们也这么看，所以想搞一个筹安会。共和制不适用于我国，还是应该采取行动回到君主制上来。这样的方针，我看也不用我们引用古德诺的观点，自己就可以先践行起来。相信国民都盼着这一天呢。我们恳请严先生做发起人，向袁世凯大总统进劝进表。袁氏称帝，我国富强、和平指日可待，一定请先生签这个名啊！”

严复听到这里有些吃惊。他并不认为共和制适用于中国。但纵观当今世界，帝制无法应对种种复杂的社会矛盾，俄国和德国都纷纷改弦更张，实施起共和制来。中国也通过革命推翻了君主制度。在这种情况下，尽管并不如人意，但毕竟共和制政府已经建成，新秩序也已经确立，断不可再轻易地逆历史潮流而动了。他明确表示出不赞同的态度。杨度又坚持说什么袁克定也是此事的有力后援，但还是没有说服严复。严复预料杨度不达目的不会罢休，还会再来说服他。

第二天，筹安会头面人物有一个聚餐，严复收到了请柬。但他借口身体不适推掉了。翌日杨度又来，严复还是托词不在家而未见。杨度露出很不满意的情绪，悻悻而去。夜里，杨度忽然差人送来一函，内容仍是劝进表署名的事情，还说请严复出面做发起人，实际上是秉承袁世凯大总统的旨意行事。“如果拒绝发起人署名，恐怕对先生不太好。明天必须见报，您一定会理解此事已经不可逆转。为了您好，已经替您把名字署上了，实在来不及再征求您意见，就先斩后奏了。”

严复见状连夜叫来秘书侯毅，给他看过杨度来信后磋商对策。侯毅觉得事态很严重，劝严复如果不想附和，就赶快躲一躲。“明天报上就会出现他们盗用的先生名义，很明白，这是要利用先生的声望。这封信就是给先生的胁迫信。先生既然不勉强附和，那就考虑躲一躲。能否趁夜潜逃他处？”

严复感到时间太紧，自己的体力也不允许，于是无力地回答道：“我年岁大了，而且哮喘病经常发作。为避迫害而逃亡，像东汉末年张俭那样，途中看到人家就去投宿，是非常难以忍受的。也许会给后世留下骂名，但这事我还是忍了吧。”

◈ 梁启超撰文反对恢复帝制

第二天一早，各报都以醒目位置报道了向袁世凯提议劝进的筹安会发起人的新闻。发起人名单中严复位列第三。理事长杨度，副理事长孙毓筠。理事为严复、刘师培、李燮和、胡瑛 4 人，合称“筹安会六君子”。9 月 1 日，参政院开会，全国各省官吏分别收到筹安会各地支部的督励，派代表来北京向袁世凯劝进。为拉拢各界劝进，还花了不少钱打点，于是出现了“妓女请愿团”等各种各样奇怪的劝进团体，上演“民意”大戏。针对这种明目张胆推动恢复帝制的运动，名声显赫的启蒙思想家梁启超发表了措辞激烈的反对帝制的评论。

9 月 3 日，《京报》刊登梁启超的评论《异哉所谓国体问题者》，引发社会轰动。茶馆、旅馆等人众之处议论得沸沸扬扬，大家争抢报纸，人们要求报馆再版。梁启超是一位深得公众喜爱的写手，才华横溢。他这篇反对恢复帝制的文章，引发公众狂热般共鸣。袁世凯没有料到事态会发展到如此程度，十分惊恼。他命总统府顾问夏寿田拿上 4 万元金票，上门请严复撰文反驳梁启超。严复对登门前来的夏寿田表示不能接受这笔钱。夏寿田使出浑身解数欲说服严复，但还是被严复拒绝了："若以货取，其何以昭信天下？非主座见命之意也，容吾徐图之以报命。"严复还表示，即使自己写文反驳，也不会令梁启超封笔沉默。而自己近来经常头痛，年逾六十，病患相迫，甘求解脱而不得。"果能死我，我且百拜之矣。"

严复此举，与"辛亥革命"爆发，民军占领武昌之时，面对清政府的讨伐令称病的袁世凯十分相似。自知已经无法说服严复，夏寿田只好赶回总统府向袁世凯复命。

◈ 袁世凯称帝及结局

史华慈在《寻求富强：严复与西方》第十一章"晚年时代"中写道，由于袁世凯拉拢严复不成，曾感叹说"严某纵圣人复生，吾亦不敢再用"。

史华慈没有说明袁世凯是在什么情况下讲的这番话，但估计应该是这次碰钉子以后的事情。最后，袁世凯还是请孙毓筠写了反驳梁启超的文章。10 月，参政院决定召开国民代表大会，地方各省选出"国民代表"，开始进行"国体投票"，恢复帝制。这一切都是根据大总统指示运作的"全国请愿联合会"所操办的，到会国民代表 1993 人，赞成君主立宪制者 1993 人，君主立宪制"全票通过"。

接着又要求代表们推戴袁世凯称帝。推戴书的格式完全一样，一字一句都丝毫不差："谨以国民公意，恭戴今大总统袁世凯为中华帝国皇帝，并以国家最上完全主权奉之于皇帝，承天建极，传之万世。"

面对“民意”推戴，袁世凯做出谦虚推让的姿态。按照预先设计好的剧本，参政院再次劝袁即位，这一次袁世凯表示接受“民意”，同意登帝位了。这一天是12月12日。

12月13日，袁世凯接受文武百官的朝贺，同时公布，国号即日改为“中华帝国”。新年号为“洪宪”，1916年即“洪宪元年”。元旦，将举行中华帝国皇帝登基大典。但是，这一天实际上成了袁世凯人生的顶峰。从顶峰跌落谷底，接下来的时间不足3个月。1915年12月25日，也就是“洪宪帝”即位的6天之前，云南省宣布独立，“护国军”领袖蔡锷通电讨袁。前一年孙中山组织的中华革命党、以黄兴为首的反袁组织等应声四起，袁世凯面对多股反对势力，帝制前景顿时黯淡无光。“洪宪元年”1月27日，贵州通电独立，3月15日广西通电独立。北洋军阀内部开始分裂，袁世凯的幕僚段祺瑞、冯国璋一下子改变了态度，对袁十分冷淡。特别是冯国璋，与护国军携手，和广西省督军李纯联名敦促袁取消帝制，公开要求将权力交给他们。几乎全盘接受日本政府提出的“二十一条”，并与之签署该条约，也是引发反袁浪潮的重要原因。起初，日本政府意欲利用袁世凯，这时看到袁大势已去，便将他抛弃。主要各省纷纷独立，举旗造反，有能力的幕僚和左右也弃他而去，无奈之下，1916年3月袁世凯只好宣布取消帝制。袁世凯仅仅做了82天的短命皇帝。退位之后袁仍称大总统，各地列举袁世凯罪状的电文雪片般飞来，指责他“背叛共和，窃取帝位”，咒骂“诛杀袁贼”。最后，袁世凯认为最忠于自己的幕僚四川督军陈宧、湖南督军汤芗铭也通电独立。众叛亲离，成了孤家寡人的袁世凯绝望中昏迷不醒，6月6日，这位北洋军阀的旷世巨魁离开人世，享年57岁。7月

14 日，武昌南北会谈时的南方全权代表黎元洪接替大总统，宣布恢复“临时约法”和国会，国务总理段祺瑞继续连任，同时兼任陆军总长。北京表面上恢复了平静。这时有传闻说，要惩办拥袁称帝的筹安会头面人物。听到这一风声，严复害怕遭到逮捕，便逃往天津避风头。因为断了收入，只好悄悄地联系学部与海军部，请求支付薪俸。不久，得到政府方面的情报说，“严复、刘师培乃有用之才，因而从筹安会头面人物名单中删除”。这样，他就不用再担心被打成政治犯了。

严复给新政府的实力派人物段祺瑞写去感谢信：“当筹安会发起之时，杨、孙二子，实操动机。其列用贱名，原不待鄙人之诺，夕来相商，晨已发布。我公试思，当此之时，岂复有鄙人反抗之址耶？今者国会要求惩办祸首，尚幸芝老知其真实，得及宽政。不然，复纵百口，岂能自辩？”

严复对国务总理段祺瑞没有将他列入帝制祸首心存感激。而政府方面大的判断大概是，这位声名颇高的思想家已经没有太大的影响力了，已经不值得抓来判罪。就这样，8 月 24 日，严复回到了北京的寓所。

十二、被人遗忘

◈ 袁世凯之后的权力争夺战

民国 6 年（1917，日本大正 6 年），严复迎来 65 岁的新年。他的房间门可罗雀，偶尔会响起一阵主人的咳嗽。准确地说，这是一种“蛰居”的气氛。经人介绍，严复住进北京东交民巷的一家法国医院接受治疗。

袁世凯之后的政坛动向可谓波谲云诡,变幻莫测。

国务总理段祺瑞的权力得到强化,大总统黎元洪成了签字盖章的名义元首。段祺瑞将国会中研究派政客梁启超等进步党党员组成的“宪法研究会”成员的议员拉到自己一边,借助日本寺内正义内阁的“援段政策”得到“西原借款”,形成与黎元洪分庭抗礼的局面。另外,在段祺瑞统治的皖系军阀之外,黎元洪、非皖系军阀与商榷派政客张继为代表的原国民党议员结成的“宪政商榷会”形成一股力量,在英国支持下与段祺瑞形成对峙。

所谓的总统府与国务院之间的“府院之争”,看上去十分复杂,实际上反映了在半殖民地化的中国,以各路军阀为代理人的日本与英美之间帝国主义政策的冲突。这个冲突一直持续到 1941 年太平洋战争爆发才见分晓:军国主义日本在这场冲突中彻底败北,崩溃。

1917 年 2 月,第一次世界大战中的德国宣布进行“无限制潜艇战”,多艘美国商船被击沉。美国宣布与德国断交,3 月,中国也宣布与德断交。以欧洲为中心的大战,终于升级为前所未有的、真正意义的世界大战。

严复远离一切政治组织,一面在北京的住所治疗哮喘,一面静观“府院之争”。所谓“府院之争”,其错综复杂的脉络可做如下简要归纳。

袁世凯复辟帝制以失败告终,但他死后,北洋政府发生分裂,大总统黎元洪所代表的总统府派(简称“府派”)与国务总理段祺瑞所代表的国务院派(简称“院派”)形成对立,军阀对峙的内乱局面出现了。大总统黎元洪以直系军阀为武装后盾，下令罢免段祺瑞国务总理兼陆军总长之职。段祺瑞的反应是，皖系军阀联手张作霖手下奉系军阀的各省督军，通电独立，并在天津设立“独立各省总参谋处”，准备挥师进京。形势一触即发。黎元洪感到危机，便向拥有实力的安徽督军张勋求救。张勋率领“辫子军”进京“调停”，对段祺瑞形成武装压力。这时，发动对袁世凯口诛笔伐，使袁世凯最终崩溃的谋士梁启超再次出面。面对段祺瑞的问计，梁启超给他出了一个绝地反击的奇招。“先与张勋密谈，利用他逼迫黎元洪大总统下台，解散国会，作为报酬，答应他复辟清室，然后再呼吁‘反复辟’，打到张勋，最终由段祺瑞执掌政权。”

◈ 张勋复辟

民国初年的中国人精神深处，对“圣王”的向往依然根深蒂固。继袁世凯恢复帝制之后再次发生的清室复辟，就证明了这一点。革命才刚刚过去几年，张勋就带着辫子军，梦想复辟清朝帝制。

张勋是广西奉新人，在清朝期间是一个不太受重视的军人官僚。曾在袁世凯麾下，清末镇压义和团建立战功，被任命为江西提督，不久又晋升为江苏巡抚，两江总督兼南洋大臣。辛亥革命后任安徽督军，一直策划复辟清室。1917 年他率军进京，一时取得成功，几天后便告垮台。他率领的安徽“定武军”，在辛亥革命之后为了表示依然忠于清室，张勋和他的士兵都留着辫子。北京市民看着这些好似清军亡灵的队伍招摇过市，便叫张勋为“辫帅”，称他的队伍为“辫子军”。1917 年 6 月 10 日，张勋率领 5000 辫子军从当时还属于安徽的徐州出发，向北京进发。就复辟清室一事已经和段祺瑞早有沟通，所以当张勋一到天津，就给黎元洪打电报，要求他解散国会。14 日，张勋抵达北京，逼迫黎元洪辞去大总统职务。黎元洪遭到背叛，如意算盘彻底落空。

1917 年 7 月 1 日，张勋拥立 12 岁的溥仪在故宫复位，将年号从民国 6 年改回宣统九年。各省军事长官督军又改回清代官名巡抚，其他如名称、制度等也都皆改回清代的样子。戏装店里的清朝礼服和马尾巴做的假辫子一下子供不应求。这些翘着假辫子的前朝遗老遗少，就像古装电影外景地走来走去的演员一样充斥大街。

张勋犯了一个不合时宜的错误，他的极端政策招致社会各方面的愤怒与反对。不仅中国国内，外国也对这个奇葩政权非常信不过，日本的寺田内阁做出应急对策。利用张勋赶走黎元洪，解散国会——梁启超的奇招一步步按预想实现，段祺瑞现在要赶走被利用完毕的张勋了。社会舆论一边倒地反对清朝复辟，在这样的背景下，靠着日本的支持与贷款，段祺瑞组织起“讨逆军”，自己亲任总司令。7 月 5 日，在天津举行了“讨伐张勋”誓师大会，段祺瑞率领 5 万兵力挥师北京。经过几场战斗，就彻底歼灭了辫子军。

12 日，张勋逃进荷兰公使馆，清帝溥仪再次宣布退位。第二次清朝的复辟闹剧仅仅 12 天就在众人的一片叫骂声中收场了。

◈ 反段护法

黎元洪下台后，冯国璋继任大总统，段祺瑞成了“再造共和”的元勋，继续担任国务总理，掌握实权。然而，军阀政权经常与一些利益集团特别是外国势力有瓜葛。1918 年 8 月，段祺瑞政权宣布中国与德国、奥地利开战。对德宣战是日本和英、美的要求,尽管不直接参战,却有得到日本贷款的好处。段祺瑞利用这一机会大肆向日本借款。

寺内内阁经西原龟三之手为段祺瑞筹措的“西园贷款”就达1亿4500万日元。这些以中国的铁路、商船、矿山、银行、海关税收及城市税收为担保的借款,几乎悉数充作段祺瑞麾下皖系军阀的军费。孙中山对段祺瑞政府的卖国行为发起声讨,西南军阀利用孙中山的声望在广州召集非常国会,海军亦派军舰南下参与。9月,“护法军政府”成立,选举孙中山为“大元帅”,形成与国务总理段祺瑞分庭抗礼的南方政权。

严复在北京的居所,通过读报获得信息,了解瞬息万变的政界局势。之所以会出现清廷复辟的现象,是因为这个国家的政治理念还远未成熟。军阀们凭借军事实力争权夺利,政权到手便任意私用,来自外国的贷款尽饱私囊,绝不会用于公益。政治即争权夺利。军阀头子们走马灯般执政。严复目睹上述“共和”现状深深地陷入绝望。民国7年(1918)初,他在北京给熊纯如的信中写道:“京中政界,依然不见曙光。”(民国7年1月24日与熊纯如书,《严复集》第三册)

◈《新青年》与“五四运动”

这年秋,严复回到老家福州疗养。从天津到福州乘轮船十分方便。

这时,中国知识界的青年,受欧洲不断传来的新思潮的影响,正着手推动文化改革。其中,陈独秀、鲁迅、胡适、李大钊等人以《新青年》杂志为平台,推广使用白话文。鲁迅用白话文发表小说《狂人日记》。北京大学各种社团频繁活动，研究新思想和启蒙主义。

严复在写给熊纯如的信中表明他并不赞成白话文。他认为，“今夫文字语言之所以为优美者，以其名词富有，著之手口，有以导达要妙精神之理想，壮写奇异美丽之物态耳”。但很显然，他的认识已经被时代甩在了后面。俄国革命激发了青年们的文化活动，1919 年，北京大学的学生，激愤于巴黎和会上列强容忍日本主张在山东半岛的权益，于 5 月 4 日走上街头抗议。工人也参加进来，很快发展成全国性的爱国运动——“五四运动”。抵制日货、工厂罢工不断升级，6 月，北京政府拒绝在和约上签字，并罢免了亲日政治家，运动终于告一段落。这场运动被人们永久记忆，不仅仅因为是一场反日运动，更因为它是具有历史意义的民族意识觉醒运动。

◈ 第一次世界大战与严复的思想转变

在欧洲，世界大战终于接近尾声。这场战争中，新型大炮和机关枪以其无敌的威力，使双方都付出了巨大的代价。可以说，这是人类文明出现以来规模最大的杀戮战争。至于 20 年后，以飞机狂轰滥炸和投掷原子弹为特征的第二次世界大战的惨祸，更是一战所无法比拟。只是，严复已经不可能看到这些了。

史华慈在严复晚年写给熊纯如的信中读到，晚年的严复思想发生重大转变，即明确地否定西方，回归孔孟。他在信中说：“文明科学，终效其于人类如此，故不佞今日回观吾国圣哲教化，未必不早见及此，乃所尚与彼族不同耳。……不佞垂老，亲见脂那七年之民国与欧罗巴四年亘古未有之血战，觉彼族三百年之进化，只做到‘利己杀人，寡廉鲜耻’八字。回观孔孟之道，真量同天地，泽被寰区。”

第一次世界大战杀戮的真相带给他的震撼，应该是他思想转变的决定性动因。

◈ 俄国“二月革命”与“十月革命”

关于西方文明，史华慈经常使用“浮士德式”或“普罗米修斯式”的概念来表述。我们知道，浮士德是歌德代表作中的主人公，其原型是 16 世纪的德国炼金术博士浮士德。浮士德的冲动就是要了解一切，体验一切，代表了那种自我无限膨胀的欲望；而普罗米修斯则是希腊神话中的一名神祇，他盗天火给人类，令宙斯震怒。据说普罗米修斯还用水和泥土创造了人类，并赋予人类所有动物都具有的能力。普罗米修斯开创的西方全能的文明，正通过浮士德式的欲望将其能力无限地扩大。他们具有了能够破坏整个世界的能力，奴役非洲，侵略亚洲，最终以欧洲为平台用他们万能的枪矛互相杀戮，使世界沦为地狱。

在大西洋和北海，英国和德国海军实力不相上下，彼此都试图阻断对方食物与原材料的海上补给线。先是英国稍占上风，等到德国海军终于将新式兵器潜水艇实用生产之后，立刻宣布实施不加区别的“无限制潜艇战”。几艘中立国商船被击沉，已经与德国断交的美国随即对德宣战。在这种情况下，中国也对德宣战。

1918 年 11 月德国投降。在这场大战中俄国和德国发生革命，两国的帝制双双垮台，国体都转为共和制。

俄国革命发生在欧战结束之前一年。1917 年俄历 2 月

(公历3月),看不到尽头的战争导致民不聊生,首都莫斯科的武装起义引发革命,持续了300年的罗曼诺夫王朝统治结束了。这就是俄国“二月革命”。无独有偶,清王朝的统治时间与罗曼诺夫王朝大体相当,也是近300年。沙皇统治结束后,资产阶级及自由派组成的临时政府掌控政权。不久列宁领导的苏维埃布尔什维克夺取政权,组建了以列宁为首的工农政府。这就是“十月革命”,世界上出现了第一个社会主义政权。

1918年11月3日,战场上的失败与经济的一蹶不振,导致德国基尔军港的水兵叛乱。以此为发端,革命在德国的各个城市蔓延,7日慕尼黑爆发的革命引发了9日柏林的总罢工。镇压革命的军队中途反水。社会民主党的菲利普·谢德曼(Philipp Scheidemann,1865—1939)宣布共和。翌日,德皇威廉二世逃亡荷兰,社会民主党领导层借助前军方力量镇压了反对派分子,1919年1月19日通过选举,诞生了魏玛共和国。

◈ 晚年生活与专注《庄子》

严复的晚年在北京、上海、福州的住处与医院之间辗转忘返,疗养宿疾。

民国8年(1919)的晚春,67岁的严复从福州搭乘轮船去上海,住进上海红十字医院,秋天又移至北京,住进协和医院。看来他准备在北京长期生活,搬到了东城区大阮胡同的新居,还将新居命名为“瘉壄草堂”。

收入主要靠学部和海军部提供的养老金,以及翻译稿费、商务印书馆的投资分红等,支付生活费和医疗费还算宽裕。辗转当时的一流医院治疗宿疾哮喘是有所考虑的:他想在治疗期间补译完《穆勒名学》。但是病情不断恶化,他只好放下补译工作,《穆勒名学》的全译本终于没有最后完成。停下了手中的工作,一直紧绷着的神经终于松弛下来了。他告别了北京,回到终老之地——故乡福州。他在福州城里的郎官巷家中(现为严复故居纪念馆)埋头品读《庄子》。在他故居附近,现有福建省博物馆,馆内设有严复专项展示空间,展示着他的著作和晚年手不释卷的《庄子》。上面还留着他用朱笔写下的批注,他对《庄子》的倾情阅读由此可见一斑。史华慈在《寻求富强:严复与西方》一书中总结说:

“最终,在中国文化领域里严复最信奉的,可能依然如故,即信奉老庄的神秘主义特性。”

“他给熊纯如的信中说他的思想已经越来越与《庄子》的思想靠拢了。他说,《庄子》甚至比《老子》更明确地论证了万物世界里的相对性、短暂性,以及所有的目的和原则的根本不重要。”

“进化的确发生了,但似乎无关紧要。至此,他转而面向了‘空’。”

严复如此倾倒于《庄子》,也许和赫胥黎主张的宇宙真实,即“变化”是世间万物的本质这样一种认识,有异曲同工、殊途同归之妙吧。他毕生追寻“富强”,而沿着上下求索的轨迹,他发现面前看到的终结点,竟是世界大战杀戮的惨状。在他人生将要到达终点的1921年,中国的军阀混战导致国内民不聊生,而欧洲也正在为大战带来的遍体伤痛而呻吟。人类所有努力的结果竟是一个充满杀戮的地狱。垂老的严复目睹这一切,参透了“进化”的无意义也是顺理成章的事情。

民国10年(1921,日本大正10年)初夏,严复在福州城里郎官巷的家中起居,有时为了躲避福州亚热带气候的酷暑,他会常常在附近的山中漫步。阴历端午那一天,他给熊纯如写了第106封信。

“还乡后,坐卧一小楼,看云听雨之外,有兴时,稍稍临池遣日。从前所喜历史、哲学诸书,今皆不能看,亦不喜谈时事。槁木死灰,惟不死而已,长此视息人间,亦何用乎?以此却是心事恬然,委心任化,故人不必为我悬悬也。”(民国10年6月阴历端午与熊纯如书,《严复集》第三册)

◈ 严复的遗嘱

入秋以后,哮喘愈发严重。严复自知来日无多,便写下一份遗嘱,内容共有3条。

一、中国必不亡。旧法可损益,必不可叛;

二、新知无尽,真理无穷。人生一世,宜励业益知;

三、两害相权,己轻,群重。

由于并发症肺炎发作,民国10年(1921,日本大正10年)10月27日,严复在福州郎官巷自己的家中溘然长逝,享年69岁。12月10日,严复的棺柩下葬于闽县侯官阳崎乡鳌头山,与严复年少时靠缝补维持家计的第一位结发妻子王夫人(光绪十八年,1892年去世)合葬一处。门生熊纯如送谥号“文惠先生”。

在天津一起从事启蒙活动的好友、闽县同乡陈宝琛(同治时进士,历任内阁学士、礼部侍郎、南洋大臣等要职的开明官员)为严复撰写了《清故资政大夫海军协都统严君墓志铭》，列举严复寻求富强之路的毕生轨迹，十分感人。

“六十年来治西学者，无其比也。所译《天演论》、《原富》、《群学肄言》、《穆勒名学》、《法意》、《群己权界论》、《社会通诠》，皆行于世。……存诗三百余首。……虽小诗短札，皆精美，为世宝贵。”

尾　声

严复的故乡福州，对于我来说不是知之甚少，而是一个完全未知之地。“百闻不如一见”这句格言真是百试不爽。此次确定严复的写作计划时，我就想一定要尽早访问福州。可是，和上海或北京不同，这里我没有任何熟人，对福州街道也不了解，所以出发前需要做好各种精神准备和物质准备。现在，这本书总算写完了，可以向读者再透露一些幕后的故事，以及采访福州时的经历与感受。

福州船政局旧址，现为马尾造船股份有限公司
船政大臣沈葆桢立像
（摄于福建省博物馆）

2008年10月20日是星期六,我从日本关西空港起飞,抵达上海浦东国际空港。与我同行的内人康子做我的摄影助手。我们的翻译、老朋友周令毅赶到机场来接我们,乘车进入上海。因为明天要起早出发,我们就住在虹桥机场附近的酒店。

21日是星期日,上午9点从上海虹桥机场起飞,不到两个小时就到达福州长乐国际机场。我们打了个车,沿着闽江左岸的公路驶向福州市方向。窗外群山翠绿,令人想起日本的景色。大约30分钟,车子到了马尾。我想要参观的福州船政学堂,已经是一家造船厂,厂门口的墙上有"马尾造船股份有限公司"的字样。和保安打过招呼后放进了院子,我们参观了矗立在广场上的船政大臣沈葆桢的立像。我站在沈葆桢立像前拍了纪念照。造船厂前方是闽江变宽后被称为马江段的宽阔江面,院子中间是加工厂,后方是斜坡地,与山体相连。这很像坐日本海岸电车看到的景色:一侧看海景,一侧看山景。

造船所的后山上有"马江海战纪念馆"。1884年(明治17年)中法战争时,法国舰队沿闽江而上,袭击了马江的福建海军基地。阵亡者纪念碑和炮台上的旋转式岸炮,令我感受到当时战斗的激烈。"船政精英馆"里展示着船政学堂毕业生的相关记录。这里还有一间为严复特设的展室。一面墙上展示着《天演论》原稿的放大图。旁边立有严复等身大的蜡像。该馆建在高于造船厂的山上,正可俯瞰闽江,我们拍摄了前船政局、船政学堂的遗址所在地——现造船厂的全貌。纪念馆的院子里有一个小卖铺,出售各种书籍。我买了十几本与严复有关的书。其中几本很有参考价值,我在书中也有所引用。傍晚，进入福州市区，我们入住了事先订好的酒店。

22日从饭店出发，参观了位于福州市西湖公园旁的福建省博物馆。在近代展示室里，展示着严复接受实习训练的巡洋舰“扬武”的模型。在严复展区，陈列着他的译著、书信以及各种墨迹。严复的墨迹都很精彩，作为书法家，他的造诣也达到了很高的境界。

“扬武”模型

（摄于福建省博物馆）

晚年的严复，在如今市中心市府大楼北边的郎官巷置办了一处宅产，直到1921年10月27日去世都住在这里。如今这里已经被辟为严复故居纪念馆。郎官是旧时的官名，相当于今天的副部级官职。看来郎官巷过去应该有很多高级官僚的宅第。

这次计划参观的严复墓，位于严复少年时生活的故乡——阳崎乡鳌头山。这里既是少年严复走向世界的出发地，又是这位晚清思想巨人的最后归宿。我来此地的首要目的就是造访这里。于是我们动身向阳崎乡出发了。后来才弄明白，阳崎乡位于自西向东流经福州市南部的闽江对岸，现在属于仓山区管辖。一路上我看到，闽江沿岸丘陵起伏，从前的地名也完全改变了。司机几次停车问路边的年轻人阳崎怎么走，结果这些当地的孩子们也说不出所以然来。问着问着，一个戴草帽的中年男子说，我带你们去吧。一问才知道，他是严复第四代后人，名叫严为建（时年44岁）。这样的惊人巧遇我只能理解为天意。他坐到助手席上，我让他带我们去近在眼前的鳌头山严复墓。鳌头乃科举殿试第一名，就是“状元”。严复虽然科举屡试不第，但却以第一名成绩毕业于船政学堂，并以优异成绩毕业于英国海军大学。大约正因如此，故乡的人们以此命名他的坟墓所在的山头吧。以整

作者与严为建

（摄于阳崎乡严复纪念馆）

听严家第四代后人介绍情况

（摄于阳崎乡严复故居）

座山丘为坟头，严复的陵墓规模很大。这座被指定为“全国文物保护单位”的陵墓设有栅栏，栅栏门上着锁。看来如无预约是无法谒陵的。我无奈地对为建说，那咱们上车去“严复故居”看看吧。

穿过狭窄的小巷，村头有两个不大的石碑。一个碑上竖排刻着“阳崎严复故居 一九八三年公布 福州市人民政府”，碑文的描红已经斑驳，告诉我们好多年已经过去了。

另一个碑的碑文是描金横排的：“全国重点文物保护单位严复故居 国务院2006年5月26日公布 福建省人民政府2006年6月立”，一看就是不同寻常的高规格。2006年，正是邓小平将亚当·斯密的理论应用于中国的改革开放并获得全面成功，中国在通往“富强”之路上获得大发展，开始引起全世界关注的时候。

新的严复纪念碑这时候落成，可以说时间和地点都非常合适。

严复故居

（摄于阳崎乡严复故居）

纪念碑后面是一座砖房，旁边一条破旧的小巷通往严复故居。这是一座极其简陋的房子，恐怕连做仓库都没人要用。屋顶长满了下垂的茅草，四壁残破，看上去几乎无人打理。与母亲、妹妹还有年纪不大的妻子过着苦日子，最后从这间破败的屋子里，少年严复迈出了通向马尾学堂的关键一步。

我们被带到故居附近清朝的村公所改造的纪念馆。入口大门两侧对联一样各挂一块牌子。右侧是“福州阳崎严复纪念馆”，左侧是“福州市仓山区严复文物保护小组”。纪念馆内部的墙壁上，按年代顺序展示着严复的照片。我向纪念馆理事会会长兼馆长的严孝鹏先生说明了来意，交换了名片。我请图书资料销售处的女工作人员将严复书信的复印件拿给我看。这些信件笔迹极其工整漂亮，而且有好多张。我试着问她能否复印一下，为建也在一旁帮我说话，她终于答应在附近的商店帮我复印。巧的是，她就是严复墓的管理员，栅栏门的钥匙就由她保管。她同意带我去谒陵，我们请她一块过去。

门锁打开后我们进到墓园中。但见高大的石阶，就像我们在王侯陵前所见。有两块“严复墓”的石碑立在两侧，右侧墓碑立于2006年，左侧石碑立于1986年。

严复墓

（摄于阳岐乡鳌头山）

拾阶而上，看见一个祭坛，高大的墓拱，如同凤凰舒展的翅膀围着祭坛。立在墓前，刻有“惟适之安”四字的墓碑映入眼帘。

“惟适之安”的意思是，安于自己心力所及，或自己觉得怎么好就怎么做。典出韩愈“起居无时惟适之安”句。这里长眠着严复，以及在他40岁时就离开人世的结发之妻王夫人。

沐浴着晚秋的斜阳，我们在严复夫妇的灵前合掌默祷。离开墓园，在附近的商店，纪念馆的那位女士将我希望得到的36张书信复印件交给了我。这样的材料十分珍贵，如果不是在严复纪念馆是很难见到的。

我们和为建、纪念馆工作人员告别，在冥冥暮色中驱车沿闽江公路驶向福州长乐国际机场。

有关严复的书籍，在中国的书店并不容易搞到。运气好的话可以在图书馆零星见到。我在苏州图书馆发现5本，全都复印了下来。但是像图片、地图之类，如果没有在当地买到的图书，就很难搞到了。

此次来到当地，得到了许多这类图书，这使我介绍严复的工作变得容易一些。从这个意义上说，此行收获颇丰。

从福州乘飞机横跨中国北飞北京，与北京大学王晓秋教授、中国政法大学郭世佑教授等中国近代史研究的大家见面，得到和他们深入交流的机会。王教授将他的论文《严复与民国初年的北京大学》复印给我，郭先生则把现在极难搞到的《严复集》（王栻主编，中华书局）五册复印本装订好送我。

严复毕生笔耕不辍。他所生活的时代是弱肉强食的帝国主义时代。这个时代已经是历史的一页了。不过艰难时势造英雄，严复生活的时代又是涌现英杰的时代。

“乱世出英雄，贫家出孝子”，说的不正是严复这样的人物吗？

后　记

2006年的一天，我来到神户市舞子的孙文纪念馆，向时任馆长的狭间直树先生致谢。我在北京出版拙著《秋瑾》时，曾请到狭间直树先生和北京大学的王晓秋教授先生为该书作序。寒暄之后，我表示要写严复，狭间直树先生面露难色说，“写严复可比写秋瑾要难上十倍啊”。他这番话让我认识到，难度可能还不止十倍，这也是迄今为止面向公众的严复传记从未面世的原因吧。好在我所担心的资料收集得到中国方面有关朋友的鼎力相助，进展比预想要顺利得多。特别是得到北京大学（严复曾任该校民国后首任校长）历史系教授王晓秋先生为本书作序，人民中国杂志社总编王众一还帮助翻译成日文，这使得本书增色不少。

清朝中国北洋水师的图片资料得到中井久夫先生的大力帮助。中井久夫先生是著名的精神病学专家，又是翻译以瓦雷里为代表的法国诗而知名的翻译家。他将 *Conway's All the World's Fighting Ships*：*1860—1905* 中刊登的“定远”舰、“镇远”舰的图片，附上翔实的注释复印给我。

书中引用的相关文章、图片在“引用与参考文献”中，按照中日文不同来源分别标出，这里向有关人士深表感谢。

苏州装和技研有限公司总经理、我的女婿周子汉和子汉的父亲、我的亲家、徐州圣旨博物馆馆长周庆明，帮助我联系北京的专家，费了不少心思。还有我去福州的时候，周令毅君跟着我做翻译,并在当地疏通联系。对此一并表示感谢。

《严复——探求富国强兵的清末思想家》(原名《严复——探寻"富强"的人生轨迹》)曾以精简本方式自2008年春至2011年春,在旬刊连句杂志*れぎおん*(*REGION*)3年共12次连载完毕,得到读者许多善意的好评。这个与连句毫无关系的连载,夹杂了许多复杂的汉字,给主编前田圭卫女士添了许多麻烦,在此表示感谢。

2010年年末　大阪府茨木市家中

作者　永田圭介

译后记

和永田圭介先生认识多年。2004 年,永田先生完成了人物传记《秋瑾——竞雄女侠传》;2006 年,又完成了《拱桥东传——土木工程师空海》。2007 年,《秋瑾——竞雄女侠传》的中文版在中国出版,从此,永田先生对中国近代人物的关注一发而不可收,写一部从日本人的角度看严复的传记成为他的下一个目标。2011 年,他的《严复——探求富国强兵的清末思想家》由我所主编的杂志《人民中国》在日本的代理经销商东方书店出版了。永田先生来到北京,亲手将此书交给我,并嘱我将此书译成中文。

不论是和永田先生的交情,还是我对严复的兴趣,我都觉得这都是日语所说的“一生一会(One Time One Chance)”的缘分。20 余年从事翻译工作的我,一直视严复为近代翻译事业的祖师与先驱,对他的事迹十分敬仰,对他所处的时代十分关注。

关于严复,学界的研究已经十分深入。但现在的年轻人也许只知其名,对其人生经历则了解不多。其实严复不仅是近代翻译事业的先驱,还是近代海军、近代报业、近代教育、近代思想启蒙的先驱人物。因此,一部关于严复的普及版传记正是时代所需。而这一空白竟由关注中国近代历史的日本老人完成,实在是意味深长。

有鉴于此,尽管受困于繁杂日常工作,我还是答应了永田先生的请求。翻译断续进行，一晃竟过去三年。这期间得到永田先生的多次督促与鼓励，终于在严复诞生160周年的2014年完成了翻译工作。我想这也是冥冥之中的巧合。严复的人生转折和中日甲午战争有直接关系，永田先生在书中用较大篇幅描述了这场战争的整个过程，并难能可贵地站在客观的立场上对当时日本的扩张侵略进行了批判，对积贫积弱的中国给予了同情。今年又是中日甲午战争120周年，这使本书在中国的出版又多了一层特别的意义。

作为翻译事业的先驱，严复提出的"信、达、雅"原则，至今仍被中国翻译界奉为圭臬。这也是我从事翻译工作所追求的理想境界。翻译此书时，我尽量按照这一要求，认真查阅相关资料，力求在"信"的层面尽量完美。书中涉及大量近代史实，专有名词也非常之多；同时，对经典著作的引述也比比皆是，而作者基本上是根据日译本引用的，我尽量找到中文的经典译文参照处理。这些工作着实费了许多时间，好处是令我有机会比较系统地阅读了相关著作，收获颇丰。日语表达和中文有所不同，我在句子和文章结构的处理上，在忠实原文的前提下，做了较大的结构与语序的调整，尽量使译文符合中文的表达。这也是践行对"达"的境界的追求。最后，在"雅"的层面，我尽量结合今天更被广为接受"等效翻译"理念，充分运用成语等中国习惯的美文处理办法，在"随心所欲而不逾矩"的前提下对译文进行了润色。

另外需要说明的是，作者采取了中国纪年、日本纪年，以及公元纪年比较表述的形式表示年代。这使得中国与日本和世界的横向比较一目了然。翻译时，文中清朝年代因属农历，皆用汉字表述，而民国纪年、日本纪年因与阳历一致，则借用阿拉伯数字表述。文中大量出现的欧美重要历史人物，尽量查到原著中没有表述的本国外文表述列于其后，便于读者查阅或拓展阅读。

此书在翻译过程中涉及大量近代史专业知识，北京大学王晓秋教授给予我很多指导和帮助。特别是最后完成的译稿，王晓秋教授仔细审阅，发现了多处误译与文字错误并给予订正，在此向王晓秋先生深表感谢。

最后还要感谢周子汉先生等多位朋友在翻译过程中的鼓励与帮助。

王众一

2014 年 6 月 18 日识于北京山水窟

引用与参考文献

◈ 中文文献

王栻主编《严复集》(第一至第五册,北京中华书局,1986)

第一册　诗文(上)

《论世变之亟》、《原强》、《原强修订稿》、《辟韩》、《原强续篇》、《救亡结论》、《〈支那教案论〉提要》、《驳英〈泰晤士报〉》、《拟上皇帝书》、《有如三保》、《保教余义》、《保种余义》、《论治学治事宜分二途》、《〈日本宪法义解〉序》、《论译才之难》、《西学效用》、《译斯氏〈计学〉例言》、《亚当瓦斯密传》、《路矿议》、《群学肄言自序》、《京师大学堂译书局章程》、《群己权界论自序》、《群己权界论凡例》、《社会通诠自序》、《孟德斯鸠传》、《续新译甄克思》、《〈英文汉诂〉序》、《论教育与国家之关系》、《论小学教科书亟宜审定》、《实业教育》、《论英国宪政》

第二册　诗文(下)

《〈阳明先生集要三种〉序》、《宪法大义》、《书百科全书》、《〈女子教育会章程〉序》、《〈英华大事典〉序》、《〈名学浅说〉序》、《廉夫人吴芝瑛传》、《泰晤士〈万国通史〉序》、《普通百科大辞典序》、《论今日教育应以物理科学为当务之急》、《天演进化论》、《新译日本帝国海军之危机序》、《海军大事记辩言》、《康有为上总统书按语》、《〈瘉壄堂诗集〉卷上》、《〈瘉

壄堂诗集〉卷下》、《〈国闻报〉论文选编辑》

第三册　书信

与陈宝琛书5封、与汪康年书13封、与吴汝纶书3封、与张元济书2封、与《外交报》主人书1封、与端方书1封、与吕碧城书1封、与学部书1封、与熊纯如书109封、与夫人朱明丽书63封、与长子严璩书17封、与三子严琥书15封、与甥女何纫兰书30封

第四册　按语

(翻译按语)《支那教案论》按语、《原富》按语、《群学肄言》按语、《社会通诠》按语、《法意》按语、《穆勒名学》按语、《名学浅说》按语

(古书评语)《老子》评语、《庄子》评语

第五册　著作、翻译、日记、附录、目录

(著作)《政治讲义》自序、第一至八回

(译著)《天演论》吴汝纶序、自序、约例言、(上卷)导言一至十八、(下卷)论一至十七、《天演论》中西翻名对照表、附录《天演论》手稿(日记)光绪三十四年戊申(1908)至民国9年庚申(1920)

附录一　碑传年谱

清故资政大夫海军协都统严君墓志铭(陈宝琛)、侯官严先生年谱(严璩)

附录二　著译序跋

《原富》序(吴汝纶)、《群学肄言》序(高凤谦)、《社会通诠》序(夏曾佑)、《国闻报汇编》序(西江欧化社)

孙应祥、皮后锋编《严复集》补遗(福建人民出版社,2004.7)

严复译著《天演论》（中国近代史名著华夏出版社，2002.10）

杨正典《严复评传》（中国社会科学出版社，1997.10）

马勇《严复学术思想评传》（戴逸主编《20 世纪中国著名学者传记丛书》，北京图书馆出版社，2001.2）

徐立亭《严复——晚清巨人传》（哈尔滨出版社，1996.3）

商务印书馆编辑部编《论严复与严复名著》（商务印书馆，1982）

王晓秋《严复与民国初年的北京大学》（郭卫东、牛大勇编《严复论集》，宗教文化出版社，2009）

中岛敏监修《对校十三史 附清史稿食货史》（极东书店，1965.8）

◈ 原著译本

托马斯·赫胥黎《进化论与伦理学》（小林传司等译产业图书，1995.5）

奥古斯特·孔德《社会静力学和社会动力学》（雾生和夫译）

赫伯特·斯宾塞《科学的起源》、《论进步》、《知识的价值》（清水礼子译）

（以上出自清水几太郎负责编辑的《世界经典著作 46 孔德/斯宾塞》，中央公论社，1999.2 第六版）

亚当·斯密《国民财富的性质和原因的研究（上、下）》（大内兵卫、松川七郎译，岩波书店，1969.5 第一次印刷）

C. S. 孟德斯鸠《法的精神（上、中、下）》（野田良之等译，岩波文库，2009.3 第十六次印刷）

C. S. 孟德斯鸠《法的精神(抄)》(《河出书房世界大思想全集社会·宗教·科学5》,根岸国孝译,1954.6)

J. S. 穆勒《论自由》(盐尻公明、木村健康译,岩波文库2003.4,第四十八次印刷)

J. S. 穆勒《代议制政府》(水田洋译岩波文库,1997.5 第一版)

J. S. 穆勒《穆勒自传》(朱牟田夏雄译岩波文库,2003.2第三十五次印刷)

C. 达尔文《物种的起源(上、中、下)》(八杉龙一译,岩波文库,1987.12 第二十九次印刷)

C. 达尔文《物种的起源(上)》(八杉龙一译,岩波文库,2009.4 修订版第二十九次印刷)

C. 达尔文《物种的起源》(原作第六版)(堀深夫、堀大才译,朝仓书店,2009.6)

爱克曼《歌德谈话录》(《河出书房世界大思想全集22》,奥津岩重译,1953)

冯桂芬《采西学议》(野村浩二译)

李鸿章《奏请办洋式铁工所、机器制造局文(抄)》(野村浩二译)

郑观应《盛世危言(抄)》(野村浩二译)

薛福鸣《西洋诸国导民生财说》(野村浩二译)

薛福铭《用机器殖财养民说》(野村浩二译)

严复《论世变之亟》(伊藤昭雄、近藤邦康译)

严复《辟韩》(近藤邦康译)

(以上诸篇出自《原典中国近代思想史》第二册《洋务运动与变法运动》,西顺藏编岩波书店,1977.4)

马建中《富民说》(堀川哲男译)

郑观应《西学》(坂出祥伸译)

张之洞《劝学篇序》(坂出祥伸译)

张之洞《外篇第三・办学堂》(坂出祥伸译)

严复《天演论翻译自序》(坂出祥伸译)

(以上各篇出自《中国古典文学大系》58《清末民初政治评论集》,西顺藏、岛田虔次编,平凡社,1998.2 第一版)

《梁启超年谱长编》(丁文江、赵丰田编岛田虔次编译,狭间直树等八人分担,岩波书店,2004.11 第一次印刷)

第一卷 112 页、127 页、139 页、142 页、322 页,第二卷 82 页、141 页、149 页、395 页、426 页,第三卷 337 页、495 页,第四卷 3 页、32 页、34 页、415 页,第五卷 416 页与严复有关内容

◈ 论集

狭间直树编《共同研究梁启超对西洋近代思想的接受与明治日本》(MIMIZU 书房,1999.11)

狭间直树编《西洋近代文明与中华世界》(京都大学人文科学研究所 70 周年纪念研讨会京都大学学术出版会,2001.2)

岛根县立大学西周研究会编《西周与日本的近代》(塘鹅社,2005.5)

西周《论以洋字书国语》(《明六杂志》上、下,岩波文库,2009.8)

◈ 论著

B. I. 史华慈《寻求富强:严复与西方》(平野健一郎译,东

京大学出版会,1995.10)

佐藤真一《近代中国知识分子与文明》(东京大学出版会,1996.12)

冈本隆司《近代中国与海关》(名古屋大学出版会,1999.1)

区建英《自由与国民——严复的探索》(东京大学出版会,2009.12)

复旦大学历史系中国近现代史教研组《中国近代史》(营荣一等译东方书店,1976)

北冈正子《鲁迅——救亡之梦与结局》补论《严复〈天演论〉》(关西大学出版会,2006)

司马辽太郎《街道探访》25《中国·闽路》(朝日文艺文库,1998.11)

◈ 战记、图片

王栻主编《严复集》(第一至第五册,北京中华书局,1986)

沈岩《船政学堂》(北京科学出版社,2007.1)

王亚玲、唐希编著《严复与严复故居》(香港香港人民出版社,2003.12)

陈道章编著《中法马江海战日志》(福州市社会科学界联合会,2004.9)

江小鹰主编《船政拾英》(福州福建省音像出版社,2005.5)

刘琳、史玄之《船政新发现》(福州福建省音像出版社,2006.2)

沈吕宁编著《沈葆桢家书考》(福州福建省音像出版社,2007.10)

Conway's All the Fighting Ships, 1860—1905, Conway Maritime Press,1979.(中井久夫氏提供)

久米邦武编、田中彰校注《特命全权大使美欧回览实记(岩仓使节团)》(二)第二篇“英吉利国部”(三)第三篇“欧罗巴大洲部上佛郎西国总说”(岩波文库,2004.12 第十六次印刷)

亚当·斯密《国民财富的性质和原因的研究》上(大内兵卫、松川七郎译,岩波书店,1969)

托马斯·赫胥黎《进化论与伦理学》(小林传司等译,产业图书,1995)

《世界大思想全集 边沁、穆勒、马尔萨斯》(河出书房,1959)

钱国红《日本和中国的“西洋”发现——十九世纪中日知识分子世界像的形成》(山川出版社,2004.10)

冈本佐江《耶稣会与中国知识分子》(山川出版社,2008.10)

丁文江、赵丰田编《梁启超年谱长编》第1卷至第5卷(岛田虔次编译,岩波书店,2004)

筱原宏《海军创建史——英国军事顾问团的影子》(RI-PUROPOOTO,1986.2)

岛田谨二《秋山真之在美国》(朝日新闻社,1969.7)

野口铁郎编《资料中国史近现代篇》(白帝社,2000.5)

《一亿人的昭和史日本战史1 日清、日俄战争》(每日新闻社,1979.2)

年　谱

诞生以前

道光十九年(1839)		林则徐没收并销毁两万余箱鸦片。
道光二十年(1840)		鸦片战争爆发。林则徐奏请击退英舰。英军转进占领舟山群岛,封锁沿岸,林则徐被解职。《南京条约》将香港割让英国。鸦片战争影响延续至20世纪。
道光二十二年(1842)		魏源《海国图志》出版。

诞生以后及接受私塾教育时期

咸丰三年(1854)		十二月初十日(1855.1.8,安政元年),严复出生于福州南台仓霞州。现为福州市内热闹街区,立有严复纪念像。父严振先经营中医院,母陈氏。
咸丰五年(1855)	3岁	太平军攻陷武昌。
咸丰六年(1856)	4岁	第二次鸦片战争爆发,英法联军入侵。太平天国发生内讧。

咸丰九年(1859)	7岁	随严厚甫读书习字。达尔文发表《物种起源》。
咸丰十年(1860)	8岁	在福州私塾学习。英法联军攻入北京,火烧圆明园。 日本发生樱田门外之变,大老井伊直弼遭袭遇害。
咸丰十一年(1861)	9岁	回故乡阳崎乡,就学于严厚甫私塾。
同治元年(1862)	10岁	洋务运动兴起,进入同治中兴。
同治二年(1863)	11岁	回到福州,随黄少岩学习"四书"、"五经"。英军入侵新疆。 美国林肯总统宣布废奴。
同治三年(1864)	12岁	黄少岩生病,其子黄孟修代课教严复学习。太平天国覆灭。
同治四年(1865)	13岁	黄少岩去世。黄孟修继续家教。
同治五年(1866)	14岁	与王氏完婚。父去世。一家负债困顿,逃回阳崎乡。 左宗棠创办福州马尾船政学堂,江西巡抚沈葆桢开始招生。 严复参加船政学堂考试,以最高分被录取。

船政学堂及赴英留学时期

同治六年(1867)	15岁	福州船政学堂入学,就学于驾驶科。一月新设福州船政学堂。
同治七年(1868)	16岁	在学。福州船厅新造一号轮船。 日本开始明治维新。
同治八年(1869)	17岁	在学。设立福建机器局。
同治九年(1870)	18岁	在学。李鸿章就任直隶总督。
同治十年(1871)	19岁	以最优成绩毕业。乘教练船"建威"号赴新加坡等地航海实习。上海—香港海底电缆铺设完毕。
同治十一年(1872)	20岁	乘军舰"扬武"号实习航海。日本岩仓使节团在伦敦考察。
同治十二年(1873)	21岁	航海实习停经日本横滨、长崎。梁启超诞生。
同治十三年(1874)	22岁	长子严璩出生。同治帝载淳病故。载湉即位。
光绪元年(1875)	23岁	船政大臣沈葆桢批准海外留学制度。郭嵩焘被派为驻英公使。
光绪二年(1876)	24岁	首批派往英国海军大学留学。

		日本创办海军兵学校(明治9年)。
光绪三年(1877)	25岁	留学期间与郭松焘公使讨论中欧政体异同。 日本创办东京大学(明治10年)。
光绪四年(1878)	26岁	留学期间埋头阅读哲学社会科学原文著作。上海开办机械织布局。
光绪五年(1879)	27岁	学成归国。被任命为福州船政学堂教官。 日本吞并琉球(明治12年)。

天津水师学堂时期

光绪六年(1880)	28岁	被任命为北洋水师学堂总教习。李鸿章创办北洋水师。
光绪七年(1881)	29岁	阅读斯宾塞《社会学研究》。 日本天皇下诏开设国会(明治十四年)。
光绪八年(1882)	30岁	继续任北洋水师学堂总教习。丁汝昌升任天津镇总兵。
光绪九年(1883)	31岁	继续任北洋水师学堂总教习。刘永福在越南与法军交战。

光绪十年(1884)	32 岁	继续任北洋水师学堂总教习。法军进攻马尾造船厂，福建水师覆灭。 日本进入鹿鸣馆时代(明治17 年)。
光绪十一年(1885)	33 岁	回福州参加乡试，不第。法国海军封锁宁波。
光绪十二年(1886)	34 岁	继续任北洋水师学堂总教习。李鸿章创办天津武备学堂。上奏建设旅顺造船厂。 日本创办东京帝国大学，设置北海道厅(明治 19 年)。
光绪十三年(1887)	35 岁	任北洋水师学堂总教习 8 年。九龙开设海关。
光绪十四年(1888)	36 岁	参加北京顺天府乡试，不第。北洋水师成军。
光绪十五年(1889)	37 岁	参加北京顺天府乡试，仍不第。晋升为北洋水师学堂会办。 日本发布帝国宪法(明治 22 年)。
光绪十六年(1890)	38 岁	晋升为北洋水师总办。汉阳炼钢厂开办。 俄国开始修建西伯利亚铁路。

光绪十七年(1891)	39岁	北洋水师学堂总办。北洋水师舰队停经日本。
光绪十八年(1892)	40岁	结发妻子王氏去世。纳江氏为妾。清俄签署陆路电线协定。
光绪十九年(1893)	41岁	次子严瓛出生。北京至山海关铁路开通。
光绪二十年(1894)	42岁	朝鲜爆发东学党起义,中国出兵镇压。中日开战,日本出兵朝鲜。清军溃败。经丰岛海战、黄海海战北洋水师败退。旅顺要塞被日军攻破(明治27年)。
光绪二十一年(1895)	43岁	二月十二日,被围困在威海卫中的北洋水师投降,提督丁汝昌服毒自杀。北京门户洞开,面临防务危机。四月,马关签约议和。康有为上书。严复在《直报》发表系列文章。长子严璩赴英国留学。

翻译经典著作时期

光绪二十二年(1896)	44岁	任俄文馆馆长。开始翻译《天演论》李鸿章签署清俄条约。汪康年、梁启超在上

		海创办《国闻报》，刊载严复《原强》、《辟韩》。
光绪二十三年(1897)	45 岁	与王修植、夏曾佑等在天津创办《国闻报》。三子严琥出生。德国占领胶州湾。
光绪二十四年(1898)	46 岁	木刻版《天演论》出版。开始翻译《计学》(即《原富》)。《国闻报》刊载《拟上皇帝书》。光绪帝在乾清宫接见严复。请吴汝纶为赫胥黎《天演论》作序，湖北出版《天演论》木刻版。《国闻报》刊载《群学肄言》。“戊戌变法”失败。创办京师大学堂。
光绪二十五年(1899)	47 岁	任北洋水师学堂总办第十年。《计学》一至四卷送吴汝纶点评。着手翻译《群己权界论》。山东义和团起事，口称“扶清灭洋”，杀害多名传教士。章太炎出版文集《訄书》。谭嗣同遗著《仁学》在日本出版。张謇建成大生纱厂。
光绪二十六年(1900)	48 岁	先有义和团，后有八国联军进天津。刚刚再婚的严复

		挈夫人朱明丽逃离天津,移居上海。举办穆勒《名学》演讲。在上海被推举为“国会”副会长。长子严璩留英归来。次子严瓛不幸去世。
光绪二十七年(1901)	49岁	请吴汝纶为《原富》作序。应开平矿务局会办张翼之邀赴天津,任名义“总办”。
光绪二十八年(1902)	50岁	《原富》由上海南洋公学译书院出版。管学大臣张百熙任命严复为京师大学堂编译局总办。开始通过英文版翻译孟德斯鸠《法意》。 日英结盟(明治三十五年)。
光绪二十九年(1903)	51岁	文明编译书局出版《群学肄言》。《群己权界论》译稿遗失,略去部分内容重译后由商务印书馆出版。开始翻译甄克思《社会通诠》。应熊季廉委托编著《英译汉诂》。
光绪三十年(1904)	52岁	辞京师大学堂编译局,赴沪。商务印书馆出版《社会通诠》、《英译汉诂》。反驳章太炎《社会通诠商酌》。 日俄战争爆发,日军包围旅顺。

光绪三十一年(1905)	53 岁	与开平矿务局会办张翼赴英诉讼英国企业。在伦敦与孙中山见面交谈。回国后一时就任复旦公学校长。商务印书馆出版木刻版《穆勒名学》。 中国同盟会成立。 日俄战争继续。3 月奉天会战,5 月日本海海战。日俄朴次茅斯议和条约缔结,日本得到在朝鲜的权益。
光绪三十二年(1906)	54 岁	上海青年会主办严复政治学系列演讲 8 次。讲稿汇编为《政治讲义》由商务印书馆印行。任安庆师范高等学堂监督。在《中外日报》发表《论教育与国家的关系》。
光绪三十三年(1907)	55 岁	4月辞庆师范高等学堂监督。6 月徐锡麟刺杀安徽巡抚恩铭。秋瑾在绍兴被捕,就义。
光绪三十四年(1908)	56 岁	被任命在天津主持归国留学生考试。用《名学浅说》的译稿给女弟子吕碧城讲名学。就任学部“审定名词

		馆”总纂。光绪帝、慈禧太后死,宣统帝溥仪即位。由载沣为监国摄政王。
宣统元年(1909)	57 岁	商务印书馆刊行《名学浅说》。得进士称号。抱病婉拒随王族海军大臣载洵访欧。
宣统二年(1910)	58 岁	被推举为资政院议员。官拜海军部协督统。 日本吞并韩国,设置朝鲜总督府。大逆事件(明治 43 年)。
宣统三年(1911)	59 岁	武昌首义。“辛亥革命”爆发,各省纷纷独立。进京会见袁世凯。
民国元年(1912)	60 岁	任京师大学堂总监督。改名国立北京大学后任校长兼文科学长。年底辞任。袁世凯任命严复为总统府顾问兼海军部翻译处总纂。入冬哮喘发作。
民国 2 年(1913)	61 岁	袁世凯为实现称帝野心,安排严复牵头,6 月成立孔教会,积极进读经。
民国 3 年(1914)	62 岁	为袁世凯翻译外报舆情。继续任海军部翻译处总纂。

		任袁世凯御用议会——参政院参政。
民国 4 年(1915)	63 岁	被拉进袁世凯推动帝制的组织——筹安会。半推半就在拥袁称帝请愿书上署名,筹安六君子见报。10月,参议院各省“代表”通过恢复帝制决议。袁世凯成为中华帝国皇帝。12 月,反对袁世凯称帝,云南通电独立。护国军司令蔡锷发表“讨袁宣言”。
民国 5 年(1916)	64 岁	袁世凯改国号为中华帝国,定年号为“洪宪”。不久,在各省反对,众叛亲离中被迫取消帝制。6 月,袁世凯去世。

晚年

民国 6 年(1917)	65 岁	闲居北京,辞去一切公职。北京政府对德宣战。 俄国爆发“二月革命”,罗曼诺夫王朝覆灭。秋天爆发“十月革命”。
民国 7 年(1918)	66 岁	晚秋,因哮喘恶化回福建避冬。鲁迅发表《狂人日记》。

		军阀混战，张作霖开进北京。 德国爆发“十一月革命”，德皇退位，德国投降，世界大战结束。
民国8年(1919)	67岁	在协和医院住院治疗。在北京置办新居入住。新居命名为“瘉壄草堂”，刊行《瘉壄堂诗集》。“五四运动”爆发。
民国9年(1920)	68岁	8月，回到福州郎官巷家中，潜心疗养。《穆勒名学》补译终未完成。 精读《庄子》，留下多处眉批心得。
民国10年(1921)	69岁	10月27日在福州郎官巷家中与世长辞。12月10日，与结发妻子王夫人遗骨合葬于阳崎乡鳌头山墓中。